Grammaire du français

A1 ▶ B1

Anne Akyüz

Bernadette Bazelle-Shahmaei

Joëlle Bonenfant

Marie-Françoise Orne-Gliemann

hachette

FRANÇAIS LANGUE ÉTRANGÈRE

Crédits photographiques et droits de reproduction
Photo de couverture : © Nicolas PIROUX
Photos de l'intérieur du manuel : © Shutterstock (sauf pages 121, 146, 147, 148, 164, 186 et 188 : N. Piroux)

Couverture : Nicolas PIROUX
Conception graphique : Véronique LEFÈVRE
Mise en pages : Nicolas PIROUX
Secrétariat d'édition : Sarah BILLECOCQ

Page 38 : Philippe Labro, *L'étudiant étranger*. Editions Gallimard - Collection « Folio ».
Page 72 : *L'Arlésienne* ; 1888-1889 - Van Gogh Vincent (1853-1890) - Photo ©The Metropolitan Museum of Art, Dist. RMN-Grand Palais / image of the MMA.

Illustrations :
Félix BLONDEL : pages 22, 38, 44, 55, 64, 72, 79, 86, 90, 118, 162, 166, 169, 204, 228
Gabriel REBUFELLO : pages 16, 20, 34, 56, 70, 76, 96, 107, 112, 126, 160, 170, 220
Corinne TARCELIN : pages 10, 15, 18, 26, 35, 49, 67, 84, 92, 105, 142, 174, 178, 236

Enregistrements audio, montage et mixage : QUALISONS (David HACISSI)
Maîtrise d'œuvre : Joëlle BONENFANT

Nous avons fait notre possible pour obtenir les autorisations de reproduction des documents publiés dans cet ouvrage. Dans le cas où des omissions ou des erreurs se seraient glissées dans nos références, nous y remédierons dans les éditions à venir.

ISBN : 978-2-01-155964-7

© HACHETTE LIVRE, 2015
43, quai de Grenelle – F 75905 Paris Cedex 15, France.
http://www.hachettefle.fr

Introduction à *Grammaire du français*

Bienvenue dans l'ouvrage *Grammaire du français* de la collection Focus qui a pour objectif d'expliquer simplement et clairement les règles fondamentales de la grammaire du français et de s'exercer grâce à des activités variées écrites, audio et numériques.

Cette grammaire s'adresse à des étudiants de niveau A0, A1, A2 et B1.

1 | Comment est organisé le livre ?

14 chapitres et 82 unités

Les titres des chapitres portent sur un **point grammatical général** (le verbe au présent, le nom, le verbe au passé, la comparaison…). Chaque unité porte sur un **point particulier du chapitre** (chapitre 8 : le futur, unité 45 le futur proche, unité 46 le futur simple, unité 47 le futur antérieur). Reportez-vous au sommaire page 6.

Il y a une progression dans la difficulté des chapitres, des unités et des exercices.

▷ Dans chaque unité, les explications grammaticales sont sur la page de gauche ; les exercices sont sur la page de droite. Il est donc facile de vérifier la règle quand vous faites l'exercice.

Sur la page de gauche, on vous explique comment utiliser une forme (*Utilisation*), quelles sont les formes correctes (*Formes, Conjugaisons, Structures…*). On vous indique aussi des points particuliers ou des erreurs fréquentes (*Remarques*, ⚠ *Attention*) et on vous donne des informations sur la prononciation et l'orthographe (*Prononciation et orthographe*).

Les explications et les exemples sont souvent enregistrés pour vous aider à utiliser la grammaire à l'oral 🎧 ▶.

Pour vous aider à comprendre les mots utilisés, reportez-vous au Glossaire page 278.

Sur la page de droite, vous pouvez faire 4 à 6 exercices sur le point de grammaire étudié. Chaque exercice a un exemple et une unité lexicale adaptée au niveau. Un ou deux exercices sont enregistrés pour travailler la grammaire à l'oral ; vous devez écouter pour faire l'exercice (*Écoutez et…* ou vous pouvez écouter pour vérifier vos réponses). La grammaire n'est pas seulement écrite. ⚠ Le français est très différent à l'écrit et à l'oral.

Un exercice *À vous* permet de vous exprimer plus librement.

▷ À la fin de chaque chapitre, il y a un **bilan** de 2 ou 4 pages ; il s'agit d'exercices pour vous permettre d'évaluer ce que vous avez étudié dans les différentes unités du chapitre. Chaque exercice de bilan renvoie à l'unité correspondante.

▷ Les **corrigés** et les **transcriptions** des exercices se trouvent en fin d'ouvrage dans un livret.

▷ Plus de 50 pages d'**annexes** donnent des informations complémentaires sur la prononciation, l'orthographe ; elles donnent des listes de vocabulaire utiles (les prépositions, les constructions verbales, les participes passés…) et un index.

2 | Comment utiliser ce livre?

Vous êtes étudiant

Si vous utilisez ce livre seul, en autonomie, voici quelques conseils pour une bonne utilisation. Vous pouvez choisir un point de grammaire que vous voulez étudier ou, éventuellement travailler de l'unité 1 à l'unité 82.

Pour vous guider

Un test diagnostic est proposé p. 232-241. Ce test vous permet de faire le point sur vos compétences et de vous auto-évaluer. Vous choisissez un point de grammaire, vous faites le QCM, vous vérifiez vos réponses page 288 et si votre réponse est incorrecte, vous pouvez travailler l'unité correspondante. Vous pouvez aussi travailler cette unité si vous voulez approfondir le point grammatical. ⚠ Ne répondez pas au hasard.

À titre indicatif, voici le niveau CECRL du contenu des chapitres et des unités

qui vous aideront aussi à définir les priorités à étudier pour développer vos compétences de communication.

3 | Le matériel complémentaire

Vous pouvez vous exercer avec les 250 activités autocorrectives du Parcours digital® grâce au code placé sur la 2e page de la couverture. Vous pouvez réaliser deux installations du Parcours digital®.

Tableau des pictos	
🎧 5	enregistrement audio avec piste correspondante
✗	forme incorrecte
✗	exemple dans un exercice
⚠	règle particulière ou erreur à éviter.
Parcours digital®	activités interactives et autocorrectives
→ Unité 4	renvoie à l'unité ou l'annexe indiquée.

Niveau CECRL	Chapitres et unités
A1	Chapitre 1 : Unités 1, 2, 3, 4, 5, 6 / Chapitre 2 : Unités 11, 12, 13 / Chapitre 3 : Unités 15, 17 / Chapitre 4 : Unités 21, 22, 23 / Chapitre 5 : Unités 28, 29, 30, 31 / Chapitre 6 : Unité 35 / Chapitre 7 : Unités 37, 38 / Chapitre 8 : Unité 44 / Chapitre 10 : Unité 50
A1/A2	Chapitre 1 : unités 7, 8, 9, 10 / Chapitre 3 : Unités 16, 19 / Chapitre 4 : Unités 24, 25, 26 / Chapitre 5 : Unité 32 / Chapitre 6 : Unité 36 / Chapitre 7 : Unités 39, 40 / Chapitre 9 : Unités 47, 48, 49 / Chapitre 10 : Unité 51 / Chapitre 11 : Unités 52, 53, 54, 55 / Chapitre 12 : Unité 64
A2	Chapitre 2 : Unité 14 / Chapitre 3 : Unités 18, 20 / Chapitre 4 : Unité 27 / Chapitre 5 : Unités 33, 34 / Chapitre 7 : Unité 41 / Chapitre 8 : Unité 45 / Chapitre 11 : Unité 61 / Chapitre 12 : Unités 65, 66 / Chapitre 13 : Unités 67, 68
A2/B1	Chapitre 7 : Unité 43 / Chapitre 8 : Unité 46 / Chapitre 11 : Unités 56, 57, 58, 59, 62, 63 / Chapitre 13 : Unités 69, 70, 71, 72, 73, 74, 75
B1	Chapitre 7 : Unité 42 / Chapitre 11 : Unité 60 / Chapitre 14 : Unités 76, 77, 78, 79, 80, 81, 82

Vous êtes enseignant

Un enseignant de FLE utilise généralement un livre de grammaire comme outil complémentaire à son travail de classe. Outre son utilisation en autonomie, *Grammaire du français* a également été prévue à cet effet.

Il permettra aux étudiants de retravailler chez eux un point grammatical travaillé en classe ; ils pourront relire les explications que nous avons voulues facilement compréhensibles et faire les exercices que vous leur demanderez.

Nous aimerions attirer votre attention sur quelques points d'ordre pédagogique qui ont sous-tendu la réalisation de la *Grammaire du français*.

- Nous nous sommes calées avec rigueur sur les niveaux du CECRL A1, A2 et B1 non seulement pour les points grammaticaux mais également pour le lexique. Il est effectivement impératif que le lexique utilisé dans les exercices ne soit pas un obstacle à la réussite du travail grammatical. Nous nous sommes même fixé la contrainte de ne pas dépasser trois thèmes grammaticaux par unité et que chacun de ces thèmes corresponde au niveau du point grammatical traité. C'est ainsi que les dernières unités abordent des thèmes comme l'écologie ou les conflits au travail alors que les premières unités ne font appel qu'à du lexique de survie.

- En ce qui concerne l'organisation du livre, nous avons regroupé les points grammaticaux par chapitres « thématiques » (le verbe au présent, le nom...) par souci de facilité. L'ordre de ces chapitres correspond tout de même à une progression des besoins communicatifs d'un étudiant débutant qui doit pouvoir exprimer une action au présent (verbes au présent), se présenter (adjectifs, noms). Le chapitre 1 est donc plus facile que le chapitre 13. De même, à l'intérieur même d'un chapitre, les unités

vont de la plus facile à la plus difficile. Ce qui nous amène à préciser que ce livre n'a pas été conçu pour être utilisé de façon linéaire mais de façon pragmatique selon les besoins. S'il est évident, en effet, que le verbe *avoir*, le verbe *être* et les verbes en *–er* réguliers sont indispensables en début d'apprentissage, il est inutile de connaître les conjugaisons de tous les verbes au présent avant de commencer le passé composé. C'est dans ce souci pragmatique que nous avons indiqué le niveau des unités (page 4) pour permettre aux étudiants ce travail en spirale qui va de la découverte à l'approfondissement.

- Nous avons tenu à donner une large place à l'oral dans ce livre consacré à la grammaire. En effet, trop souvent, les étudiants se concentrent sur les exercices écrits et sont décontenancés lorsqu'ils écoutent des Français s'exprimer car ils ne reconnaissent pas ce qu'ils ont étudié. Inutile de rappeler l'écart entre la phonie et la graphie en français. C'est pour cela que, dans les pages de gauche, sont enregistrés la plupart des déclencheurs des unités pour poser la langue en contexte, voire contextualiser la règle, lorsque ce sont des mini-dialogues, ainsi que toutes les conjugaisons et toutes les formes qui présentent des écarts de phonie-graphie. Il nous a semblé aussi très important de signaler et de faire écouter les liaisons et les enchaînements si importants en français et si déroutants pour nombre d'étrangers.

- Les annexes enfin que nous avons conçues comme des outils à la fois informatifs de synthèse mais aussi méthodologiques.

Ce travail est le résultat d'années d'expérience et a été fait avec passion. J'espère qu'il vous plaira. Merci à tous ceux qui nous ont aidées à le réaliser !

Les auteures

1 Le verbe *être* et les pronoms sujets

Vous êtes portugais ?

Non, **je suis** brésilien.

1 Utilisation

Le verbe *être* est utilisé pour :
– se présenter. *Je **suis** Mme Doucet.*
– dire la nationalité. *Il **est** français.*
– dire la profession. *Nous **sommes** journalistes.*
– décrire une personne ou une chose. *Ils **sont** grands. La salle **est** grande.*

2 Conjugaison

 2

Pronom sujet	Verbe	
Je	suis	brésilien.
Tu	es	espagnol.
Il		anglais.
Elle	est	belge.
On		japonais.
Nous	sommes	polonais.
Vous	êtes	chinois.
Ils	sont	suisses.
Elles		allemandes.

3 Prononciation

● On ne prononce pas le *e* final de *elle*. *Elle est.*
● On fait la liaison. *On est, vous êtes.*

4 Remarques

On utilise :
⚠ *Tu* quand on parle à une personne dans une situation familière. *Tu es fatigué ?*
⚠ *Vous* quand on parle à :
　– une personne dans une situation formelle (politesse). *Vous êtes monsieur Brou ?*
　– plusieurs personnes. *Anne et Bruno, vous êtes français ?*
⚠ *On* à la place de *nous* dans une situation familière. *Marie et moi, on est belges.*

EXERCICES

1 **Soulignez la forme correcte.**

Vous êtes de quelle nationalité ?

Je *sommes* / <u>*suis*</u> italien.

1 Anna *est* / *es* russe.

2 Tu *êtes* / *es* chinois.

3 Je *suis* / *sommes* turc.

4 On *sommes* / *est* grecs.

5 Vous *êtes* / *es* japonais.

6 Nous *sont* / *sommes* français.

7 Ils *sont* / *êtes* autrichiens.

2 **Retrouvez les formes de la conjugaison du verbe *être* et écrivez.**

vug***ilest***cemellessontkvjesuisêvxvousêteshtelleestlpnoussommesjstuesreoonestznjilssontey

Il est, ...

 3 **Complétez avec le verbe *être*. Écoutez pour vérifier.**

Description physique

Ils *sont* grands.

1 Vous .... beau.

2 Elle .... blonde.

3 Tu .... jeune.

4 Elles .... brunes.

5 Je .... gros.

6 Nous .... petits.

7 On .... vieux.

4 **Corrigez les erreurs.**

Ils ~~suis~~ pharmaciens.   *Ils sont pharmaciens.*

1 Nous ~~sont~~ libraires.   ....

2 Je ~~sommes~~ boucher.   ....

3 Vous ~~es~~ boulanger.   ....

4 On ~~sont~~ vendeurs.   ....

5 Tu ~~est~~ marchand de journaux.   ....

6 Il ~~es~~ agent de police.   ....

7 Elle ~~êtes~~ fleuriste.   ....

5 **Faites des phrases avec le verbe *être*.**

Je – médecin   1 Marina – architecte   2 On – policiers   3 Nous – photographes

Je suis médecin.   ....

....

2 Le verbe *avoir*

Obélix **a** un ami, Astérix.
Ils **ont** un chien, Idéfix.

1 Utilisation

- Le verbe *avoir* est utilisé pour :
– dire l'âge. *Il **a** 30 ans.*
– parler de la famille et des amis. *Tu **as** une amie française ? Nous **avons** deux frères.*
– dire ce qu'on possède. *J'**ai** une tablette. Elle **a** un portable.*

- Le verbe *avoir* est aussi utilisé dans quelques expressions qui expriment **une sensation** :
avoir chaud, avoir froid, avoir faim, avoir soif, avoir mal, avoir peur.

2 Conjugaison

J'	ai	une sœur.
Tu	as	30 ans.
Il		
Elle	a	faim.
On		
Nous	avons	un chat.
Vous	avez	quel âge ?
Ils	ont	chaud.
Elles		

3 Prononciation et orthographe

- On ne prononce pas le *e* final de **elle**. *Elle a 10 ans.*
- On fait la liaison. *On a, nous avons, vous avez, ils ont, elles ont.*

- Le pronom *je* devient *j'* devant une voyelle.
Je ai 20 ans. → *J'ai 20 ans.*

1 **Soulignez le pronom sujet correct.**

Le bel âge !

Elle / *Tu* a 20 ans.
1 *On* / *Tu* as quel âge ?
2 *J'* / *Il* ai 18 ans.
3 *Ils* / *Nous* ont 45 ans.
4 *Vous* / *Tu* avez quel âge ?
5 *Ils* / *Nous* avons 26 ans.

2 **Associez.**

Une famille

   J'   a   ont un frère.
1 Elle   b   avez deux enfants.
2 Ils   c   as trois fils.
3 Tu   *ai une mère italienne.*
4 Vous   d   avons cinq filles.
5 Nous   e   a six sœurs.

3 **Faites des phrases avec le verbe *avoir*. Attention à l'apostrophe !**

Nous – clé USB   1 Elles – une console de jeux   2 Je – un téléphone portable   3 On – une imprimante   4 Vous – une tablette

Nous avons une clé USB.

1 .... 2 ....
3 .... 4 ....

4 **Complétez avec le verbe *avoir* et notez les liaisons. Écoutez pour vérifier.**

🎧 5

A – Vous *avez* des enfants ?
    – Oui, nous .... (1) deux enfants.
    – Ils .... (2) quel âge ?
    – Lucie .... (3) 9 ans et Thomas .... (4) 7 ans.

B – Tu .... (5) un chat ?
    – Non, j' .... (6) un chien.

5 **Choisissez une expression et complétez.**

avoir froid   avoir mal   avoir faim   avoir soif   avoir peur

J'ai soif.   Il ....   Vous ....   Tu ....   Elle ....
                      .... ?   ....

3 Il y a... C'est... Il/Elle est...

Il y a beaucoup de photos sur ta tablette !
C'est qui, là ?

C'est mon cousin.

🎧 6 Oh ! Il est beau !

1 Utilisation

Il y a et c'est sont utilisés pour :
– indiquer la présence d'une personne ou d'une chose dans un lieu. *Il y a beaucoup de photos.*
– identifier une personne ou une chose. *C'est mon cousin.*

2 Structures

● *Il y a* + nom singulier ou pluriel
Cette structure indique la présence d'une personne ou d'une chose dans un lieu. Les noms sont utilisés avec un déterminant.
*Sur la tablette, **il y a** des photos. Sur la photo, **il y a** un garçon.*

● *C'est* + nom singulier et *ce sont* + nom pluriel
Ces structures sont utilisées pour identifier une personne, pour indiquer la profession ou pour présenter une chose. Les noms sont utilisés avec un déterminant.
*Julien, **c'est** l'ami d'Élodie.*
*Claire et Paul, **ce sont** des informaticiens.*
***C'est** un jardin public.*

● *Il/Elle est* + nom singulier et *Ils/Elles sont* + nom pluriel
Ces structures sont utilisées pour indiquer la profession. Les noms sont utilisés sans déterminant.
***Elle est** médecin. **Elles sont** employées de bureau.*

⚠ *C'est* ou *Il est* + adjectif masculin
Quand on parle d'une chose :
– on utilise *c'est* pour faire un commentaire général.
*Regarder des photos, **c'est** super !*
– on utilise *il est* pour faire un commentaire sur une chose précise.
*Ce dessin, **il est** super !*

🎧 7 ▶ **1** **Mettez les mots dans l'ordre pour faire des phrases. Écoutez pour vérifier.**

Un immeuble

a / y / dix / Il / étages   *Il y a dix étages.*

1	À droite,	ascenseurs / sont / ce / les	À droite, ...
2	Ici,	la / cave / c' / est	Ici, ...
3	Derrière,	il / a / deux parkings / y	Derrière, ...
4	À gauche,	les / sont / escaliers / ce	À gauche, ...
5	Là,	interphone / il / a / un / y	Là, ...
6	En face,	est / numéro 16 / le / c'	En face, ...
7	Bien sûr,	y / il / code / un / a	Bien sûr, ...

2 **Complétez avec *c'est* ou *ce sont*.**

C'est qui ?

C'est ma mère.

1 .... des copains de fac.
2 .... mon frère.
3 .... une nièce.
4 .... le petit ami de ma fille.
5 .... des cousins.
6 .... mon assistante.
7 .... des amies.

3 **Soulignez la forme correcte.**

Paris.

C'est / *Il est* la capitale de la France.

1 *Ce sont* / *Il y a* 20 arrondissements.
2 Notre-Dame, *c'est* / *elle est* une cathédrale.
3 *Il y a* / *Ce sont* beaucoup de touristes.
4 *C'est* / *Elle est* une ville célèbre.
5 *Il y a* / *Ce sont* beaucoup de monuments.
6 Vivre à Paris, *c'est* / *il est* magnifique !

4 **Présentez la capitale de votre pays. Utilisez *c'est* et *il y a*.**

La capitale de mon pays, c'est Londres. Il y a un fleuve, c'est la Tamise.

....
....
....

🎧 8 ▶ **5** **Complétez avec *c'est, ce sont, il/elle est, ils/elles sont*. Écoutez pour vérifier.**

– Regarde, là, *c'est* Amina, ... (1) ma
belle-sœur. .... (2) togolaise. Les filles,
là, ... (3) géniales : .... (4)
mes cousines. Et à côté, ... (5) Roméo,
.... (6) italien, ... (7) un ami
du marié.
– Et là, les deux garçons ?
– .... (8) mes neveux, ... (9)
très sympathiques. Et devant, ... (10) ma
fille de 8 ans.
– .... (11) grande !

4 Les verbes en –*er* : cas général

Vous **habitez** dans le quartier ?

Non, **j'habite** en banlieue, mais je **travaille** ici, dans le quartier.

1 Utilisation

Le présent de l'indicatif est utilisé pour :
– parler d'une action qui se passe au moment où on parle. *Vous **regardez** la télévision en ce moment ?*
– parler d'une action habituelle. *Tous les matins, je **regarde** mes mèls.*
– faire une description du présent de manière générale, exprimer ses goûts et ses idées. *Vous **habitez** à Paris ? Tu **aimes** danser ? Qu'est-ce que tu **penses** du quartier ?*

2 Conjugaison

La majorité des verbes français ont un infinitif en –*er*.
On ajoute les terminaisons *e, es, e, ons, ez, ent* au radical du verbe.

 9

regard**er**	Je	regard**e**	mes mails.
écout**er**	Tu	écout**es**	la radio.
habit**er**	Il Elle On	habit**e**	à Paris.
parl**er**	Nous	parl**ons**	français.
jou**er**	Vous	jou**ez**	au football.
étudi**er**	Ils Elles	étudi**ent**	les relations internationales.

3 Prononciation et orthographe

● On prononce la consonne finale du radical. On ne prononce pas les terminaisons *e, es, ent*.
Je regarde, tu regardes, il regarde, elle regarde, on regarde, ils regardent, elles regardent.
● On fait la liaison avec une voyelle ou un *h* muet. *On aime, nous écoutons, vous étudiez, ils habitent, elles oublient.*
● Le pronom *je* devient *j'* devant une voyelle et un *h* muet.
Je aime ma ville. → *J'aime ma ville.*   *Je habite à Paris.* → *J'habite à Paris.*

1 Entourez le radical des verbes, cochez les verbes qui correspondent à vos activités quotidiennes et écrivez.

Activités quotidiennes

par	er	3	❑ déjeuner	6	❑ skier	9	❑ marcher
1 ❑ danser	4	❑ dessiner	7	❑ téléphoner	10	❑ travailler
2 ❑ chanter	5	❑ jouer	8	❑ discuter	11	❑ étudier

Tous les jours, *je parle, je* ....

....

🎧 10 ▶ **2 Soulignez la forme correcte. Écoutez pour vérifier.**

Interview à la fac.

Journaliste : Vous *étudiez* / *étudient* ici ?

Étudiant 1 : Oui, et on *travaillons* / *travaille* (1) aussi pour gagner un peu d'argent.

Journaliste : Vous *arrivent* / *arrivez* (2) à quelle heure le matin ?

Étudiant 1 : À 8 heures et nous *restes* / *restons* (3) jusqu'à 18 heures. J'*arrête* / *arrêtes* (4) une heure pour déjeuner.

Journaliste : Et vos professeurs sont sympas ?

Étudiant 2 : Oui, très sympas. Ils *discutez* / *discutent* (5) avec nous et ils *expliquent* / *expliquons* (6) bien.

Journaliste : Donc, vous *aiment* / *aimez* étudier (7) ici ?

Étudiants 1 et 2 : Oui bien sûr !

3 Complétez le verbe avec la terminaison correcte.

1   Bon anniversaire !

Je fêt*e* mon anniversaire. – J'invit...... (1) des copains. – Nous téléphon...... (2) pour réserver une table dans un restaurant. – On pass...... (3) une très bonne soirée.

2   Bon voyage !

Nous prépar...... (4) un voyage. – Vous emport...... (5) un guide touristique. – Ils arriv...... (6) à l'aéroport. – Tu photographi...... (7) les monuments. – On visit...... (8) un musée.

4 Conjuguez les verbes au présent.

Parlez de vous.

1   – Vous *habitez* où ? (habiter)   – On .... à Strasbourg. (habiter)

2   – Tu .... le rap ? (aimer)   – Non, je .... ça. (détester)

3   – Elle .... à la fac ? (étudier)   – Non, elle .... un travail. (chercher)

4   – Il .... la radio, et vous ? (écouter)   – Nous .... Internet. (regarder)

5   – Vous .... chez vous pour déjeuner ? (rentrer)

     – Non, on .... au bureau. (déjeuner)

6   – Je .... un sport, et eux ? (pratiquer)   – Ils .... à la console. (jouer)

5 À vous ! Utilisez les verbes de l'exercice 4 pour parler de vos activités.

Je regarde souvent la télévision,...

....

5 Les verbes pronominaux

Elle **se regarde** dans le miroir.

Ils **se regardent**.

1 Utilisation

Les verbes pronominaux sont **réfléchis** ou **réciproques** :
– les verbes réfléchis : le sujet du verbe fait l'action sur lui-même. *Elle **se regarde**.*
– les verbes réciproques : plusieurs personnes font l'action les unes sur les autres.
  Ces verbes sont conjugués seulement avec *on, nous, vous, ils, elles. Ils **se regardent**.*

2 Conjugaison

Les verbes pronominaux sont conjugués avec deux pronoms : le pronom sujet + un 2e pronom de la même personne. Avec l'infinitif, on utilise le pronom **se** : *se lever, se doucher…*

Je	*me*	*réveille à 8 h.*
Tu	*te*	*lèves **tôt**.*
Il/Elle/On	*se*	*douche **le soir**.*
Nous	*nous*	*préparons **vite**.*
Vous	*vous*	*coiffez **comment** ?*
Ils/Elles	*se*	*couchent **tard**.*

3 Prononciation et orthographe

● Les pronoms *je*, *te*, *se* deviennent *j'*, *t'*, *s'* devant une voyelle ou un *h* muet.
Je me habille. → *Je **m'**habille.*
Tu te amuses → *Tu **t'**amuses.*
Elle se arrête → *Elle **s'**arrête.*
Ils se embrassent → *Ils **s'**embrassent.*
⚠ Attention à l'ordre des mots dans la phrase négative : *Je **ne me lève pas** tôt.*

● On ne prononce pas toujours le *e* de *je*, *me*, *te*, *se* et *ne* :
Je me couche. Je me couche. Tu te douches. Il ne se douche pas. Il ne se douche pas.

1 **Complétez avec le deuxième pronom.**

Le matin et le soir

Je *me* lève à 8 heures.

1 Il .... douche le soir.

2 Nous .... réveillons tôt.

3 Je .... habille vite.

4 À quelle heure tu .... lèves, le matin ?

5 On .... couche vers minuit.

6 Elles .... dépêchent toujours !

2 **Conjuguez les verbes au présent.**

Ma journée

Le matin, je *me prépare* : je .... (1) (s'habiller) et je .... (2) (se maquiller). Mon mari .... (3) (se doucher) après moi et les enfants .... (4) (se réveiller) . Le soir, on .... (5) (se raconter) notre journée.

3 **À vous ! Comment se passent vos journées ?**

Je me réveille tôt,...

4 **Mettez les mots dans l'ordre pour faire des phrases. Mettez la majuscule et rétablissez l'apostrophe si nécessaire. Écoutez pour vérifier.**

ne / vous / pas / regardez / vous   *Vous ne vous regardez pas.*

1 nous / pas bien / connaissons / ne / nous   ....

2 pas beaucoup / ne / vous / parlez / vous   ....

3 écoute / on / pas / se / ne   ....

4 téléphonent / ne / elles / pas souvent / se   ....

5 **Faites des phrases comme dans l'exemple ; (+) forme affirmative et (-) forme négative.**

Bonnes ou mauvaises relations ?

nous / se présenter (+) / et / se saluer (+) *Nous nous présentons et nous nous saluons.*

1 elles / se téléphoner (+) / et / se parler (+) tous les jours

....

2 nous / s'aimer (+) / et / se disputer (-)

....

3 ils / se regardent (-) / et / se parler (-)

....

6 **Écoutez et soulignez la phrase que vous entendez.**

Je me réveille à 7 heures. / Je me réveille à 7 heures.

1 Tu te lèves tard ? / Tu te lèves tard ?

2 Vous ne vous couchez pas tôt. / Vous ne vous couchez pas tôt.

3 On se téléphone demain. / On se téléphone demain.

4 Je m'habille vite. / Je m'habille vite.

5 Elles ne se parlent pas souvent. / Elles ne se parlent pas souvent.

6 Les verbes *pouvoir, vouloir, devoir* et *falloir*

> Je **dois** être à l'aéroport avant 10 heures, je **peux** passer devant vous ?

> Non, il **faut** faire la queue, comme tout le monde !

1 Utilisation

● Le verbe ***vouloir*** + **infinitif** ou **nom** est utilisé pour exprimer un désir, une volonté.
*Je **veux** aller avec toi en Italie. Il **veut** une chambre avec terrasse.*

● Le verbe ***pouvoir*** + **infinitif** est utilisé pour exprimer :
– une capacité physique ou intellectuelle. *Vous **pouvez parler** sept langues !? Bravo !*
– une autorisation. *Est-ce que nous **pouvons entrer** ?*
– une interdiction (à la forme négative). *Non, vous **ne pouvez pas entrer** !*

● Le verbe ***devoir*** + **infinitif** est utilisé pour exprimer :
– une obligation, une nécessité. *Ils **doivent aller** à l'aéroport.*
– une interdiction (à la forme négative). *On **ne doit pas fumer** dans l'avion.*

● On utilise aussi le verbe ***devoir*** dans une situation d'achat.
*– Je **dois** combien ? – 10 euros.*

● L'expression ***il faut*** (verbe *falloir*) + **infinitif** ou **nom** est utilisée pour exprimer :
– une nécessité générale. *Il **faut** faire la queue. Il **faut** un passeport pour voyager.*
– une interdiction (à la forme négative). *Il **ne faut pas** fumer dans la gare.*

⚠ Le verbe *falloir* est conjugué seulement avec le pronom sujet impersonnel *il*.

2 Conjugaison

 14

Vouloir		
Je	veu	x
Tu	veu	x
Il/Elle/On	veu	t
Nous	voul	ons
Vous	voul	ez
Ils/Elles	veul	ent

Pouvoir		
Je	peu	x
Tu	peu	x
Il/Elle/On	peu	t
Nous	pouv	ons
Vous	pouv	ez
Ils/Elles	peuv	ent

Devoir		
Je	doi	s
Tu	doi	s
Il/Elle/On	doi	t
Nous	dev	ons
Vous	dev	ez
Ils/Elles	doiv	ent

⚠ Attention à l'ordre des mots dans la phrase négative ! *Je **ne** veux **pas** partir.*

Remarques

Pour demander quelque chose de façon polie, on utilise souvent la forme *Je voudrais* à la place de *Je veux*. *Je voudrais un ticket de métro, s'il vous plaît.*

EXERCICES

1 **Soulignez la forme correcte.**

Au bureau

La responsable : Nous _devons_ / _doivent_ fixer l'heure de notre réunion. Lundi à neuf heures, vous _pouvez_ / _pouvons_ (1) ?

Éric : Moi, je ne _peux_ / _peut_ pas (2).

La responsable : Et vous, Marc ?

Marc : Lundi, je _dois_ / _doit_ (3) aller voir deux clients importants. Ils ne _peut_ / _peuvent_ (4) pas un autre jour.

La responsable : Bon, alors, vous _voulez_ / _voulons_ (5) attendre une semaine ?

Tous : Oui !

 2 **Écoutez et complétez.**

À la tour Eiffel

Est-ce que _je peux_ avoir un renseignement, s'il vous plaît ?

1 .... un audio-guide ?

2 Mon ami .... monter à pied.

3 .... combien de billets ?

4 Est-ce qu' .... visiter le bureau de Gustave Eiffel ?

5 Pour le troisième étage, ... prendre l'ascenseur.

3 **Transformez avec le verbe _devoir_ comme dans l'exemple.**

Voyage en train

Il ne faut pas arriver en retard !   Nous _ne devons pas_ arriver en retard !

1 Il faut acheter son billet !   On .... acheter son billet !

2 Il ne faut pas avoir trop de bagages ! Elle .... avoir trop de bagages !

3 Il faut attendre !   Ils .... attendre !

4 Il faut composter son billet !   Je .... composter mon billet !

5 Il faut écouter les annonces !   Tu .... écouter les annonces !

6 Il ne faut pas fumer !   Vous .... fumer !

 4 **Mettez les mots dans l'ordre pour faire des phrases. Mettez la majuscule et rétablissez l'apostrophe si nécessaire. Écoutez pour vérifier.**

Voyages

faire / veux / une croisière / je   _Je veux faire une croisière._

1 demander / un visa / ils / doivent   ....

2 mes amis / partir / veulent / en Inde ....

3 on / deux chambres d'hôtel / réserver / doit ....

4 peuvent / une voiture / ils / louer   ....

5 présenter / devez / votre passeport / vous ....

7 Les verbes en –*er* : cas particuliers

On **achète** les fleurs ? Tu **payes** ?

Oui, mais je n'ai pas d'argent.
Je **vais** au distributeur.

1 Le verbe *aller*

Utilisation

Le verbe *aller* est utilisé pour :

● indiquer un déplacement. Il n'est jamais utilisé seul mais est suivi :

– de l'indication d'un lieu :

– *Tu **vas** où ?*

– *Nous **allons** en Espagne.*

– d'un infinitif : *Je **vais** acheter du pain.*

● prendre et donner des nouvelles :

– *Tu **vas** bien ? – Oui, je **vais** bien. Merci !*

            – *Non, je ne **vais** pas bien.*

 ### Conjugaison

> *Je vais au cinéma.*
> *Tu vas à la pharmacie.*
> *Il/Elle/On va au théâtre.*
> *Nous allons à la médiathèque.*
> *Vous allez au gymnase.*
> *Ils/Elles vont à la piscine.*

Prononciation

On fait la liaison : *nous‿allons / vous‿allez.*

2 Conjugaison des verbes avec l'infinitif en –*ayer*, –*oyer* et –*uyer*

Payer *cash*	Envoyer	S'ennuyer
*Je pai**e**/pay**e** en espèces.*	*J'envoi**e** une lettre.*	*Je m'ennui**e**.*
*Tu pai**es**/pay**es** l'addition.*	*Tu envoi**es** un paquet.*	*Tu t'ennui**es**.*
*Il/Elle/On pai**e**/pay**e** par carte.*	*Il/Elle/On envoi**e** un mail.*	*Il/Elle/On s'ennui**e**.*
*Nous pay**ons** la facture.*	*Nous envoy**ons** un colis.*	*Nous nous ennuy**ons**.*
*Vous pay**ez** par chèque.*	*Vous envoy**ez** un SMS.*	*Vous vous ennuy**ez**.*
*Ils/Elles pai**ent**/pay**ent** cher.*	*Ils/Elles envoi**ent** un fax.*	*Ils/Elles s'ennui**ent**.*

Prononciation et orthographe

Avec *je, tu, il/elle/on, ils/elles* :

● les verbes en –*ayer*, –*oyer* et –*uyer* ont une particularité orthographique : le *y* du radical est remplacé par un *i*.

● les verbes en –*ayer* ont deux orthographes et deux prononciations possibles.

1 Complétez avec le verbe *aller* et associez les questions et les réponses.

Quelles sont les nouvelles ?

– Comment ça va aujourd'hui ? ———— *– Ça va très bien, merci.*

1 – Vous .... bien tous les deux ?

2 – Vos parents .... bien ?

3 – Tu .... bien ?

a – Oui, nous .... bien merci, et vous ?

b – Non, je ne .... pas très bien.

c – Oui, oui, ils .... bien.

2 Barrez la forme incorrecte. Écoutez pour vérifier.

Destination vacances

Sophie : Généralement, vous *va*/ *allez* où pour les vacances ?

Julie : Mon mari *vais*/ *va* (1) dans les Alpes avec des copains et moi, je *vais*/ *vas* (2) en Bretagne, chez mes parents.

Sophie : Et vos enfants, ils *allons*/ *vont* (3) où ?

Julie : Ça dépend. Notre fille *vais*/ *va* (4) sur la Côte d'Azur et notre fils *va*/ *vont* (5) en Alsace. Nous *n'allons*/ *n'allez* (6) pas en vacances ensemble. Et toi, tu *vais*/ *vas* (7) où ?

Sophie : Je reste à Paris. En été, c'est super !

3 Conjuguez le verbe *aller* au présent.

La semaine passe vite !

Le lundi, vous *allez* à la piscine.

1 Le mardi, elle .... au cinéma.

2 Le mercredi, ils ne .... pas à l'école.

3 Le jeudi, je .... au supermarché.

4 Le vendredi, tu .... à la biblio-thèque.

5 Le samedi, on .... au restaurant.

6 Le dimanche, nous n' .... pas travailler.

4 À vous ! Dites où vous allez cette semaine.

Lundi, je vais au cinéma ....

5 Soulignez le pronom sujet et la forme verbale corrects.

J' / *Ils* <u>essuie</u> / *essuyons* la table.

1 *Nous* / *Je payons* / *paient* par chèque.

2 *Vous* / *Tu envoies* / *envoie* des cartes postales.

3 *Elle* / *Vous essaye* / *essaies* un nouveau système.

4 *On* / *Vous nettoient* / *nettoie* la salle de bains.

5 *Il* / *Vous appuyez* / *appuies* sur le bouton.

6 *J'* / *Ils employons* / *emploient* un nouveau produit.

6 Conjuguez les verbes au présent.

(payer) – Monsieur, vous *payez* comment ? – Je .... (1) par carte.

(envoyer) Nous .... (2) des textos mais nos amis, eux, ils .... (3) des mèls.

(appuyer) – Pour ouvrir, vous .... (4) fort ! – Oui, on .... (5), mais la porte reste fermée !

3 Conjugaison des verbes en –*ger*, –*cer*

Voyager	Commencer
Je **voyage** beaucoup.	Je **commence** demain.
Tu **voyages** seul(e) ?	Tu **commences** tôt.
Il/Elle/On **voyage** souvent.	Il/Elle/On **commence** à 7 heures.
Nous **voyageons** en groupe.	Nous **commençons** jeudi.
Vous **voyagez** un peu.	Vous **commencez** bientôt.
Ils/Elles **voyagent** ensemble.	Ils/Elles **commencent** ce soir.

Orthographe
Avec *nous*, tous les verbes en –*ger* et –*cer* ont une particularité orthographique.

4 Conjugaison des verbes en –*eler*, –*eter*, –*érer*

Avec *je, tu, il/elle/on, ils/elles*, les verbes en –*eler*, –*eter*, –*érer* ont une particularité orthographique qui change la prononciation.

Appeler	Acheter	Préférer
J'**appelle** l'hôpital.	J'**achète** du beurre.	Je **préfère** sortir.
Tu **appelles** un taxi ?	Tu **achètes** du pain.	Tu **préfères** rester.
Il/Elle/On **appelle** le médecin.	Il/Elle/On **achète** des fruits.	Il/Elle/On **préfère** dormir.
Nous **appelons** Léa.	Nous **achetons** de l'eau.	Nous **préférons** partir.
Vous **appelez** vos parents ?	Vous **achetez** du coca.	Vous **préférez** travailler.
Ils/Elles **appellent** des amis.	Ils/Elles **achètent** du lait.	Ils/Elles **préfèrent** lire.

Ces verbes ont deux radicaux :
– Le 1er radical est le même pour l'infinitif et pour *nous* et *vous*.
– Le 2e radical est le même pour *je, tu, il/elle/on, ils/elles*.

Exemples de verbes conjugués sur le modèle de :
- appeler : épeler, jeter.
- acheter : mener, lever, (se) promener.
- préférer : espérer, régler, répéter, compléter.

7 Complétez avec la forme correcte du verbe.

(voyager) Nous *voyageons* beaucoup.

(changer / remplacer) Nous .... (1) la décoration du salon : nous .... (2) la moquette.

(partager / manger) Nous .... (3) un grand appartement. Nous .... (4) dans la cuisine.

(commencer / prononcer). Nous .... (5) à apprendre l'espagnol : nous ne .... (6) pas très bien le « r ».

🎧 22 ▶ **8 Écoutez les trois formes de chaque verbe. Dans quelle forme le radical a-t-il une prononciation différente des deux autres ? Entourez.**

	a (appeler)	b (appelle)	c (appelons)				
1	a	b	c	4	a	b	c
2	a	b	c	5	a	b	c
3	a	b	c	6	a	b	c
				7	a	b	c

9 Complétez les formes du verbe.

1 (appeler) Je m'app*elle* Michel. / Nous nous app.......lons Dupont.

2 (acheter) Ils ach.......tent un croissant. / Vous ach.......tez une baguette.

3 (épeler) Tu ép.......es ton nom, s'il te plaît ? / Vous ép.......ez votre prénom ?

4 (promener) Nous prom.......nons le chien. / La jeune fille au pair prom.......ne les enfants.

5 (jeter) On j.......e les vieilles photos et vous j.......ez les papiers.

6 (répéter) Je rép.......te les mots. / Nous rép.......tons les conjugaisons.

7 (espérer) Elles esp.......rent gagner le match. / Vous esp.......rez étudier en France.

8 (préférer) Tu préf.......res la musique. / Nous préf.......rons la danse.

🎧 23 ▶ **10 Conjuguez les verbes au présent. Écoutez pour vérifier.**

Exercices de français

Je *complète* (compléter) les phrases avec un verbe.

1 Tu .... (répéter) deux fois les formes correctes.

2 Vous .... (épeler) les mots lentement.

3 Ils .... (préférer) écouter des dialogues.

4 Nous .... (répéter) le vocabulaire à la maison.

5 Elle .... (répéter) les conjugaisons avant l'examen.

6 Je .... (préférer) écrire les mots plusieurs fois.

7 Elles .... (compléter) les phrases avec un nom.

11 À vous ! Faites des phrases. Utilisez les verbes *acheter*, *espérer*, *jeter*, *préférer*, avec des sujets différents.

Ils achètent beaucoup de choses ....

....

....

Les verbes en *–ir*

> Vous **finissez** et après, je **sers** la mousse au chocolat.

Les verbes avec un infinitif en *–ir* n'ont pas tous la même conjugaison. Il y a quatre modèles de conjugaison.

1 Conjugaison du verbe *finir*

*Je **finis** le petit déjeuner.*
*Tu **finis** le déjeuner.*
*Il/Elle/On **finit** le dîner.*
*Nous **finissons** le plat.*
*Vous **finissez** le fromage.*
*Ils/Elles **finissent** le dessert.*

Ce verbe a deux radicaux :
– Pour les personnes du singulier, le radical est le même que pour l'infinitif.
– Pour les personnes du pluriel, le radical est *finiss-*.

Exemples de verbes conjugués sur le modèle de finir : agir, applaudir, atterrir, choisir, grossir, maigrir, obéir, ralentir, réagir, réfléchir, remplir, (se) réunir, réussir, rougir, vieillir…

Prononciation

• On ne prononce pas les consonnes finales *s* et *t* au singulier.
• On doit prononcer la dernière consonne du deuxième radical pour différencier le singulier et le pluriel : *il finit / ils finiss**ent**.*

2 Conjugaison du verbe *ouvrir*

*J'**ouvre** la porte.*
*Tu **ouvres** les fenêtres.*
*Il/Elle/On **ouvre** l'appartement.*
*Nous **ouvrons** le réfrigérateur.*
*Vous **ouvrez** le lave-vaisselle.*
*Ils/Elles **ouvrent** la machine à laver.*

• Le radical est le même que pour l'infinitif.
• Les terminaisons sont les mêmes que pour les verbes en *–er*. → *Unité 4*

Exemples de verbes conjugués sur le modèle de ouvrir : découvrir, offrir, souffrir…

26 **1   Le verbe est-il conjugué au singulier ou au pluriel ? Écoutez et cochez.**

	singulier	pluriel
ils obéissent	❏	☑
1	❏	❏
2	❏	❏
3	❏	❏
4	❏	❏
5	❏	❏
6	❏	❏
7	❏	❏

2   Soulignez la forme correcte.

 Brigitte

Notre copine mange beaucoup, mais elle *maigris* / *maigrit*. Moi, je fais un régime, mais je *grossissent* / *grossis* (1), je ne *réussis* / *réussissons* (2) pas à rester en forme !

———————————————————————————————————— *Répondre*

 Henri

Mes parents *vieillissent* / *vieillissons* (3). Mais ils vont bien, ils font beaucoup de sport.

———————————————————————————————————— *Répondre*

Sarah

Je *réfléchis* / *réfléchissez* (4) beaucoup, je ne *réagis* / *réagit* pas (5) bêtement. Mais je *rougis* / *rougit* (6) souvent. Vous avez des conseils ?

———————————————————————————————————— *Répondre*

3   Transformez les phrases.

Pourquoi est-ce que tu ralentis ?	→	Pourquoi est-ce que vous *ralentissez* ?
1 Elles rougissent souvent ?	→	Elle .... souvent ?
2 On ne choisit pas maintenant.	→	Nous ne .... pas maintenant.
3 Vous n'applaudissez pas ?	→	Il n' .... pas ?
4 Nous atterrissons à Lyon.	→	On .... à Lyon.
5 Je remplis ce questionnaire ?	→	Vous .... ce questionnaire ?
6 Tu réunis tes copains quel jour ?	→	Ils .... leurs copains quel jour ?

 27 **4   Conjuguez les verbes au présent. Écoutez pour vérifier.**

1 (offrir)
– Qu'est-ce que vous *offrez* à la famille Dubois ?
– Nous, nous .... (1) un vélo à Laura et maman .... (2) un dîner aux parents.

2 (ouvrir / découvrir)
– Tu .... (3) le paquet et nous .... (4) ton cadeau ensemble, d'accord ?

3 (souffrir)
– Vous avez mal ?
– Non, nous ne .... (5) pas, mais Léo, lui, il .... (6) un peu.

3 Conjugaison des verbes *partir*, *dormir* et *servir*

 28 Ces verbes ont deux radicaux:
– Pour les personnes du singulier, le radical est *par-*, *dor-*, *ser-*.
– Pour les personnes du pluriel, le radical est le même que pour l'infinitif :
*part*ir → nous **part**ons ; *dorm*ir → vous **dorm**ez ; *serv*ir → ils **serv**ent.

Partir	Dormir	Servir
Je **pars** *en vacances.*	*Je* **dors** *dans ma chambre.*	*Je* **sers** *un café.*
Tu **pars** *au bureau.*	*Tu* **dors** *sous une tente.*	*Tu* **sers** *un chocolat chaud.*
Il/Elle/On **part** *loin.*	*Il/Elle/On* **dort** *bien.*	*Il/Elle/On* **sert** *une pizza.*
Nous **part**ons *demain.*	*Nous* **dorm**ons *à l'hôtel.*	*Nous* **serv**ons *une salade.*
Vous **part**ez *ensemble.*	*Vous* **dorm**ez *beaucoup.*	*Vous* **serv**ez *des fruits.*
Ils/Elles **part**ent *lundi.*	*Ils/Elles* **dorm**ent *mal.*	*Ils/Elles* **serv**ent *des glaces.*

Prononciation

- On ne prononce pas les consonnes finales *s* et *t* au singulier.
- On doit prononcer la dernière consonne du deuxième radical pour différencier le singulier et le pluriel : *il par**t** → ils par**t**ent ; elle dor**t** → elles dor**m**ent ; il ser**t** → ils ser**v**ent.*

> Exemples de verbes conjugués sur le modèle de :
> - partir : sentir, mentir, sortir…
> - dormir : s'endormir…
> - servir : resservir…

4 Conjugaison des verbes *venir* et *tenir*

29 Ces verbes ont trois radicaux différents. Chaque radical a une prononciation différente.

Venir	Tenir
Je **viens** *en métro.*	*Je* **tiens** *mon sac.*
Tu **viens** *seul.*	*Tu* **tiens** *ton passeport.*
Il/Elle/On **vient** *à pied.*	*Il/Elle/On* **tient** *la valise.*
Nous **ven**ons *ensemble.*	*Nous* **ten**ons *les bagages.*
Vous **ven**ez *en bus.*	*Vous* **ten**ez *les visas.*
Ils/Elles **viennent** *à vélo.*	*Ils/Elles* **tiennent** *les pièces d'identité.*

> Exemple de verbes conjugués sur le modèle de :
> - venir : revenir, prévenir, souvenir…
> - tenir : obtenir, appartenir, soutenir, retenir…

🎧 30 ▶ **5** **Est-ce que la lettre soulignée est prononcée ? Cochez et écoutez pour vérifier.**

	On prononce	On ne prononce pas
Tu men<u>s</u>	☑	❏
1 Il ser<u>t</u>	❏	❏
2 Ils dor<u>m</u>ent	❏	❏
3 On par<u>t</u>	❏	❏
4 Je sen<u>s</u>	❏	❏
5 Vous ressor<u>t</u>ez	❏	❏
6 Elle dor<u>t</u>	❏	❏

6 **Conjuguez les verbes au présent.**

Super famille !

Je *dors* jusqu'à midi le dimanche. (dormir)

1 Nos enfants .... le samedi soir. (sortir)

2 Ils ne .... pas. (mentir)

3 Nous .... en vacances au mois d'août ensemble. (partir)

4 On ne .... pas en voyage cette année. (repartir)

5 Toute la famille .... tôt en semaine. (s'endormir)

6 Vous .... bien chez nous ! (se sentir)

7 **À vous ! Comment vivent vos amis et votre famille ?**

Mes amis partent souvent en voyage. Mon frère s'endort tard le soir. ....

....

🎧 31 ▶ **8** **Écoutez les verbes : à quelles personnes correspondent les verbes que vous entendez ? Cochez.**

	je/tu/il/elle/on	ils/elles
	☑	❏
1	❏	❏
2	❏	❏
3	❏	❏
4	❏	❏
5	❏	❏
6	❏	❏

9 **Choisissez la forme correcte et complétez.**

Pourquoi toutes ces questions ?

Tu *reviens* (*reviennent* / *reviens*) comment ?

1 Vous .... (*venez* / *viens*) avec qui ?

2 Ces objets .... (*appartenons* / *appartiennent*) à qui ?

3 Nous .... (*prévenez* / *prévenons*) les voisins ?

4 Qu'est-ce qu'ils .... (*tient* / *tiennent*) dans la main ?

5 Il se .... (*souvient* / *souviens*) de quoi ?

6 Vous .... (*obtiennent* / *obtenez*) des informations précises ?

9 Les verbes en –re et en –oir

Vous **mettez** combien de temps pour aller au travail ?

En général, ça **prend** 20 minutes.

Et vous **faites** quoi pendant le trajet ?

Souvent, je **lis** ou je me repose.

🎧 32 ▶ Les verbes avec un infinitif en *–re* ou en *–oir* ont des conjugaisons très irrégulières. Ils ont un, deux ou trois radicaux. Il y a plusieurs modèles de conjugaison.
Les terminaisons sont généralement : **s, s, t/d, ons, ez, ent**.

1 Conjugaison des verbes en *–ire* (modèles de *lire*, *écrire* et *rire*)

🎧 33 ▶

Lire	Écrire	Rire
Je **lis** un magazine.	J'**écris** bien.	Je **ris**.
Tu **lis** le journal	Tu **écris** un courriel.	Tu **ris**.
Il/Elle/On **lit** un roman.	Il/Elle/On **écrit** une lettre.	Il/Elle/On **rit**.
Nous **lisons** une BD.	Nous **écrivons** bien.	Nous **rions**.
Vous **lisez** un magazine.	Vous **écrivez** un message.	Vous **riez**.
Ils/Elles **lisent** leurs textos.	Ils/Elles **écrivent** mal.	Ils/Elles **rient**.

Exemples de verbes conjugués sur le modèle de :
- lire : conduire, construire, élire, produire, traduire...
- écrire : décrire, inscrire, vivre...
- rire : sourire...

2 Conjugaison des verbes *faire*, *dire* et *mettre*

🎧 34 ▶

Faire	Dire	Mettre
Je **fais** de la randonnée.	Je **dis** : « Pas sûr ».	Je **mets** des lunettes.
Tu **fais** de la natation.	Tu **dis** : « Non ».	Tu **mets** une écharpe.
Il/Elle/On **fait** du vélo.	Il/Elle/On **dit** : « Je ne sais pas ».	Il/Elle/On **met** un chapeau.
Nous **faisons** du foot.	Nous **disons** : « Peut-être ».	Nous **mettons** des gants.
Vous **faites** du rugby.	Vous **dites** : « Oui ».	Vous **mettez** une ceinture.
Ils/Elles **font** de l'escalade.	Ils/Elles **disent** : « Pas du tout ».	Ils/Elles **mettent** des pulls.

⚠ Attention à la prononciation de *faisons* [fəzɔ̃] !

1 **Cochez les pronoms sujets corrects.**

	Je/Tu	J'/Tu	Il/Elle/On	Nous	Vous	Ils/Elles	
	❏	❏	❏	❏	❏	☑	lisent
1	❏	❏	❏	❏	❏	❏	traduis
2	❏	❏	❏	❏	❏	❏	rit
3	❏	❏	❏	❏	❏	❏	détruisons
4	❏	❏	❏	❏	❏	❏	vivons
5	❏	❏	❏	❏	❏	❏	construisent
6	❏	❏	❏	❏	❏	❏	écris
7	❏	❏	❏	❏	❏	❏	écrivez

2 **Mettez les syllabes en ordre pour retrouver la forme du verbe, écrivez le(s) pronom(s) sujet(s) correct(s) et l'infinitif.**

	rient – sou	*sourient*	*ils/elles*	*sourire*
1	sons – ter – di – in	....	....	....
2	duis – pro	....	....	....
3	trui – sent – cons	....	....	....
4	vent – vi	....	....	....
5	crit – dé	....	....	....
6	vez – sui	....	....	....
7	li – é – sons	....	....	....

3 **Soulignez la forme correcte.**

Ils *faisons* / *font* quoi ce soir ?
1 Il *dit* / *dis* : « Je ne sais pas ».
2 Tu *faites* / *fais* du sport ?
3 Vous *dites* / *disent* : « Oui ou non » ?

4 On *font* / *fait* de la musique.
5 Nous *faites* / *faisons* du vélo.
6 Je *dis* / *dites* : « Ce n'est pas sûr ».
7 Pardon, qu'est-ce que tu *dit* / *dis* ?

4 **Conjuguez le verbe au présent.**

– Qu'est-ce que tu *dis* (dire) pour l'invitation de Marie samedi ?

– Moi, je .... (dire) (1) : « Oui » ! Et vous ?

– Nous .... (dire) (2) : « Oui » aussi, bien sûr ! Et Manu, qu'est-ce qu'il .... (faire) (3) ?

– Il ne peut pas venir avec Kevin, ils .... (faire) (4) de l'escalade.

– Et qu'est-ce que tu .... (mettre) (5) comme déguisement ?

– Moi, je .... (mettre) (6) un costume de Blanche-Neige et Flavien .... (mettre) (7) un costume de Batman !

5 **Écoutez. Soulignez la phrase que vous entendez.**

Il lit. / *Ils lisent*.
1 Elle vit. / Elles vivent.
2 Il dit. / Ils disent.
3 Elle fait. / Elles font.

4 Il écrit. / Ils écrivent.
5 Elle conduit. / Elles conduisent.
6 Il met. / Ils mettent.

3   Conjugaison des verbes en –*dre*

 36

Prendre	Attendre
*Je **prends** le métro.*	*J'**attends** le train.*
*Tu **prends** l'autobus.*	*Tu **attends** le tram.*
*Il/Elle/On **prend** un taxi.*	*Il/Elle/On **attend** le métro.*
*Nous **prenons** le train.*	*Nous **attendons** le bateau-bus.*
*Vous **prenez** le tram.*	*Vous **attendez** un taxi.*
*Ils/Elles **prennent** le bateau-bus.*	*Ils/Elles **attendent** l'autobus.*

Exemples de verbes conjugués sur le modèle de :
- prendre : apprendre, comprendre...
- attendre : descendre, entendre, perdre, répondre, vendre...

4   Conjugaison des verbes *savoir* et *connaître*

 37

Savoir	Connaître
*Je **sais** conduire.*	*Je **connais** mes voisins.*
*Tu **sais** dessiner.*	*Tu **connais** ce restaurant.*
*Il/Elle/On **sait** coudre.*	*Il/Elle/On **connaît** la Suisse.*
*Nous **savons** peindre.*	*Nous **connaissons** bien Madrid.*
*Vous **savez** nager.*	*Vous **connaissez** cette actrice.*
*Ils/Elles **savent** cuisiner.*	*Ils/Elles **connaissent** Pierre.*

Ces verbes expriment la connaissance et la capacité. Ils ont une construction différente :
- connaître (+ nom) = être familiarisé avec : *Je **connais** bien la France.*
- savoir (+ verbe) = résultat d'un apprentissage : *Je **sais** conduire.*

5   Conjugaison des verbes *voir, recevoir* et *boire*

 38

Voir	Recevoir	Boire
*Je **vois** un lac.*	*Je **reçois** une lettre.*	*Je **bois**.*
*Tu **vois** un bateau.*	*Tu **reçois** un texto.*	*Tu **bois**.*
*Il/Elle/On **voit** une plage.*	*Il/Elle/On **reçoit** un télégramme.*	*Il/Elle/On **boit**.*
*Nous **voyons** une ville.*	*Nous **recevons** un courriel.*	*Nous **buvons**.*
*Vous **voyez** une île.*	*Vous **recevez** un SMS.*	*Vous **buvez**.*
*Ils/Elles **voient** un désert.*	*Ils/Elles **reçoivent** une carte.*	*Ils/Elles **boivent**.*

Exemples de verbes conjugués sur le modèle de :
- voir : croire, prévoir, revoir...
- recevoir : apercevoir...

6   Conjugaison des verbes en –*indre*

39 Peindre
*Je **peins** – Tu **peins** – Il/Elle/On **peint** – Nous **peignons** – Vous **peignez** – Ils/Elles **peignent***

Exemples de verbes conjugués sur le modèle de peindre : craindre, éteindre, rejoindre...

6 **Soulignez la forme correcte.**

Jeux de questions

Je *répond* / *réponds* vite.

1 On ne *perd* / *perdons* pas de temps.
2 Vous *comprennent* / *comprenez* bien la question ?
3 Ils *prennent* / *prends* trop de temps.
4 Tu *éteins* / *éteint* ton portable.
5 Nous *prenez* / *prenons* une autre question.
6 Elles *attendez* / *attendent* le résultat.
7 Il *apprenons* / *apprend* beaucoup de choses.

7 **Écoutez : à quelles personnes correspondent les verbes que vous entendez ? Cochez.**

	je/tu/il/elle/on	nous	vous	ils/elles
entendent	❏	❏	❏	☑
1	❏	❏	❏	❏
2	❏	❏	❏	❏
3	❏	❏	❏	❏
4	❏	❏	❏	❏
5	❏	❏	❏	❏
6	❏	❏	❏	❏
7	❏	❏	❏	❏

8 **Complétez avec le verbe *savoir* ou *connaître* au présent.**

Du positif et du négatif

1 Mon amie Eva ne *connaît* pas la France, mais elle .... parler français.
2 Ces enfants ne .... pas écrire, mais ils .... Internet !
3 Je .... faire la cuisine, mais je ne .... pas beaucoup de restaurants.
4 Vous .... le code de la route, mais vous ne .... pas conduire !

9 **À vous ! Qu'est-ce que vous (ne) connaissez (pas) ? Qu'est-ce que vous (ne) savez (pas) faire ?**

Je ne connais pas les Alpes, mais je sais skier. ....
Je connais les règles du poker, mais je ne sais pas jouer. ....

10 **Corrigez les erreurs.**

Je ~~reçoit~~ des messages. → Je *reçois* des messages.

1 Vous ~~boivent~~ quoi ? → Vous .... quoi ?
2 Tu ~~croyons~~ vraiment ? → Tu .... vraiment ?
3 On ~~revoient~~ nos amis demain. → On .... nos amis demain.
4 Ils ~~vois~~ mal sans lunettes. → Ils .... mal sans lunettes.
5 Nous ~~reçoivent~~ une information. → Nous .... une information.
6 Elle ~~bois~~ du thé. → Elles .... du thé.
7 Vous ~~croit~~ ça ? → Vous .... ça ?

10 | Le présent progressif

🎧 41 🎧

1 Utilisation

Le présent progressif est parfois utilisé à la place du présent simple pour parler d'une action qui se passe au moment présent.
– *Tu peux répondre ?*
– *Non, je **prends** ma douche.* (présent simple : on donne seulement une information)
– *Non, je **suis en train de prendre** ma douche.* (présent progressif : on insiste sur le déroulement de l'action)
Le présent progressif est donc souvent utilisé pour dire qu'on ne peut pas faire quelque chose car on est occupé.

⚠ L'utilisation du présent progressif n'est pas obligatoire. On peut utiliser le présent simple. Le présent progressif ne peut pas être utilisé avec les autres valeurs du présent simple : indication d'une action habituelle (*Je vais au travail en bus chaque matin*) ou description du présent d'une manière générale (*Elle a beaucoup de temps libre*).

2 Formes

Pour former le présent progressif, on utilise le verbe *être* **au présent** + *en train de* + **infinitif**.
*Il est en train de **dormir**.*
⚠ Attention à l'ordre des mots avec un verbe pronominal !
*Elles sont en train de **se préparer**.*

⚠ Attention à l'ordre des mots à la forme négative !
*Ils **ne** sont **pas** en train de **travailler**.*
*Tu **n'**es **pas** en train de te **préparer** ?*

3 Orthographe

De devient *d'* devant un verbe qui commence par une voyelle ou un *h* muet.
*Nous sommes en train **d'**apprendre le français.*

1 Associez.

– Il est dans la cuisine ?

1 – Tu dors ?
2 – Tu étudies quoi ?
3 – Tu cherches sur Internet ?
4 – Vous ne venez pas ?
5 – Il n'est pas prêt ?

a – Non, mais je suis en train de me reposer !
b – On hésite, on est en train de réfléchir !
   – Oui, il est en train de préparer le repas.
c – Non, il est en train de se préparer.
d – Je suis en train de réviser mon examen.
e – Non, je suis en train d'écrire un mèl.

2 Écrivez les phrases au présent progressif.

Que sont-ils en train de faire ?

regarder la télé → *Elles sont en train de regarder la télé.*

1 surfer sur Internet → Elle ....
2 écouter de la musique → Il ....
3 préparer le repas → Ils ....
4 manger → Elles ....
5 s'habiller → Ils ....

🎧 42 **3 Transformez les réponses avec le présent progressif. Écoutez pour vérifier.**

– Où est Michel ? – Il dort. → *Il est en train de dormir.*

1 – Tu peux venir avec moi ? – Non, désolé, je travaille. → ....
2 – Allô, Chris ? – Je ne peux pas répondre, je conduis ! → ....
3 – Où vous êtes ? – Sur le quai, on attend le train. → ....
4 – Tes amies viennent avec nous ? – Oui, elles se préparent. → ....
5 – Je peux te parler ? – Chut, je regarde un film ! → ....
6 – Je te dérange ? – Oui, je lis. → ....

4 Transformez les phrases en disant le contraire.

En ce moment

Le dimanche, je me promène. → *En ce moment, je ne suis pas en train de me promener.*

1 En général, ils ne regardent pas la télévision.
   → En ce moment, ... la télévision.
2 Souvent, nous lisons une BD.
   → En ce moment, ... une BD.
3 Pendant les vacances, il skie avec ses copains.
   → En ce moment, ... avec ses copains.
4 Le mercredi, elle fait les courses.
   → En ce moment, ... les courses.

5 À vous ! Que sont-ils en train de faire ?

Deux femmes sont en train de parler.
Des enfants ....
....
....
....

1   *Être* ou *avoir ?* **Complétez avec la forme correcte du verbe.** Unités 1 et 2

Il *est* russe.

1   Elle .... 40 ans.
2   Je .... mince.
3   On .... dynamiques.
4   Ils .... deux enfants.
5   Elles .... mères de famille.

6   Vous .... quel âge ?
7   Vous .... médecin.
8   Nous .... un cousin et six cousines.
9   Tu .... célibataire ?
10 Nous .... frères.

2   **Choisissez la forme correcte.** Unité 3

Groupes

Sportifs : Dans l'équipe, *ils sont* / *il y a* 8 joueurs. *Ils sont* / *Ce sont* (1) des professionnels. *Ils sont* / *Ce sont* (2) excellents ! Alex, *il est* / *c'est* (3) l'entraîneur.
Musiciens : Paul et Henri, *ce sont* / *ils sont* (4) deux guitaristes. *Ils sont* / *Ce sont* (5) frères. *Il est* / *Il y a* (6) aussi Manu ; *c'est* / *il est* (7) un excellent violoniste !

3   **Conjuguez les verbes au présent. Rétablissez l'apostrophe si nécessaire.** Unité 4

On *adore* Paris ! (adorer)

1   Nous .... aux Halles (travailler).
2   Je .... dans un immeuble (habiter).
3   Vous .... les vieux quartiers (visiter).
4   Elles .... les peintres (regarder).
5   Je .... les musiciens (écouter).

6   Il .... beaucoup (marcher).
7   Tu .... le bruit (détester).
8   Ils .... de la musique dans la rue (jouer).
9   Nous .... dans un bistro (déjeuner).
10 Vous .... avec les touristes (discuter).

4   **Conjuguez les verbes au présent.** Unité 5

Je *m'appelle* (s'appeler) Tim. Mon frère .... (s'appeler) (1) Tom. Nous sommes commerçants, nous .... (se lever) (2) tôt le matin ; nous .... (ne pas se coucher) (3) tard
le soir. Nos parents .... (s'installer) (4) sur la place du marché à 5 heures et, très vite,
nous .... (se préparer) (5) pour commencer la journée. Nos clients .... (ne pas se
connaître) (6) tous, mais ils .... (se parler) (7) avec plaisir. J'aime beaucoup mon travail !

5   **Conjuguez les verbes au présent.** Unité 6

1   Tu *veux* (vouloir) partir mais moi, je .... (devoir) rester.
2   Nous .... (pouvoir) rentrer tard mais ils .... (vouloir) rentrer tôt.
3   Vous .... (vouloir) sortir mais il .... (falloir) se reposer.
4   On .... (devoir) écouter mais on ne .... (pouvoir) pas entendre. Il y a trop de bruit.
5   Je .... (pouvoir) attendre mais elle .... (vouloir) partir.

6   **Soulignez les formes correctes.** Unité 7

Rémi : Pour le pique-nique au lac, on <u>commence</u> / *commences* les courses ?
Brigitte : Si vous voulez, Hélène et moi nous *achètons* / *achetons* (1) les fruits et le pain.
Gustave : D'accord. N'oublie pas, je *préfere* / *préfère* (2) les pommes. Tu *envoies* / *envoyes* (3) une liste ?
Brigitte : Oui bien sûr ! J'*essaye* / *essaies* (4) de faire ça ce soir.
Henri : Moi, je ne peux pas faire les courses mais nous *partagons* / *partageons* (5) les dépenses.
Brigitte : Et, on *vais* / *va* (6) au lac comment ?
Henri : Moi, j'*emmène* / *emmenes* (7) Gustave et Rémi.
Brigitte : Et moi, j'*appele* / *appelle* (8) Léa et on s'organise. J'*espère* / *espere* (9) qu'il va faire beau.

présent de l'indicatif

▶ 43 ▶ **7** **Écoutez et écrivez la forme verbale.** Unité 8

Commerce

Le magasin *ouvre* à 9 heures.
1   Les employés .... à 19 heures.
2   Je .... avant d'acheter.
3   On .... les articles.
4   Les commerçants .... parfois des réductions.
5   Tu .... la nouvelle collection.
6   Les vendeurs .... les clients.

8 **Transformez avec *tu* ou *vous*.** Unité 9

Sondage/Enquête

Vous prenez le bus ou le métro ? → *Tu prends* le bus ou le métro ?
1   Tu lis quels magazines ? → ....
2   Vous connaissez ce monument ? → ....
3   Tu attends le tram à quelle station ? → ....
4   Tu fais du sport ? → ....
5   Vous savez cuisiner ? → ....
6   Tu vis dans le centre-ville ? → ....
7   Vous croyez à cette histoire ? → ....
8   Tu bois du thé ? → ....
9   Tu comprends le portugais ? → ....
10 Vous dormez combien d'heures par nuit ? → ....

9 **Transformez avec le présent progressif.** Unité 10

On s'occupe des courses. → *On est en train de s'occuper des courses.*
1   Je téléphone. → ....
2   Nous mangeons. → ....
3   Il discute avec ses voisins. → ....
4   On se prépare pour la fête. → ....
5   Elles font du shopping. → ....
6   Tu dors. → ....
7   Vous organisez un match. → ....

10 **Conjuguez les verbes au présent.** Unités 1 à 9

Cérémonie d'ouverture

– Allô, tu *es* (être) au stade ? C'est commencé ? Tu .... (pouvoir) (1) voir ce qui se passe ?

– Oui, je .... (être) (2) dans la tribune. Ça .... (commencer) (3) juste.

– Tu me .... (raconter) (4) ? Qu'est-ce que tu .... (voir) (5) ?

– Beaucoup de gens .... (danser) (6) et .... (chanter) (7) ; d'autres .... (faire) (8) des acrobaties. Oh ! Incroyable ! Un hélicoptère .... (atterrir) (9) sur la pelouse. C'est fou ! Des enfants .... (descendre) (10) et .... (courir) (11) partout. C'est super ! Tu ne .... (pouvoir) (12) pas imaginer !

– Quoi ?! Qu'est-ce que tu .... (dire) (13) ? Je .... (ne pas entendre) (14) pas très bien. Tu .... (prendre) (15) des photos et tu les .... (envoyer) (16) sur mon téléphone ?

– D'accord et je te .... (rappeler) (17) quand je .... (sortir) (18).

11 Le masculin et le féminin des noms utilisés pour les personnes

1 Utilisation

Pour les personnes, les noms indiquent souvent la profession (*un ingénieur*), les relations familiales (*le fils*) ou la nationalité (*une Espagnole*). Ils sont masculins ou féminins.
- Un nom est toujours utilisé avec un déterminant (*un, la, des, ce, mon...*).
- Le déterminant donne une indication sur le genre du nom : **un** homme, **une** femme.

2 Formation du féminin : cas général

Au masculin, les noms ont des terminaisons très différentes : *un employé, un célibataire, un Espagnol, un commerçant, un Suédois...*
- Nom féminin = nom masculin + **e**.
*un employé / une employée – un ami / une amie – un ingénieur / une ingénieure
un étudiant / une étudiante – un Espagnol / une Espagnole*
- Quand le nom masculin est terminé par un **e**, le nom féminin ne change pas.
un journaliste / une journaliste – un fonctionnaire / une fonctionnaire
⚠ Le nom *enfant* a la même forme au masculin et au féminin : *un enfant / une enfant.*

3 Prononciation et orthographe

- Le nom masculin et le nom féminin ont la même prononciation :
– quand le nom masculin est terminé par une voyelle : *un employé / une employée
un ami / une amie.*
– quand le nom masculin est terminé par *l* ou *eur* : *un Espagnol / une Espagnole
un ingénieur / une ingénieure.*

- Le nom masculin et le nom féminin n'ont pas la même prononciation quand le nom masculin est terminé par une consonne : *un Anglais / une Anglaise – un assistant / une assistante
un Mexicain / une Mexicaine.*

- Les noms qui indiquent une nationalité ont une majuscule : *un Irlandais.*

EXERCICES

1 Soulignez les noms qui ont la même forme écrite au masculin et au féminin.

radiologue – employé – assistant – photographe – salarié – fonctionnaire – dentiste – avocat – stagiaire – collègue – libraire

 2 Complétez le tableau. Écoutez pour vérifier.

Nom masculin	Même forme écrite au masculin et au féminin	Même prononciation au masculin et au féminin
Un Belge	☑	☑
1 Un adulte	❑	❑
2 Un président	❑	❑
3 Un responsable	❑	❑
4 Un salarié	❑	❑
5 Un commerçant	❑	❑
6 Un Russe	❑	❑
7 Un Espagnol	❑	❑
8 Un élève	❑	❑
9 Un peintre	❑	❑

 3 Écoutez et cochez la phrase que vous entendez.

C'est un Français. ❑ / *C'est une Française.* ☑
1 C'est un Allemand. ❑ / C'est une Allemande. ❑
2 C'est un Portugais. ❑ / C'est une Portugaise. ❑
3 C'est un écrivain. ❑ / C'est une écrivaine. ❑
4 C'est un Suédois. ❑ / C'est une Suédoise. ❑
5 C'est un Argentin. ❑ / C'est une Argentine. ❑
6 C'est un étudiant. ❑ / C'est une étudiante. ❑
7 C'est un marchand. ❑ / C'est une marchande. ❑

4 Transformez comme dans l'exemple.

Alain est un ami. Cécile est une *amie.*
1 Arthur est mon .... Adèle est ma fiancée.
2 Élisa est une .... Max est un enfant.
3 C'est un inconnu. C'est une ....
4 Jim a un cousin et une ....
5 Il est mon .... Elle est mon invitée.
6 Alice est une adolescente. Chris est un ....
7 Louis est mon voisin. Luce est ma ....

5 Associez.

→ *architecte*
1 adolescente
2 garagiste
3 retraitée
4 commercial
5 jeune
6 ministre
7 secrétaire

a Un
b Une
c Un/Une

Un **acteur** : Omar Sy   Une **actrice** : Bérénice Béjo

4 Formation du féminin : cas particuliers

● Certains noms ont des terminaisons et des prononciations très différentes au masculin et au féminin.

	Noms masculins	Noms féminins
–en → –enne –on → –onne	un musici**en** un champi**on**	une musici**enne** une champi**onne**
–er → –ère	un cuisini**er**	une cuisini**ère**
–eur → –euse	un serv**eur**	une serv**euse**
–teur → –trice ou –teuse	un ac**teur** un chan**teur**	une ac**trice** une chan**teuse**
–f → –ve	un sporti**f**	une sporti**ve**

● Certains noms ont des formes très différentes au masculin et au féminin :
un homme / une femme – un garçon / une fille – un père / une mère – un frère / une sœur – un mari / une femme – un fils / une fille – un copain / une copine.

● Certains noms existent seulement au masculin :
un médecin – un bébé…

48 **6** **Complétez puis écoutez pour vérifier.**

Dans l'association « Art et Sport », il y a :
   un danseur et une *danseuse* hip hop ;
1   un dessinateur et une .... de BD ;
2   un musicien et une .... de jazz ;
3   un champion et une .... de tennis ;
4   un chanteur et une .... d'opéra ;
5   un joueur et une .... de badminton ;
6   un sportif et une .... de haut niveau ;
7   un coureur et une .... de marathon.

7 **Qui parle ? Associez les phrases et les photos.**

Je suis pharmacien.   A

Je suis vendeuse.   B

   Je suis vendeuse.   *B*
1   Je suis comédienne.   ......
2   Je suis infirmière.   ......
   Je suis pharmacien.   *A*
3   Je suis coiffeuse.   ......
4   Je suis animateur.   ......
5   Je suis traductrice.   ......
6   Je suis boulanger.   ......

49 **8** **Écoutez et cochez la phrase que vous entendez.**

   C'est un Italien. ❏ / *C'est une Italienne.* ☑
1   C'est un instituteur. ❏ / C'est une institutrice. ❏
2   C'est un informaticien. ❏ / C'est une informaticienne. ❏
3   C'est un serveur. ❏ / C'est une serveuse. ❏
4   C'est un animateur. ❏ / C'est une animatrice. ❏
5   C'est un Chilien. ❏ / C'est une Chilienne. ❏
6   C'est un poissonnier. ❏ / C'est une poissonnière. ❏
7   C'est un couturier. ❏ / C'est une couturière. ❏

9 **Complétez les phrases avec le nom correct.**

Une grande famille
   Ève, c'est une femme. Adam, c'est un *homme*.
1   Patrick est mon mari. Patricia est ma ....
2   Louise est ma fille. Louis est mon ....
3   Eugène est un garçon. Eugénie est une ....
4   André est mon père. Andrée est ma ....
5   J'ai une sœur, Martine, et un .... , Martin.

10 **À vous. Présentez un couple de vos amis et un couple de votre famille.**

J'ai un ami d'enfance. Il s'appelle Rémi. Il est informaticien. Il est marié avec ....
....
....

12 Le masculin et le féminin des noms utilisés pour les choses

On dit « un » ou « une » jardin ?

« Un » jardin. C'est un mot masculin.

« Une » place. C'est un mot féminin.

Et on dit « un » ou « une » place ?

1 Utilisation

Les noms de choses désignent des objets, des lieux, des idées.

2 Formes : masculin ou féminin ?

■ Il n'y a pas de règle pour savoir si un nom de chose est masculin ou féminin. Pour avoir une indication, on peut regarder :
– la finale du nom ;
– le déterminant : *un/le jardin* (masculin), ***une/la** place* (féminin).
Il faut souvent vérifier dans un dictionnaire et mémoriser le genre.

■ Sont souvent féminins, les noms terminés par :
– *-e, -é* et *-ée* : *la France, la ville, la table, la liberté, une journée...*
⚠ Certains noms sont masculins : *un livre, un dictionnaire, un café, un musée.*
– *-tion* et *-ssion* : *la solution, la passion...*

■ Sont souvent masculins, les noms terminés par :
– *a, i, o, u* : *un agenda, un taxi, un vélo...*
⚠ Quelques noms sont féminins : *l'eau, la photo...*
– une consonne : *un pays, un magasin, un monument, un ordinateur...*
⚠ Quelques noms en *-son* et *-sion* sont féminins : *la maison, la télévision...*
Quelques noms en *-eur* sont féminins : *la couleur, une erreur, la douceur...*
-age : *le message, le visage, un étage...*
⚠ Quelques noms sont féminins : *une page, une image...*
-phone : *un téléphone...*

3 Prononciation

 ■ Quand le nom est terminé par *e*, le dernier son entendu est celui de la consonne : *musique, France, ville, immeuble, étage...*
■ Quand le nom est terminé par une consonne, on ne prononce pas cette consonne finale et le dernier son entendu est un son vocalique : *un billet, un magasin, une maison...*
■ Quand le nom masculin est terminé par *l, c* ou *r*, on prononce la consonne finale : *un animal, un sac, un ordinateur, le soir...*
■ On n'entend pas le *r* dans les mots terminés par *-ier* : *un cahier, un escalier...*
■ Les finales *-tion* et *-ssion* ont la même prononciation : *la solution, la profession...*

EXERCICES

1 **Classez les dans le tableau selon leur finale. Ajoutez *le* ou *la*.**

boulevard   bâtiment   rue   trottoir   parc   pharmacie

quartier   ~~ville~~   monument   place   jardin   magasin

Noms masculins	Noms féminins
	La ville

 2 **Écoutez et complétez avec *le* ou *la*.**

la table
1 ..... canapé
2 ..... bureau
3 ..... chaise
4 ..... lit
5 ..... placard
6 ..... lampe
7 ..... fauteuil

3 **Barrez l'intrus.**

À table !
   soupe – crème – ~~beurre~~ – viande
1 citron – boisson – melon – jambon
2 tomate – salade – carotte – concombre
3 vinaigre – moutarde – sauce – mayonnaise

 4 **Écoutez. Complétez avec *un* ou *une*.**

Jeu de vocabulaire
– Tu peux me donner cinq noms d'objets de la salle de bains ?
– Oui. Alors : serviette, tube de dentifrice...
– Avec *un* ou *une*, s'il te plaît.
– D'accord. .... serviette, ... tube de dentifrice, ... lavabo, ... baignoire, ... miroir.
– Super ! Et maintenant cinq objets de la cuisine ?
– Alors, ... couteau, ... verre, ... assiette, ... fourchette, ... bouteille.
– Bravo !

5 **À vous. Trouvez cinq autres noms pour chaque thème.**

Un vêtement : *un pantalon* ....
Une partie du corps humain : *la têt...e* ....

 6 **Écoutez les finales des noms et écrivez le numéro des mots que vous entendez.**

Noms masculins	Noms féminins
	1,

13 Le singulier et le pluriel des noms

Il y a une tasse de café et un croissant.

Il y a deux tasse**s** de café et deux croissant**s**.

1 Utilisation

On utilise la forme du pluriel quand le nom désigne plusieurs éléments.
*Une pomme – Des pomme**s***

2 Formes

● Dans le dictionnaire, la forme des noms est au singulier.
Un nom est toujours utilisé avec un déterminant. Le déterminant donne une indication sur le nombre du nom : *une/la tasse* (singulier), *des/les tasses* (pluriel).
● Formation du pluriel : cas général

> **Nom pluriel = nom singulier + s.**

*un fruit / des fruit**s** – une banane / des banane**s***
Si le nom singulier est terminé par **s**, **x** ou **z**, le nom pluriel ne change pas.
*le bra**s** / les bra**s** – une noi**x** / des noi**x** – un ne**z** / des ne**z***
● Formation du pluriel : cas particuliers

*–**al** et –**ail** → –**aux***	*un anim**al** / des anim**aux*** *le trav**ail** / les trav**aux***
*–**eau** et –**eu** → –**eaux** et –**eux***	*un gât**eau** / des gât**eaux*** *un f**eu** / des f**eux***

⚠ Le nom **œil** a une forme différente au pluriel.
*J'ai mal à l'**œil** droit. – Elle a les **yeux** verts.*
⚠ Le pluriel du nom **genou** est **genoux**.

3 Prononciation

 54 ● On ne prononce pas les consonnes finales **s**, **x** et **z**. Le singulier et le pluriel ont la même prononciation.
un fruit / des fruits – une banane / des bananes
le bras / les bras – une noix / des noix – un nez / des nez – un genou / deux genoux
● Certains noms n'ont pas la même prononciation au singulier et au pluriel.
un animal / des animaux – le travail / les travaux – l'œil / les yeux – un œuf / des œufs

EXERCICES

1 **Ajoutez un *s* ou un *x* si nécessaire.**

Tu aimes ?
– Qu'est-ce que tu aimes pour le petit déjeuner ?
– J'adore les céréale*s* ou les croissant..... (1), les œuf..... (2), les jus..... (3) de fruit. Et toi ?
– Moi, j'aime les fruit..... (4), surtout les banane..... (5) et les noix..... (6).
– Et les yaourt..... (7) et les gâteau..... (8) ?
– Non, pas pour le petit déjeuner.

2 **À vous ! Qu'est-ce que vous aimez manger ? Qu'est-ce que vous n'aimez pas manger ?**

J'aime les *frites*...
Je n'aime pas les *petits pois*...

3 **Associez et ajoutez un *s* ou un *x* si nécessaire.**

Le corps humain

Nous avons
a un
b une
c deux
d des

1 pied.....
2 nez.....
3 doigt.....
4 bouche.....
5 cheveu.....
6 dos.....
   tête.....
7 bras.....
8 genou.....

4 **Écoutez et dites si le mot est au singulier, au pluriel ou peut être au singulier et au pluriel. Cochez.**

	Singulier	Pluriel	Singulier/Pluriel
bureau(x)	❏	❏	☑
1	❏	❏	❏
2	❏	❏	❏
3	❏	❏	❏
4	❏	❏	❏
5	❏	❏	❏
6	❏	❏	❏
7	❏	❏	❏

5 **Associez les professions et les lieux de travail et faites des phrases avec les noms au pluriel comme dans l'exemple.**

Où travaillent-ils/elles ?

hôtesse de l'air ⟶ *avion*

Les *hôtesses de l'air* travaillent dans des *avions*.

1	infirmière	a	bureau
2	avocat	b	garage
3	mécanicien	c	hôpital
4	employé	d	tribunal
5	chauffeur	e	autobus ou taxi

1 Les .... travaillent dans des ....
2 Les .... travaillent dans des ....
3 Les .... travaillent dans des ....
4 Les .... travaillent dans des ....
5 Les .... travaillent dans des ....

14 Les noms composés

Un ouvre-boîte   Deux ouvre-boîte**s**   Un sac à main   Deux sac**s** à main

1 Formation

Les noms composés sont formés de plusieurs mots associés (nom, adjectif, préposition, verbe). Ils peuvent être composés :
- de deux mots reliés par un trait d'union : *le sous-sol, le tire-bouchon, un ouvre-boîte...*
- de deux mots reliés par une préposition (*à, de* ou *en*) : *une salle de bains, le rez-de-chaussée, une chambre à coucher, un arc-en-ciel...*

⚠ Les mots ne sont pas toujours reliés par un trait d'union.

2 Orthographe

- Au singulier, pour certains noms composés, le nom placé en seconde position peut être au pluriel. *Un porte-documents ; un porte-bagages ; un porte-clés* (= pour porter des documents, des bagages, des clés) ; *une boîte aux lettres* (= pour mettre des lettres).
- Au pluriel, l'accord dépend de la nature des mots : les verbes et les prépositions sont invariables, les noms et les adjectifs sont variables.
un taille-crayon → *des taille-crayons* (verbe – nom)
une grand-mère → *des grands-mères* (adjectif – nom)
un canapé-lit → *des canapés-lits* (nom – nom)

⚠ Au pluriel, pour certains noms composés, le nom placé en seconde position reste au singulier. *Un porte-monnaie* → *des porte-monnaie* (= qui portent la monnaie) ; *un porte-bonheur* → *des porte-bonheur* (= qui apportent le bonheur) ; *une pomme de terre* → *des pommes de terre* (= qui viennent de la terre) ; *un après-midi* → *des après-midi* (= qui arrivent après midi).

⚠ Pour les noms composés d'origine étrangère, seul le deuxième mot s'accorde :
des week-ends, des night-clubs.

EXERCICES

1   **Complétez les noms composés avec les mots suivants.**

bouchon   lit   fenêtre   serviette   pain   citron   linge   ordures   boîte

Un tire-*bouchon*

1   Un ouvre   5   Un presse ....
2   Une porte   6   Un vide ....
3   Un lave   7   Un grille ....
4   Un canapé   8   Un porte ....

2   🎧 56   **Écoutez et complétez avec *à* ou *de* et/ou un trait d'union (-).**

Une chambre *à* coucher

1   Une salle .... bains   4   La cave .... vin   7   Un deux .... pièces
2   Le rez .... chaussée   5   La salle .... jeux   8   Une boîte .... lettres
3   Le garage .... vélos   6   Le local .... poubelles   9   Un gratte .... ciel

3   **Mettez les noms composés au pluriel.**

Un porte-manteau   → *Des porte-manteaux*

1   Un porte-bonheur   →   7   Une boucle d'oreille   → ....
2   Un après-shampoing   →   8   Un sèche-cheveux   → ....
3   Un chausse-pied   →   9   Un rouge à lèvres   → ....
4   Un sac à main   →   10   Un porte-monnaie   → ....
5   Un sous-vêtement   →   11   Une robe à fleurs   → ....
6   Une brosse à dents   →   12   Un fer à repasser   → ....

4   **Retrouvez les membres de la famille. Écrivez des noms composés commençant par *grand*, *beau*, *petit* et *arrière*. Accordez les adjectifs.**

C'est le père de mon mari. C'est mon *beau-père*.

1   C'est le fils de ma fille. C'est mon ....
2   C'est la mère de mon père. C'est ma ....
3   C'est le père de mon grand-père. C'est mon ....
4   Ce sont les enfants de mon fils. Ce sont mes ....
5   C'est la nouvelle femme de mon père. C'est ma ....
6   Ce sont les parents de ma femme. Ce sont mes ....
7   Ce sont les sœurs de mon mari. Ce sont mes ....

5   **À vous. Répondez aux questions avec des noms composés de votre choix.**

1   Citez trois objets de la maison que vous utilisez souvent.
....

2   Citez trois vêtements ou accessoires que vous avez dans votre armoire.
....

3   Citez trois pièces de la maison ou trois lieux d'habitation.
....

1 Indiquez si le nom est masculin (M), féminin (F) ou les deux (M/F). Écrivez l'autre forme, si elle est différente. Unité 11

avocate : *F – avocat*
1 Autrichien : .... – ....
2 cadre : .... – ....
3 dentiste : .... – ....
4 dessinatrice : .... – ....
5 directeur : .... – ....
6 employé : .... – ....

7 étudiant : .... – ....
8 Grecque : .... – ....
9 Hongroise : .... – ....
10 salarié : .... – ....
11 Tchèque : .... – ....
12 technicienne : .... – ....
13 vendeur : .... – ....

2 Transformez les noms au féminin. Unité 11

Un adolescent → Une *adolescente*
1 Un voisin → Une ....
2 Un serveur → Une ....
3 Un patron → Une ....
4 Un ingénieur → Une ....
5 Un infirmier → Une ....
6 Un frère → Une ....

7 Un formateur → Une ....
8 Un fils → Une ....
9 Un couturier → Une ....
10 Un enfant → Une ....
11 Un copain → Une ....
12 Un ami → Une ....
13 Un adulte → Une ....

3 Regardez la terminaison des noms. Écrivez M ou F. Unité 12

1 Le corps : jambe *F* – menton .... – nez .... – épaule .... – œil .... – genou .... – tête .... – front .... – joue .... – langue .... – oreille .... – bras ....

2 Les vêtements : pantalon .... – chemise .... – veste .... – chemisier .... – pull .... – short .... – jupe .... – robe .... – écharpe .... – pyjama .... – chaussette .... – manteau .... – imperméable ....

4 Complétez avec *un* ou *une*. Unité 12

Une colocation dans .... (1) appartement sympa
J'ai .... (2) chambre confortable. Il y a .... (3) lit bien sûr, ... (4) bureau avec .... (5) chaise à roulettes (très pratique). Pour lire, j'ai aussi .... (6) fauteuil et, pour mes livres, ... (7) bibliothèque. Pour mes habits, il y a .... (8) armoire immense. Mais il y un problème : la chambre a .... (9) chauffage avec .... (10) radiateur électrique (pas génial !). Et .... (11) chose pratique : au rez-de-chaussée, il y a .... (12) interphone.

5 Mettez les noms au pluriel. Complétez avec –s, –x si nécessaire. Unité 13

Rayon fruits et légume .... (1) :
tomate......... (2), concombre......... (3), radis......... (4), poireau......... (5), oignon......... (6), pomme......... (7) de terre, ananas......... (8), noix......... (9).
Rayon viande :
escalope......... (10) ou steak......... (11).
Rayon sec :
gâteau......... (12) apéritif.
Rayon boissons :
jus......... (13) de fruits, bouteille......... (14) d'eau gazeuse.

2. Le nom

6 **Les noms sont-ils au singulier, au pluriel ou on ne sait pas ? Cochez.** Unité 13

		Singulier	Pluriel	On ne sait pas
	avion	☑	❏	❏
1	bus	❏	❏	❏
2	frontières	❏	❏	❏
3	passagers	❏	❏	❏
4	repas	❏	❏	❏
5	passeport	❏	❏	❏
6	bagages	❏	❏	❏
7	poids	❏	❏	❏
8	destination	❏	❏	❏
9	pays	❏	❏	❏
10	voyages	❏	❏	❏
11	arrivée	❏	❏	❏
12	contrôle	❏	❏	❏
13	temps	❏	❏	❏
14	formalités	❏	❏	❏

7 **Corrigez les erreurs.** Unité 13

Nous demandons des ~~changement~~ *changements* !

Dans le village, les ~~voiture~~ .... (1) roulent trop vite, on ne voit pas bien les ~~feus~~ .... (2) rouges, il y a souvent des ~~travails~~ .... (3). Sur la place, les ~~jeus~~ .... (4) pour les ~~enfant~~ .... (5) sont en mauvais état. Les ~~bureaus~~ .... (6) de la mairie sont petits, les ~~animals~~ .... (7) sont trop nombreux.

🎧 57 **8** **Quelles phrases entendez-vous ? Cochez.** Unités 12 et 13

	☑ *Voici l'assistante.*	❏	Voici l'assistant.
1	❏ Regarde le travail de Paul.	❏	Regarde les travaux de Paul.
2	❏ C'est notre avocat.	❏	C'est notre avocate.
3	❏ J'invite mes voisines.	❏	J'invite mes voisins.
4	❏ Tu es caissier ?	❏	Tu es caissière ?
5	❏ Attention au cheval !	❏	Attention aux chevaux !
6	❏ Appelle les techniciens.	❏	Appelle les techniciennes.
7	❏ Lis les journaux.	❏	Lis le journal.

9 **Complétez avec *à*, *de*, *d'* ou un trait d'union puis mettez les noms composés au pluriel.**
Unité 14

Un presse-fruits → Des *presse-fruits*

1 Une queue .... cheval → Des ....
2 Un couteau .... fromage → Des ....
3 Un croque .... monsieur → Des ....
4 Un ouvre .... boîte → Des ....
5 Un faire .... part → Des ....
6 Une boîte .... outils → Des ....
7 Une salle .... attente → Des ....

Le Grand Palais   La Grand**e** Arche

1   Utilisation

● L'adjectif qualificatif est utilisé pour décrire.
Il est masculin quand le nom ou le pronom est masculin : *Il est petit.*
Il est féminin quand le nom ou le pronom est féminin : *Léa est petite.*
● L'adjectif qualificatif décrit souvent :
– une personne : *Il est français.*
– un lieu : *La ville est grande.*
– un objet : *La chaise est bleue.*
– une opinion : *Le livre est intéressant.*

2   Formation du féminin : cas général

Au masculin, les adjectifs ont des terminaisons très différentes : *carré, moderne, espagnol, chinois, grand, petit.*

L'adjectif féminin = l'adjectif masculin + **e**.
Le bureau est carré. / La table est carrée. – Ce garçon est danois. / Cette fille est danoise.
Si l'adjectif masculin est terminé par un **e**, l'adjectif féminin ne change pas.
Ce lit est moderne. / Cette chaise est moderne.

3   Prononciation et orthographe

● L'adjectif masculin et l'adjectif féminin ont la même prononciation :
– quand l'adjectif masculin est terminé par une voyelle.
Il est joli. / Elle est jolie. – Il est russe. / Elle est russe.
– quand l'adjectif masculin est terminé par *r* ou *l*.
Le sac est noir et original. / La valise est noire et originale.
● L'adjectif masculin et l'adjectif féminin n'ont pas la même prononciation quand l'adjectif masculin est terminé par une consonne.
Il est grand. / Elle est grande. – Il est ouvert. / Elle est ouverte. – Il est français. / Elle est française. – Il est marocain. / Elle est marocaine. – Il est brun. / Elle est brune.

🎧 59 🎧 **1 Barrez l'adjectif incorrect. Écoutez pour vérifier.**

Nationalités

J'ai une voisine ~~portugais~~ / portugaise.
1 Le chanteur est suédois / suédoise.
2 Mon frère a une amie sud-africain / sud-africaine.
3 Éva est argentin / argentine.
4 La dame a un accent anglais / anglaise.
5 Notre ami est chinois / chinoise.
6 C'est une actrice cubain / cubaine.

2 Qui parle ? Un homme (H), une femme (F), un homme ou une femme (H/F) ? Complétez avec H, F ou H/F.

Parlez de vous !

Je suis grand.   *H*

1 Je suis jeune.   ....
2 Je suis fort.   ....
3 Je suis calme.   ....
4 Je suis polie.   ....
5 Je suis sympathique.   ....
6 Je suis petite.   ....
7 Je suis intelligent.   ....
8 Je suis brune.   ....
9 Je suis mince.

🎧 60 🎧 **3 Écoutez et dites si l'adjectif est au masculin, au féminin ou peut être au masculin et au féminin. Cochez.**

	Masculin	Féminin	Masculin/Féminin
jaune	❑	❑	☑
1	❑	❑	❑
2	❑	❑	❑
3	❑	❑	❑
4	❑	❑	❑
5	❑	❑	❑
6	❑	❑	❑
7	❑	❑	❑

4 Complétez si nécessaire.

Chez moi

La maison est confortable.
1 L'entrée est large............
2 La salle de séjour est vaste............
3 La cuisine est petit............
4 Le bureau est clair............
5 La salle de bains est bleu............
6 Le jardin est calme............
7 La chambre est grand............

5 À vous ! Décrivez les objets et les personnes.

1 *La valise est grande et verte.*
2 ....
3 ....
4 ....
5 ....

16 Le féminin des adjectifs : cas particuliers

un pull violet

une robe violette

Formation du féminin

 Certains adjectifs ont des terminaisons différentes au masculin et au féminin. Souvent, la prononciation change.

	Adjectifs masculins	Adjectifs féminins
–en → –enne –on → –onne	Le meuble est ancien. Le café est bon.	La table est ancienne. La tarte est bonne.
–el → –elle	Le parfum est naturel.	La fleur est naturelle.
–er → –ère	Il est étranger. Il est cher.	Elle est étrangère. Elle est chère.
–et → –ète ou –ette	L'hôtel est complet. Le pull est violet.	La salle est complète. La robe est violette.
–eux et –eur → –euse	Il est heureux. Il est travailleur.	Elle est heureuse. Elle est travailleuse.
–f → –ve	Le sac est neuf.	La voiture est neuve.
–eau → –elle	Le dessin est beau.	La peinture est belle.

⚠ Certains adjectifs sont très irréguliers pour la formation du féminin.

bas → basse   fou → folle   jaloux → jalouse   sec → sèche
blanc → blanche   frais → fraîche   long → longue   turc → turque
doux → douce   gentil → gentille   nul → nulle   vieux → vieille
épais → épaisse   grec → grecque   public → publique
faux → fausse   gros → grosse   roux → rousse

62

1 Associez les adjectifs masculins et féminins puis écoutez et soulignez la forme que vous entendez.

fou •
1 vieux   a jalouse
2 gentil   b gentille
3 actif   c rousse
                 • *folle*
4 doux   d belle
5 jaloux   e active
6 roux   f vieille
7 beau   g douce

2 Soulignez la forme correcte de l'adjectif.

Objets perdus
– Comment est votre portefeuille ? – Il est *épais* / *épaisse.*
1 – Comment est votre valise ? – Elle est *légère* / *léger.*
2 – Comment est votre sac ? – Il est *neuve* / *neuf.*
3 – Comment est votre tablette ? – Elle est *blanche* / *blanc.*
4 – Comment est votre parapluie ? – Il est très *longue* / *long.*
5 – Comment est votre porte-monnaie ? – Il est *violet* / *violette.*

 63

3 Mettez les adjectifs au féminin comme dans l'exemple. Écoutez pour vérifier.

Mon fils est roux. Ma fille est *rousse.*
1 Ce garçon est beau. Cette fille est ....
2 Il est gentil. Elle est ....
3 Mon père est généreux. Ma mère est ....
4 Mon ami est mignon. Mon amie est ....
5 Cet homme est courageux. Cette femme est ....
6 Il est sportif. Elle est ....
7 Il est étranger. Elle est ....

4 Complétez avec (m) ou (f) selon la forme de l'adjectif et écrivez l'autre forme.

moyenne *(f)*   moyen *(m)*
1 cher ....   5 sec ....
2 complet ....   6 bas ....
3 fausse ....   7 neuve ....
4 légère ....   8 naturel ....

5 Complétez les phrases avec les adjectifs à la forme correcte.

1 roux – joyeux – blanc   L'homme est .... et .... , il a une voiture ....

2 vieux – gros – long   La dame est .... et .... , elle a une robe ....

3 beau – violet – neuf   La jeune femme est .... , elle a une veste .... et une guitare ....

17 Le singulier et le pluriel des adjectifs

1 Formation du pluriel

● **Cas général**
Adjectif pluriel = adjectif singulier + **s**.
*Ludovic est marié. Marc et Louise sont marié**s**.*
*Elle est heureuse. Elles sont heureuse**s**.*

● **Cas particuliers**
Si l'adjectif singulier est terminé par **s** ou **x**, l'adjectif pluriel ne change pas.
Cet homme est mauvais / gros et ennuyeux / jaloux.
Ces hommes sont mauvais / gros et ennuyeux / jaloux.

Certains adjectifs ont une forme irrégulière au masculin pluriel. Le pluriel féminin est régulier.

	Adjectif singulier	Adjectif pluriel
–al → –aux	*Ce pantalon est origin**al**.* *Cette veste est originale.*	*Ces pantalons sont origin**aux**.* *Ces vestes sont originales.*
–eau → –eaux	*Ce pantalon est b**eau**.* *Cette veste est belle.*	*Ces pantalons sont b**eaux**.* *Ces vestes sont belles.*

⚠ Nom(s) masculin(s) + nom(s) féminin(s) = adjectif masculin pluriel.
*Ce pantalon et cette veste sont élégant**s**.*

2 Prononciation

 64 ● L'adjectif singulier et l'adjectif pluriel ont la même prononciation.
court / courts – courte / courtes ; nouveau / nouveaux – nouvelle / nouvelles
● Les adjectifs avec le singulier en **–al** et le pluriel en **–aux** ont une prononciation
différente au masculin pluriel. *original / originale / originales ≠ originaux*
⚠ Les quatre formes de l'adjectif ont la même prononciation :
– quand l'adjectif singulier est terminé par une voyelle : *marié / mariée / mariés / mariées.*
– quand l'adjectif masculin est terminé par **r** ou **l** : *noir / noire / noirs / noires*
exceptionnel / exceptionnelle / exceptionnels / exceptionnelles.

EXERCICES

1 Soulignez les adjectifs qui ont la même orthographe au singulier et au pluriel.

français – suédoises – grecs – croates – internationaux – danois – heureux – camerounais – jaloux – mexicains – sud-africaines – finlandais – joyeux

🎧 65 **2 Mettez au pluriel. Soulignez les adjectifs qui changent de prononciation au pluriel et écoutez pour vérifier.**

Comment sont-ils ?

1 Ma copine est mince, jolie et amusante.

Mes copines sont *minces*, ... et ....

2 Mon copain est spécial, très gentil et très généreux.

Mes copains sont .... , très .... et très ....

3 Mon frère est beau, doux et très original.

Mes frères sont .... , ... et ....

4 Ma sœur est petite, sportive et dynamique.

Mes sœurs sont .... , ... et ....

3 Mettez l'adjectif à la forme correcte.

Dans mon sac, je mets

un anorak neuf et des gants *neufs*,

1 des slips gris et un pantalon .... ,

2 des chaussettes noires et une casquette .... ,

3 un pull élégant et des bermudas .... ,

4 des chaussures confortables et un manteau .... ,

5 des chemises légères et une robe .... ,

6 un jean original et des tee-shirts ....

4 À vous ! Quels vêtements portez-vous aujourd'hui ?

Je porte un pantalon noir et des baskets blanches originales. ....

5 Complétez avec la forme correcte de l'adjectif.

Coucou !

De : Arthur
Objet : Coucou !
Date : Aujourd'hui
A : Moi
2 pièces jointes, 610 Ko

Les vacances sont *formidables* (formidable). Les paysages sont très .... (beau) (1) et les gens sont .... (génial) (2). Le matin, nous avons des visites .... (intéressante) (3) ou des activités .... (sportive) (4). Les repas sont .... (original) (5), très .... (spécial) (6). L'après-midi, nous faisons des promenades .... (magnifique) (7). Alors le soir, nous sommes .... (fatigué) (8) mais .... (heureux) (9).

A+
Arthur

18 L'adjectif : accords particuliers

trois cent cinquante-huit euros | une veste noir et blanc | une jupe noire | il est trois heures et demie

1 Les adjectifs de couleur

Les adjectifs de couleur s'accordent généralement avec le nom qu'ils accompagnent :
une lumière bleue, des chaussures rouges.
Les adjectifs de couleur sont invariables :
● quand la couleur évoque une matière ou un objet.
Des yeux marron (= de la couleur du marron) ; *des chaises orange* (= de la couleur de l'orange) ; *des cafés noisette* (= de la couleur de la noisette).
Exceptions : *des chemises roses, mauves ou violettes ; des cheveux châtains.*
● quand la couleur est précisée par un adjectif ou un nom : *des chaussures bleu foncé, une robe bleu ciel et une veste bleu marine.*
● quand la couleur est exprimée par deux adjectifs : *une veste noir et blanc.*

2 L'adjectif *demi*

Demi est invariable quand il est placé devant le nom. Il n'est jamais au pluriel.
Il s'accorde seulement en genre quand il est placé derrière le nom :
une demi-heure → *des demi-heures ; une heure et demie* → *deux heures et demie.*

3 Les adjectifs numéraux (chiffres et nombres)

● Les adjectifs numéraux sont invariables : *quatre semaines, huit minutes, onze mois, mille fois…*
● *Million* et *milliard* s'accordent : *quatre millions, six milliards.*
● *Vingt* et *cent*
– sont invariables quand ils sont utilisés seuls ou quand on ajoute un autre nombre derrière :
vingt personnes ; cent jours ; cent vingt personnes (= 100 + 20) ; *vingt-trois jours* (= 20 + 3).
– s'accordent quand ils sont précédés d'un nombre qui les multiplie sauf s'ils sont suivis d'un autre nombre : *deux cents euros* (= 2 x 100) / *deux cent dix euros* (= 2 x 100 + 10) ; *quatre-vingts euros* (= 4 x 20) / *quatre-vingt-huit euros* (= 4 x 20 + 8).

4 Prononciation et orthographe

 66 ● On fait la liaison avec un nom qui commence par une voyelle ou un *h* muet : *deux euros, cent euros, quatre-vingts euros.*
● La prononciation des chiffres de 1 à 10 présente des particularités (→ *Annexe 6*).
● Il y a un trait d'union entre les dizaines et les unités : *trente-trois, cent quatre-vingt-deux.*
● Quand *demi* est placé devant le nom, il y a un trait d'union : *une demi-heure.*

1 🎧 67 🎧 **Écoutez et écrivez l'adjectif.**

Défilé de mode

Elle porte une robe *bleue* avec des rayures ....

1 Il a une chemise .... et une cravate ....

2 Les jupes de ces petites filles sont .... avec des pois ....

3 Ses chaussures sont .... avec des lacets ....

4 Cette robe .... est portée avec une veste ....

5 Regardez ces foulards .... et ces ceintures ....

2 **À vous ! Décrivez les vêtements que vous portez souvent.**

Je porte une chemise rouge, des ....
....

3 **Complétez avec les couleurs proposées. Accordez les adjectifs, si nécessaire.**

| rouge | noir | jaune | blanc | orange | vert |

Le lait et la farine sont *blancs*.

1 Les haricots peuvent être .... , ... , ... ou ....

2 La viande est .... ou ....

3 Les carottes sont ....

4 Les citrons sont .... ou ....

5 Les olives sont .... ou ....

4 **Complétez les expressions avec la forme correcte du mot *demi*.**

Une *demi*-heure

1 Une baguette et ....

2 Une .... bouteille

3 Trois .... journées

4 Six mois et ....

5 Deux .... sœurs

6 Une page et ....

7 Une .... finale

8 Une semaine et ....

5 **Écrivez les nombres suivants en toutes lettres.**

100 → *cent*

1 120 → ....

2 1 300 → ....

3 428 → ....

4 80 → ....

5 395 → ....

6 700 → ....

7 106 → ....

8 580 → ....

9 681 → ....

10 2 500 → ....

19 La place de l'adjectif : cas général

À vendre | Particuliers | Professionnels

Jolie table **rouge**
50 €

Petit ordinateur **portable**
75 €

Belle lampe **ancienne**
25 €

1 Utilisation

Dans un groupe nominal :
- l'adjectif qualificatif se place en général derrière le nom : *C'est un canapé **confortable**.*
- quelques adjectifs courts se placent devant les noms : *beau, joli, petit, grand, gros, bon, mauvais, jeune, vieux, nouveau.*
*J'ai un **nouveau** lit et un **joli** tapis.*
- Les adjectifs longs et les adjectifs de nationalité, de forme et de couleur se placent toujours derrière le nom : *un ami **japonais**, un fauteuil **confortable**, une table **ronde**, des meubles **blancs**.*

⚠ Devant un nom masculin commençant par une voyelle ou un *h* muet, trois adjectifs ont une forme particulière :
beau → *bel* : *un **bel** appartement*
vieux → *vieil* : *un **vieil** homme*
nouveau → *nouvel* : *un **nouvel** ordinateur*

2 Prononciation

 68

- Dans un groupe nominal, l'accent tonique est sur la dernière syllabe du groupe :
C'est un beau vase. Tu as une jolie chaise.
- Quand l'adjectif est placé devant un nom qui commence par une voyelle ou un *h* muet, on fait la liaison : *Il a un petit appartement dans les nouveaux immeubles.*
- Quand l'adjectif *grand* est placé devant un nom qui commence par une voyelle ou un *h* muet, on fait la liaison ; on prononce *t* : *voici mon grand ami Léon. Dans cette ville, il y a un grand hôpital.*
- Quand les adjectifs *bon*, *premier* et *dernier* sont placés devant un nom qui commence par une voyelle ou un *h* muet, ils sont prononcés comme l'adjectif au féminin.
C'est un bon acteur. C'est mon premier ordinateur.

EXERCICES

1   Mettez l'adjectif à la bonne place.

Voici des .... gens *sympathiques*. (sympathiques)

1   C'est un .... homme .... (élégant)

2   C'est un .... ami .... à moi. (grand)

3   Cet enfant a les .... cheveux .... (blonds)

4   C'est une .... femme .... (agréable)

5   C'est un .... acteur .... (bon)

6   C'est un .... homme .... (intelligent)

7   J'habite à côté d'un .... étudiant .... (jeune)

 2   Écoutez et écrivez les formes correctes des adjectifs *beau*, *nouveau* et *vieux*.

Chez moi, il y a :

une *vieille* télévision.

1   un .... escalier.

2   un .... réfrigérateur.

3   un .... tableau.

4   un .... lit.

5   une .... carte du monde.

6   un .... appareil photo.

7   un .... ordinateur.

3   Mettez les mots dans l'ordre. Écoutez pour vérifier.

Je cherche

canapé / beau / bleu : un *beau canapé bleu.*

1   portable / ancien / ordinateur : un ....

2   tapis / vieux / rond : un ....

3   basse / petite / table : une ....

4   confortable / chaise / nouvelle : une ....

5   joli / rectangulaire / miroir : un ....

6   meuble / anglais / petit : un ....

7   électrique / piano / vieux : un ....

4   À vous ! Présentez les objets qu'il y a autour de vous. Utilisez des adjectifs.

Il y a une grande table ....

5   Décrivez chaque personne en utilisant les adjectifs. Attention à la place et aux accords !

vieux – rouge – noir – blanc – grand – violet

1   Il porte un *vieux* pantalon .... ,
un .... T-shirt .... et
une .... chemise ....
Il a aussi des .... chaussures
.... et une .... casquette ....

2   Elle porte une .... robe
.... avec une .... veste
.... Elle a une ....
paire de chaussures .... et un
.... sac ....

La place de l'adjectif : cas particuliers

C'est une personne **seule**.

Il n'y a qu'une **seule** personne dans la salle.

1 Place et sens des adjectifs

Certains adjectifs changent de sens selon leur place.

ancien ancienne	*Je collectionne les voitures **anciennes*** (= qui ne sont plus construites maintenant).	*Mon **ancienne** voiture était verte* (= je n'ai plus cette voiture).
cher chère	*C'est une maison très **chère*** (= elle vaut beaucoup d'argent).	***Chère** amie…* (= que j'aime bien)
curieux curieuse	*Je n'aime pas les gens trop **curieux*** (= indiscrets).	*C'est une **curieuse** personne* (= bizarre).
dernier dernière	*La **dernière** ville que j'ai visitée est Istanbul* (= je n'ai pas visité une autre ville depuis).	*Le mois **dernier**, je suis allé à Istanbul* (= nous sommes en mai, j'y suis allé en avril).
différent différente	*Chaque année, je passe mes vacances dans des endroits **différents** (= variés).*	*Il y a **différents** pays où j'aimerais aller (= plusieurs).*
grand grande	*Il n'aime pas les femmes trop **grandes*** (= de grande taille).	*C'est une très **grande** sportive* (= elle fait beaucoup de sport).
pauvre pauvre	*Ce sont des personnes **pauvres*** (= sans argent).	*Je plains cette **pauvre** femme* (= malheureuse).
prochain prochaine	*Le **prochain** train est à 8 heures* (= le train qui va arriver).	*La semaine **prochaine**, je suis en vacances* (= la semaine après cette semaine).
petit petite	*Je préfère les hommes **petits*** (= de petite taille).	*C'est un **petit** voyageur* (= il ne voyage pas beaucoup) !
propre propre	*Dans cette ville, il y a beaucoup de rues **propres** (≠ sales).*	*J'ai mon **propre** ascenseur* (= un ascenseur personnel).
seul seule	*C'est une personne **seule*** (= sans amis, sans parents).	*Il n'y a qu'une **seule** personne dans la salle (= pas d'autres personnes).*

2 Ordre des adjectifs

● Quand plusieurs adjectifs accompagnent le nom, on les place selon un ordre précis.
Le plus proche du nom est celui qui définit le sens du nom.
*Une élection **présidentielle** espagnole.*
● L'adjectif numéral est toujours placé devant les autres adjectifs.
*Les **quatre** premiers étages, les **deux** dernières places, les **trois** prochains trains.*

1 Associez les adjectifs soulignés à leur signification.

J'ai eu un petit problème

J'ai une nouvelle voiture.
1 Je préfère les hommes grands.
2 J'ai rendez-vous place des Grands Hommes.
3 J'aime bien cette ancienne gare.
4 Je suis revenu le mois dernier.
5 Je ne prête pas ma voiture neuve.
6 Je te le répète pour la dernière fois !

a = maintenant, c'est un musée
= j'ai changé
b = après, c'est fini
c = célèbres
d = il y a 4 semaines
e = qui n'a jamais été utilisée
f = par exemple, de plus d'1,80 m

🎧 71 2 Mettez l'adjectif à la place correcte. Écoutez pour vérifier.

Je suis retourné dans mon *ancienne* maison (ancienne).
1 J'ai trouvé le .... quartier .... (propre).
2 Mes amis vivent dans le même immeuble, à .... étages .... (différents) !
3 Il y a un .... étage .... (seul).
4 Leur appartement a son .... ascenseur .... (propre).
5 Moi, j'habite un .... immeuble .... (ancien).
6 Mes cousins habitent le même village, dans des .... maisons .... (différentes).

3 Associez les phrases de même sens.

Dans mon immeuble

La dame du 4ᵉ est une vieille amie.
1 On a un gardien très curieux.
2 Au premier, l'homme n'est pas très propre.
3 Il y a un grand chirurgien au 5ᵉ.
4 Il y a une nouvelle famille au 3ᵉ.
5 Des étudiants habitent au dernier étage.
6 Au 2ᵉ, il y a un couple assez pauvre.

a Ils vivent sous les toits.
b Ils ont peu d'argent.
c Il est très connu.
d Il fait mal le ménage.
On se connaît depuis longtemps.
e Ils sont là depuis peu de temps.
f Il veut tout savoir.

4 Mettez les mots dans l'ordre pour retrouver le texte de la carte postale.

collègues / chers / Mes *Mes chers collègues*
Je passe / derniers / en Sicile / mes / deux / jours / de vacances ....
antiques / J'ai visité / des / sites / magnifiques ....
des / J'ai vu / montagneux / paysages / splendides ....
J'ai aussi fait / rencontres / agréables / différentes ....
soirée / Hier, / il y avait / une / grande / internationale ....
trois / J'ai rencontré / vraiment sympathiques / filles / espagnoles ....
prochaine / Elles m'invitent / à Madrid / l'année / ! ....
À très bientôt au bureau ! Charlotte

5 À vous ! Écrivez une carte postale de vacances. Attention à la place des adjectifs !

Mes vacances se passent bien. Je suis dans un petit village touristique. ....
....

1 Soulignez les adjectifs qui sont seulement au féminin. Unité 15

blonde – mince – maigre – petite – noire – grande – rouge – verte – claire – jeune – raide – courte – bleue – grise – haute – large – lourde – vide – sale – ouverte

2 Transformez les adjectifs du masculin au féminin et du féminin au masculin. Unité 15

Origines diverses

Il est polonais. Elle est *polonaise*.

1   Je suis belge. Tu es ....

2   Vous êtes danoise ? Vous êtes .... ?

3   Elle est suisse. Il est ....

4   Tu es marocaine. Il est ....

5   Vous êtes espagnole. Je suis ....

6   Il est allemand. Elle est ....

7   Je suis chilien. Elle est ....

8   Elle est grecque. Tu es ....

9   Tu es croate. Il est ....

10 Il est argentin. Elle est ....

3 Indiquez si l'adjectif est masculin ou féminin. Cochez et écrivez l'autre forme. Unité 16

		f	*m*	*curieux*
	curieuse			
1	fier	❏	❏	....
2	réel	❏	❏	....
3	agressif	❏	❏	....
4	moyenne	❏	❏	....
5	beau	❏	❏	....
6	menteur	❏	❏	....
7	dernière	❏	❏	....
8	paresseux	❏	❏	....
9	fraîche	❏	❏	....
10	discrète	❏	❏	....
11	nul	❏	❏	....
12	nette	❏	❏	....
13	fou	❏	❏	....

4 Les adjectifs sont-ils au singulier (S), au pluriel (P) ou les deux (S/P) ? Unité 17

Nourriture

	bon	*S*			
1	frais	....	10	fort	....
2	crus	....	11	légers	....
3	chaud	....	12	gras	....
4	délicieux	....	13	salé	....
5	régionaux	....	14	surgelés	....
6	mauvais	....	15	spécial	....
7	doux	....	16	locaux	....
8	merveilleuses	....	17	portugais	....
9	épaisses	....	18	chinois	....
			19	nouveau	....

qualificatif

Parcours digital.

3. L'adjectif qualificatif

5 **Complétez avec l'adjectif au pluriel.** Unité 17

Logement

(ancien) Les immeubles sont *anciens*.

1 (bas) Les bâtiments sont ....
2 (beau) Les meubles sont ....
3 (dangereux) Les escaliers sont ....
4 (original) Les plafonds sont ....

5 (lent) Les ascenseurs sont ....
6 (nombreux) Les étages sont ....
7 (épais) Les murs sont ....
8 (sombre) Les parkings sont ....

6 **Accordez les adjectifs en genre et en nombre.** Unité 18

Objets de la maison

J'adore

les placards *noirs*

1 la table gris..... foncé.....
2 les lits mauve.....
3 les radiateurs beige..... clair.....
4 les couvertures rose.....
5 la moquette vert..... pâle.....
6 les chaises marron.....

Je déteste

7 les fauteuils rouge.....
8 l'armoire violet..... et mauve.....
9 les étagères orange.....
10 les draps jaune..... et blanc.....
11 les couettes blanc.....
12 les parquets jaune..... citron.....
13 la décoration bleu..... marine.....

◀ 72 ▶ **7** **Mettez les mots dans l'ordre pour faire des phrases. Écoutez pour vérifier.** Unité 19

Quelle consommation !

petit / J'aimerais / téléphone / portable / un → *J'aimerais un petit téléphone portable.*

1 Il a acheté / ultrarapide / un / ordinateur / bel → ....
2 sa / tablette / dernière / Regarde / blanche → ....
3 tableau / premier / C'est / numérique / notre → ....
4 livres / vieux / inintéressants / les / Nous n'aimons pas → ....
5 allemand / Vous vendez / téléviseur / vieux / votre → ....
6 Leurs / séries / enfants / adorent / jeunes / étrangères / les → ....
7 fonctionne / système / mauvais / informatique / trop lentement / Ce → ....

8 **Mettez l'adjectif à la place correcte selon son sens. N'oubliez pas l'accord en genre et en nombre !** Unité 20

seul = sans amis, sans parents → C'est un homme *seul*.

1 certain = sûr → C'est une .... information ....
2 curieux = bizarre → C'est une .... journaliste ....
3 grand = très connu → C'est vraiment un .... roman ....
4 jeune = moins de cinq ans d'expérience → C'est un .... médecin ....
5 pauvre = peu d'argent → C'est un .... pays ....
6 propre = à eux → C'est leur .... plage ....
7 petit = pas important → C'est un .... film ....
8 différent = pas comme les autres → C'est un .... projet ....
9 ancien = autre fonction maintenant → C'est une .... usine ....

21 Les articles définis et indéfinis

Un billet de 20 euros.

Des pièces de 1 et 2 euros.

La banque de France

1 Utilisation

- Les articles accompagnent un nom et sont, au singulier, une indication du genre du nom.
- **Les articles définis** *le*, *la*, *les* sont utilisés pour :
– parler d'une notion générale. **La** *monnaie*.
– parler de personnes ou de choses uniques, précises. **La** *carte bancaire de Marie.*
- **Les articles indéfinis** *un*, *une*, *des* sont utilisés pour :
– désigner des objets ou des personnes non précisés. *C'est* **un** *client. Ce sont* **des** *billets de banque.*
– exprimer une quantité : *un*, *une* = 1 / *des* = quantité indéfinie.
- *Vous avez* **des** *pièces de 1 euro ? - Non, j'ai* **un** *billet de 10 euros.*

⚠️ Avec les verbes *aimer*, *adorer*, *préférer*, *détester*, on utilise les articles définis.
Je n'aime pas **les** *pièces de 1 centime.*

2 Formes

- L'article est placé devant un nom ou un groupe nominal : il est masculin, féminin, singulier ou pluriel.

	Articles définis	Articles indéfinis
Masculin singulier (ms)	*le chèque*	*un chèque*
Féminin singulier (fs)	*la carte bancaire*	*une carte bancaire*
Masculin pluriel (mp)	*les billets*	*des billets*
Féminin pluriel (fp)	*les pièces*	*des pièces*

- Les articles *le* et *la* deviennent *l'* devant une voyelle ou un *h* muet. *le̶ euro* → *l'euro* – *le̶ argent* → *l'argent* – *la̶ économie* → *l'économie*

3 Prononciation

 73

- La prononciation de l'article est souvent la seule indication du genre ou du nombre du nom.
un chèque / *une carte* – *le billet* / *les billets*
- On fait la liaison. *un euro* – *les euros* – *des euros*

1 **Soulignez l'article correct.**

Pour tous les goûts
1 Sports : J'aime *le* / *la* natation, *le* / *l'* basket (1) et *l'* / *les* athlétisme (2) mais je n'aime pas *la* / *les* compétitions (3).
2 Loisirs : J'aime *les* / *le* concerts (4), *l'* / *le* théâtre (5) et *l'* / *le* cinéma (6) mais je n'aime pas *les* / *la* télévision (7).

 2 **Écoutez et écrivez *un* ou *une*.**

Pendant les soldes, j'ai acheté
   un pantalon,   3 .... écharpe,   6 .... tee-shirt,
1 .... manteau,   4 .... paire de chaussures,   7 .... jupe,
2 .... veste,   5 .... chemise,   8 .... cravate.

3 **Complétez avec un article indéfini ou défini.**

– Comment tu t'habilles pour la soirée ?
– Je vais porter *un* costume, ... chemise (1), ... nœud papillon (2) et bien sûr .... chaussures (3).
– De quelle couleur ?
– .... costume (4) et .... nœud papillon (5) sont gris, ... chemise (6) et .... chaussures (7) sont noires.

 4 **Soulignez l'article correct. Écoutez pour vérifier.**

30 secondes pour répondre
– Vous avez trente secondes pour répondre à quatre questions sur les loisirs. Vous êtes prête ? Alors, citez *un* / *le* sport collectif.
– *Un* / *Le* (1) rugby.
– Oui. *Un* / *Le* (2) type de musique ?
– *Le* / *Un* (3) rock.
– *Une* / *La* (4) monnaie de la Belgique ?
– *Un* / *L'* (5) euro.
– *Un* / *Le* (6) moyen de paiement ?
– *Une* / *La* (7) carte bancaire.
– Top ! Bravo !

5 **À vous !**

a. Dites quelles activités de loisirs et quels sports vous aimez et vous n'aimez pas.
J'aime le / la / l' / les... Je n'aime pas le / la / l' / les ....
b. Quels vêtements portez-vous aujourd'hui ?
Aujourd'hui, je porte un / une / des ....

22 Les articles contractés

Allô, Pauline, je suis **au** supermarché, et toi ?

Dans le couloir **du** métro ! J'arrive !

1 Utilisation

Les articles définis *le*, *la*, *l'*, *les* sont souvent utilisés après les prépositions *à* et *de* :
– pour indiquer un lieu. *Je suis à **la** gare. Il habite à côté de **la** Poste.*
– pour relier deux noms. *Le bureau de **l'**assistante est à droite.*
– avec des verbes : *jouer à* (+ sport ou jeux), *jouer de* (+ instrument de musique), *avoir mal à...*
*Il joue à **la** balle. Elle joue de **la** flûte. J'ai mal à **la** tête.*

2 Formes

Quand ils sont utilisés après les prépositions *à* et *de*, les articles *le* et *les* se contractent.
Les articles *la* et *l'* ne sont jamais contractés.

	*Elle est **à la** gare.*
à le → **au**	*Elle est à le supermarché.* → *Elle est **au** supermarché.*
	*Elle est **à l'**église.*
à les → **aux**	*Elle est à les toilettes.* → *Elle est **aux** toilettes.*

	*Le guichet **de la** gare.*
de le → **du**	*Le couloir de le métro.* → *Le couloir **du** métro.*
	*Le bureau **de l'**assistante.*
de les → **des**	*La salle de les professeurs.* → *La salle **des** professeurs.*

3 Prononciation

 76 ● *Au* et *aux* ont la même prononciation.
Elle a mal au dos. Il a mal aux dents.
● Avec *aux* et *des*, on fait la liaison quand le nom commence par une voyelle ou
un *h* muet.
Il a mal aux oreilles. La résidence des étudiants est dans le parc.

1 Soulignez la réponse correcte.

– On se retrouve où ?
– _À l'_ / _au_ entrée.
– (1) _Aux_ / _Au_ guichets.
– (2) _Au_ / _Aux_ marché.
– (3) _À l'_ / _Aux_ accueil.

– (4) _Au_ / _À l'_ arrêt de bus.
– (5) _Aux_ / _Au_ restaurant.
– (6) _À l'_ / _Au_ école.
– (7) _À la_ / _Au_ réception.

2 Complétez avec _à la, à l', au_ ou _aux_.

Tu as mal où ?
J'ai mal _à la_ tête, ... dents (1), ... gorge (2), ... yeux (3), ... main droite (4), ... pieds (5), ... cou (6), ... estomac (7), ... genou gauche (8), ... épaule droite (9).

🎧 77 🎧 **3 Faites des phrases comme dans l'exemple. Écoutez pour vérifier.**

Chez mes amis
Le style / l'immeuble → _Le style de l'immeuble_ est moderne.
1 Les fenêtres / le salon → .... sont hautes.
2 La porte / le garage → .... est automatique.
3 La chambre / les enfants → .... est grande.
4 Les meubles / la salle de bains → .... sont blancs.
5 La décoration / l'appartement → .... est originale.
6 Les escaliers / le jardin → .... sont anciens.

4 À vous ! Présentez votre maison ou votre appartement comme dans l'exercice 3.

La décoration de la salle à manger est moderne. ....
....
....

5 Complétez avec _au, à la, aux, du, de la_ ou _de l'_.

Je joue _du_ saxophone, ... cartes (1) .... tennis (2), ... guitare (3), ... basket ball (4), ... échecs (5), ... piano (6), ... accordéon (7), ... harmonica (8), ... corde à sauter (9).

🎧 78 🎧 **6 Écoutez les phrases et dites si vous entendez la liaison avec _aux_ et _des_.**

	J'entends la liaison.	Je n'entends pas la liaison.
J'ai mal aux pieds.	❏	☑
1	❏	❏
2	❏	❏
3	❏	❏
4	❏	❏
5	❏	❏
6	❏	❏
7	❏	❏

L'article partitif

un poulet

du poulet

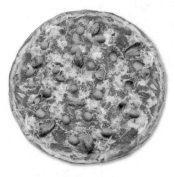
une pizza

de la pizza

1 Utilisation

- L'article partitif est utilisé pour indiquer une quantité indéterminée (non comptable) ; il est utilisé avec des noms de choses concrètes ou abstraites.
  *du poulet, **de la** pizza, **de l'**eau*
  *du courage, **de la** chance, **de l'**amour*

- L'article partitif est utilisé avec le verbe *faire* pour parler des activités sportives ou artistiques.
  *faire **du** sport, faire **de la** danse*

2 Formes

	Devant une consonne	Devant une voyelle ou un *h* muet
Masculin singulier	*Je bois **du** café.*	*Il achète **de l'**eau.*
Féminin singulier	*Il mange **de la** soupe.*	*Il faut **de l'**huile.*

- À la forme négative, l'article partitif est remplacé par ***de / d'***. La marque du masculin ou du féminin disparaît.
  *Il y a **du** vent.* → *Il **n'**y a **pas de** vent.*
  *Elle a **de la** chance.* → *Elle **n'**a **pas de** chance.*
  *Ils ont **de l'**expérience.* → *Ils **n'**ont **pas d'**expérience.*

⚠ Avec le verbe *être* à la forme négative, l'article partitif ne change pas.
  *C'est **du** sucre. Ce **n'**est **pas du** sucre.*

EXERCICES

1 Complétez.

1 Dans une sauce vinaigrette, il y a *du* vinaigre (m), ... huile (f), ... moutarde (f), ... sel (m) et .... poivre (m).

2 Pour préparer la pâte à crêpes, il faut .... farine (f), ... sucre (m), ... lait (m) et des œufs.

 2 Écoutez puis associez les lettres aux personnes.

Un bon petit déjeuner

A   B   C   D

E   F   G   H

1 Alex :
     B, ...

2 Émilie :
     ....

3 Hans :
     ....

3 À vous ! Qu'est-ce que vous prenez et ne prenez pas pour votre petit déjeuner ?

Je mange des céréales. ....

....

 4 Écoutez et écrivez *du*, *de la* ou *pas de / d'*.

Météo

du brouillard,

1 .... neige,
2 .... pluie,
3 .... soleil,
4 .... vent,
5 .... orage,
6 .... chaleur,
7 .... air froid.

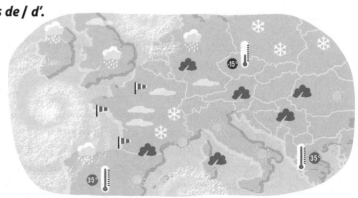

5 Complétez avec *du*, *de la*, *de l'* ou *de / d'*.

Activités de loisirs

Sébastien : Ce trimestre, je fais *du* judo (m) et .... athlétisme (m) (1), mais pas .... tennis (m) (2). Et toi ?

Cédric : Moi, je prépare un examen, je ne fais pas .... sport (m) (3). Avec un copain, on fait .... philo (f) (4) et .... histoire-géo (f) (5).

Sébastien : C'est fou ! Normalement, tu fais .... théâtre (m) (6) et .... informatique (f) (7), non ?

Cédric : Oui, mais je n'ai pas le temps !

24 L'expression de la quantité : *un peu, beaucoup, assez, trop*

Trop de frites.

Pas assez de frites.

1 Utilisation

● Pour exprimer une quantité indéterminée, on utilise l'article partitif **du**, **de la** ou l'article indéfini **des**.
Je veux du beurre et de la confiture. Tu bois de l'eau. Je veux des frites. → **Unités 21 et 23**
● Pour exprimer une quantité précise, plus ou moins importante, on utilise d'autres expressions.
Je voudrais un peu de café. Je mange beaucoup de chocolat.

2 Formes

● Expressions utilisées pour indiquer une quantité globale :
– **trop de** = quantité excessive
– **beaucoup de** = grande quantité
– **assez de** = quantité suffisante
– **un peu de** = petite quantité
– **pas assez de** = quantité insuffisante
⚠ Le nom utilisé après ces expressions peut être singulier ou pluriel. Il n'a pas d'article.
Je veux un peu du pain. → Je veux un peu de pain.
Je mange beaucoup des oranges. → Je mange beaucoup d'oranges.

● Expressions utilisées pour indiquer une quantité précise, déterminée :
un kilo de, **une bouteille de**, **un morceau de**, **un litre de**, etc.

3 Prononciation et orthographe

 ● Devant un nom qui commence par une voyelle ou un *h* muet, *de* devient *d'* : *un kilo d'oranges, une bouteille d'huile.*
● On ne prononce pas toujours le *e* de *de* : *Il mange beaucoup de pommes.*

EXERCICES

1 Associez.

Faire les courses

ils ont beaucoup de pâtes.

1 Nous n'avons pas assez de poulet.
2 Elle a trop de céréales.
3 On a beaucoup de riz.
4 J'ai assez d'eau gazeuse.
5 Tu n'as pas beaucoup de yaourts.
6 Vous avez un petit peu d'huile.
7 Elles n'ont pas assez de carottes.

a C'est nécessaire de faire les courses.
b *Il n'est pas nécessaire de faire les courses.*

2 Complétez avec *de* ou *d'*.

Au restaurant

Il mange une assiette *de* légumes.

1 Vous avez un peu .... pain, s'il vous plaît ?
2 Nous n'avons pas assez .... eau.
3 Excusez-moi, il y a trop .... sauce.
4 Tu veux un peu .... omelette ?

5 On commande une bouteille .... vin blanc ?
6 C'est génial, il y a beaucoup .... menus différents !
7 Elle apporte un plat .... épinards.

3 Écoutez et soulignez la phrase que vous entendez.

 82

Un peu de pain / Un peu de pain

1 Trop de sauce / Trop de sauce
2 Beaucoup de viande / Beaucoup de viande
3 Un pot de miel / Un pot de miel
4 Un paquet de pâtes / Un paquet de pâtes

5 Un kilo de riz / Un kilo de riz
6 Pas assez de beurre / Pas assez de beurre
7 Un morceau de fromage / Un morceau de fromage

4 Mettez les mots en ordre pour faire des phrases. Attention à la majuscule et à l'apostrophe ! Dites si la personne aime ou non.

Rennes	aime	n'aime pas
(de / trop / il y a / bruit) *Il y a trop de bruit.*	❏	☑
1 assez / de / il n'y a / rues piétonnes / pas	❏	❏
2 beaucoup / il y a / magasins sympas / de	❏	❏
3 arrêts d'autobus / de / assez / il y a	❏	❏
4 il n'y a pas / espaces verts / de / beaucoup	❏	❏
5 embouteillages / de / trop / il n'y a pas	❏	❏
6 trop / touristes / de / il y a	❏	❏
7 pollution / de / il n'y a pas / beaucoup	❏	❏

5 À vous. Complétez comme dans l'exercice 4.

J'aime cette ville parce qu'il y a ....
Je n'aime pas cette ville parce qu'il y a ....

25 Les adjectifs démonstratifs

> **Ce** tableau célèbre est de Van Gogh.
> **Cette** femme est appelée « *l'Arlésienne* ».

1 Utilisation

L'adjectif démonstratif désigne :
- une personne ou une chose que l'on montre.

*Regarde, **ces** tableaux sont vraiment intéressants.*
- une personne ou une chose déjà mentionnée.

*Le tableau est de Manet. **Cet** artiste a vécu au XIXᵉ siècle.*
- une période de temps en cours ou dans un avenir très proche.

*__Cette__ semaine, je vais au musée du Louvre avec mes amis ; ils arrivent **ce** soir.*

2 Formes

 - L'adjectif démonstratif est placé devant un nom. Il s'accorde avec le nom.

Masculin singulier	ce	*Ce tableau est de Manet.*
Féminin singulier	cette	*Cette femme est appelée « l'Arlésienne ».*
Masculin et féminin pluriel	ces	*Ces tableaux sont au musée d'Orsay.* *Ces statues sont au musée Rodin.*

- Quand le nom masculin commence par une voyelle ou un *h* muet : **ce → cet**.

Cet *artiste est très connu.*

3 Prononciation

Devant une voyelle ou un *h* muet :
- on fait l'enchaînement avec **cet** et **cette** : *cet artiste – cette artiste – cette histoire.*
- on fait la liaison avec **ces** : *ces objets – ces horaires.*
- **cet** et **cette** ont la même prononciation : *cet ami = cette amie.*

EXERCICES

1 **Choisissez l'adjectif démonstratif correct.**

 *Ces* / *Cette* lunettes sont étranges.

1 *Cette* / *Cet* écharpe est élégante.

2 *Ce* / *Ces* gants sont originaux.

3 *Ce* / *Cette* ceinture est très belle.

4 *Cette* / *Ces* boucles d'oreilles sont amusantes.

5 *Cet* / *Ce* foulard est magnifique.

84 **2** **Écoutez, écrivez l'adjectif démonstratif puis notez les liaisons et les enchaînements entendus.**

Au musée

Cette exposition est passionnante.

1 On monte par .... escalier ?

2 J'adore .... tableau.

3 .... ascenseurs sont trop rapides.

4 .... artiste est très connue.

5 Tu visites .... endroit pour la première fois ?

6 .... salle est interdite.

7 Je n'aime pas beaucoup .... sculptures.

3 **Complétez avec l'adjectif démonstratif correct et retrouvez le nom des personnes.**

Hélène Grimaud   Golshifteh Farahani   Le Corbusier   ~~Jude Law~~

Raymond Depardon   Umberto Eco

Connaissez-vous ces artistes ?

Cet acteur est américain : *Jude Law.*

1 .... musicienne joue souvent en France : ....

2 .... photographe voyage beaucoup : ....

3 ...... architecte français est très connu : ....

4 ...... écrivain est italien : ....

5 ...... actrice est iranienne : ....

4 **À vous ! Sur le modèle de l'exercice 3, choisissez des personnes connues et proposez des phrases.**

Cet explorateur est allé en Chine : Marco Polo.

 85 **5** **Complétez avec l'adjectif démonstratif correct. Écoutez pour vérifier.**

Projets touristiques

1 – Tu as des projets, aujourd'hui ?

– Oui, *ce* matin, je vais au musée, ... (1) après-midi, je visite la ville et .... (2) soir, je vais à l'opéra avec Marie.

2 – Je suis très content : .... (3) semaine, mes amis australiens arrivent et .... (4) week-end, nous allons voyager en Normandie.

3 – Tu as des projets de vacances pour .... (5) année ?

– .... (6) hiver, je vais en Afrique du Sud alors, ... (7) été, je reste en France.

26 Les adjectifs possessifs

1 Utilisation

L'adjectif possessif est utilisé pour indiquer :
- une possession. *C'est **ma** veste.*
- une relation entre des personnes. *Je te présente **mon** frère.*
- une relation entre des choses ou des lieux et des personnes. ***Mon** appartement est à Lyon.*

Oui, c'est **ma** veste et c'est **mon** chapeau ! Merci beaucoup !

2 Formes

- L'adjectif possessif est placé devant un nom. Il s'accorde avec ce nom.
- La forme de l'adjectif possessif dépend de l'objet possédé et du possesseur.

Le mot *veste* est féminin singulier.

J'ai une veste. = *ma veste*

Le possesseur est *je*.

Le mot *pantalon* est masculin singulier.

Elle/Il a un pantalon. = *son pantalon*

Le possesseur est *elle* ou *il*.

Possesseur	Masculin singulier	Féminin singulier	Masculin et féminin pluriel
Je	mon	ma	mes
Tu	ton	ta	tes
Il/Elle	son	sa	ses
Nous	notre	notre	nos
Vous	votre	votre	vos
Ils/Elles	leur	leur	leurs

(Masculin singulier : *manteau* ; Féminin singulier : *veste* ; Masculin et féminin pluriel : *vêtements*)

⚠ Quand le nom féminin singulier commence par une voyelle ou un *h* muet :
ma écharpe → **mon** *écharpe* ; *ta écharpe* → *ton écharpe* ; *sa écharpe* → *son écharpe*.
Avec les formes *mon, ton, son* devant un nom qui commence par une voyelle, on ne peut pas savoir si ce nom est masculin ou féminin.

⚠ Quand le possesseur *on* remplace *nous*, l'adjectif possessif est *notre, nos*.
*On invite souvent **notre** voisin et **nos** amis à dîner.*

3 Prononciation

On fait la liaison devant une voyelle ou un *h* muet : *mes enfants* ; *ton école* ; *vos histoires* ; *leurs affaires.*

EXERCICES

1 **Complétez avec *mon*, *ma* ou *mes* et notez les liaisons. Écoutez pour vérifier.**

Pour *ton* anniversaire, tu as reçu des cadeaux originaux ?

1 .... meilleure amie m'a offert un petit chien.
2 .... parents m'ont offert un spectacle de magie.
3 .... enfants et .... mari m'ont payé une semaine de vacances.
4 .... arrière-grand-mère m'a donné de l'argent.
5 .... amis proches m'ont invitée dans un restaurant de luxe.
6 .... oncle et .... tante m'ont offert un vol en montgolfière.

2 **Complétez avec *son*, *sa*, *ses*, *leur* ou *leurs*.**

La mère de Paul : *sa* mère

1 Le père de Paul : .... père
2 La sœur de Paul : .... sœur
3 Les voisins de Paul : .... voisins

4 Le frère de Katia : .... frère
5 Les grands-parents de Katia : .... grands-parents
6 La copine de Katia : .... copine

7 Les enfants de Paul et Katia : .... enfants
8 La voisine de Paul et Katia : .... voisine
9 Les amis de Paul et Katia : .... amis

 88 **3** **Écoutez. Soulignez la phrase que vous entendez.**

Voilà votre place. / *Voilà vos places.*
1 Tu as notre sac ? / Tu as nos sacs ?
2 Votre passeport, s'il vous plaît ! / Vos passeports, s'il vous plaît !
3 Voilà ta valise. / Voila tes valises.
4 Votre nom, s'il vous plaît ? / Vos noms, s'il vous plaît ?
5 Elle a son billet. / Elle a ses billets.
6 Voilà ton numéro. / Voilà tes numéros.
7 On a leur adresse. / On a leurs adresses.

4 **À vous ! Continuez les phrases. Utilisez des adjectifs possessifs.**

1 Dans le train, j'ai oublié *ma valise*, ...
2 Julie aime beaucoup *sa vie*, mais n'aime pas ....
3 Mon ami et moi avons déménagé à l'étranger. Nous avons quitté *notre maison*, ...
4 Anne et Jules habitent dans une grande maison avec *leur père*, ...

27 Les adjectifs indéfinis

plusieurs musiciens · le **même** instrument · un **autre** instrument · **tous** les musiciens · **aucune** musicienne · **chaque** musicien

1 Utilisation

Les adjectifs indéfinis expriment généralement une quantité qui peut être :
- la totalité. *J'ai vu **tous** les films de Jean-Luc Godard.*
- la pluralité. *J'ai vu **plusieurs** films de Jean-Luc Godard.*

Ils peuvent exprimer aussi la similitude ou la différence.
*Ton ami et moi, nous avons les **mêmes** goûts.*

2 *Tout, chaque et aucun(e)*

- **Tout** exprime la totalité d'un ensemble. *Tout le groupe est là.* (= le groupe entier)
Tout est suivi d'un nom avec un déterminant (articles défini ou indéfini, adjectifs démonstratif ou possessif). Il s'accorde avec ce nom.

Tout (ms)	*Vous avez vu **tout le** spectacle.*
Tous (mp)	*Il a vu **tous les** spectacles de ce chanteur ?*
Toute (fs)	*Elle écoute cette chanson **toute la** journée.*
Toutes (fp)	*Vous avez aimé **toutes ces** chansons ?*

⚠ **Tout le monde** (= tous les gens) est suivi d'un verbe au singulier. *Tout le monde chant**e**.*

- **Chaque** présente tous les éléments d'un ensemble, un par un. *Le chanteur a présenté **chaque** musicien de son groupe.* (= tous les musiciens, l'un après l'autre)
Chaque est invariable et est suivi d'un nom singulier.

- **Aucun** (masculin) et *aucune* (féminin) sont toujours suivis d'un nom singulier sans article. Ils indiquent une quantité nulle et sont toujours employés avec *ne*. *Il **n'y** a **aucune** fille dans le groupe de musiciens.* (= il n'y a pas une seule fille)

- **Tout** et *chaque* expriment aussi l'idée de répétition, de périodicité dans le temps.
*Il va au concert **tous les mois**. = Il va au concert **chaque mois**.* (= une fois par mois)
⚠ On ne dit pas *chaque trois mois* mais *tous les trois mois*.

 89 **Prononciation**

On ne prononce pas le *s* final de *tous*. *Vous connaissez tous les artistes ?*

EXERCICES

a le groupe
b mes frères
c tes cousines
• ma famille
d la classe
e le monde
f l'équipe
g les enfants
h nos amis
i mes copines

1 Associez.

1 Tout
2 Toute
3 Tous
4 Toutes

2 Complétez avec *tout le, toute la, tous les* ou *toutes les*.

Je voudrais voir *tous les* pays, ... villes (1), traverser .... ponts (2), ... rivières (3), ... forêts (4), visiter .... musées (5), ... monuments (6), raconter à .... monde (7) que .... planète (8) est merveilleuse !

3 Transformez avec *aucun, aucune* comme dans l'exemple.

Le village a bien changé

Avant, il y avait des magasins. → *Aujourd'hui, il n'y a aucun magasin.*

1 Avant, vous trouviez des cafés. → ....
2 Avant, on avait des boulangeries. → ....
3 Avant, nous avions des épiceries. → ....
4 Avant, il y avait des trains. → ....
5 Avant, ils avaient des hôtels. → ....

4 Complétez avec *chaque* ou *tous*.

Habitudes

1 – Vous regardez la télé *tous* les jours ? – Oui, ... soir, je regarde un film.
2 – Tu vas à la piscine .... les week-ends ? – Oui, ... dimanche, sans exception !
3 – Vous partez en voyage .... les étés ? – Non, pas .... été, nous n'avons pas toujours l'argent.
4 – Vous déménagez .... année ? – Non, mais environ .... les trois ans.

89 **5 Complétez avec *chaque, tous les / toutes les* ou *aucun / aucune*. Écoutez pour vérifier.**

Notre hôtel ferme *tous les* hivers, de novembre à mars.

1 .... réservations sont faites pour les vacances de Pâques.
2 Nous n'avons .... possibilité avant le 10 mai.
3 .... membres de notre personnel sont bilingues.
4 À la piscine, il est demandé à .... famille de surveiller ses enfants.
5 .... baignade n'est autorisée après 20 heures.
6 Des spectacles sont organisés .... soir.
7 .... soirées sont gratuites.

3 *Plusieurs* et *quelques*

Ces adjectifs sont invariables. Ils sont toujours au pluriel et sont suivis d'un nom sans article.

● *Plusieurs* indique une quantité supérieure à deux sans donner de précision.
*J'ai **plusieurs** amis musiciens.*

● *Quelques* indique un petit nombre. Il a souvent le même sens que l'article indéfini *des*.
*J'ai **quelques** amis musiciens.* (= je n'en ai pas beaucoup)

4 *Même(s)* et *autre(s)*

Ces adjectifs peuvent être utilisés au singulier ou au pluriel. Ils sont précédés d'un déterminant et suivis par un nom.

● L'adjectif *même* indique une similitude.
*J'aime la **même** chanson que toi.*
*Ma sœur et moi, nous aimons les **mêmes** chanteurs.*

● L'adjectif *autre* indique une différence.
*Mon frère aîné est chanteur et mon **autre** frère est guitariste.*

Le pluriel de *un autre, une autre* est *d'autres*.
J'aimerais écouter ~~des autres~~ chansons. → *J'aimerais écouter **d'autres** chansons.*

 Prononciation
On fait la liaison avec *quelques* et *plusieurs* quand le nom qui suit commence par une voyelle ou un *h* muet. *Je connais quelques‿artistes marocains. J'aime plusieurs‿artistes canadiens.*

♪ 90 ▶ 6 Soulignez la forme qui convient selon le contexte. Écoutez pour vérifier.

C'est bien, il y a *quelques* / *plusieurs* trains par jour.

1 Vite, on a seulement *plusieurs* / *quelques* minutes avant le départ du train !
2 Vous avez encore un grand choix, il reste *plusieurs* / *quelques* places.
3 Je suis presque seul dans le wagon, il y a juste *plusieurs* / *quelques* passagers.
4 Beaucoup de voyageurs sont bloqués : *plusieurs* / *quelques* trains sont supprimés !
5 C'est vraiment génial, on a *plusieurs* / *quelques* billets pour le même tarif !
6 Nous vous demandons de patienter encore *plusieurs* / *quelques* instants.

7 Transformez les phrases avec *le/la/les même(s)* ou *un/une/d'autre(s)*.

J'ai des idées. (=) ➔ Nous avons *les mêmes* idées.
Tu as un projet. (≠) ➔ Ils ont *un autre* projet.

1 Il a une qualité. (≠) ➔ Vous avez ....
2 Ils ont des défauts. (≠) ➔ Nous avons ....
3 Vous avez une impression. (=) ➔ J'ai ....
4 On a des réactions. (=) ➔ Elle a ....
5 Tu as un intérêt. (≠) ➔ On a ....
6 J'ai une organisation. (=) ➔ Tu as ....
7 Vous avez des sentiments. (≠) ➔ Ils ont ....

8 Complétez avec l'adjectif indéfini qui convient.

Ma voisine

Chaque jour, elle sort de chez elle à *la même* heure.

1 Au kiosque, elle achète .... magazines, deux ou trois, pas plus.
2 Elle reçoit .... visites, mais c'est rare.
3 Elle fait ses courses dans .... boulangerie, elle ne change jamais.
4 À l'épicerie, elle demande .... articles, son sac est souvent plein.
5 Elle va toujours dans .... café ; elle aime bien Jo, le serveur.
6 Elles est souvent au gymnase ; elle pratique .... sports.

9 À vous ! Observez le dessin. Faites des phrases avec des adjectifs indéfinis pour décrire la scène. Utilisez les noms *homme, cliente, serveuse, enfant*.

Il y a plusieurs clients dans le café. ....
....
....
....
....
....
....

1   **Complétez le dialogue avec *un/une/des, le/la/les*.** Unité 21

– Bonjour, je cherche *un* cadeau pour .... (1) femme.
– C'est .... (2) femme jeune ?
– Oui, c'est .... (3) sœur de mon mari.
– Peut-être .... (4) parfum ? Elle aime .... (5) parfums ? Nous avons .... (6) parfums frais et légers.
– Oui, c'est .... (7) bonne idée.
– .... (8) nouveau *Hello* est très agréable.
– C'est parfait, merci.

2   **Soulignez la réponse correcte.** Unité 22

Allô ! Je suis…
1   *au / à l'*entrée *de la / de l'*bibliothèque ;
2   *à la / au*sortie *du / de l'*métro ;
3   *à côté des / du*escaliers ;
4   *à l' / à la*accueil *du / de l'*hôpital ;
5   *en face de l' / du*office *des / du*tourisme ;
6   *au / à la*réception *de l' / du*hôtel.

D'accord, moi je suis…
7   *au / à l'*étage *des / de la*assistantes ;
8   *au / à l'*café *de l' / des*Amis ;
9   *près de la / de l'*loge *du / des*concierge ;
10   *dans au / la*salle *des / de la*professeurs ;
11   *aux / à la*toilettes *du / de l'*personnel.

3   **Barrez la proposition incorrecte.** Unité 23

Il y a
1   *des / ~~du~~* séries amusantes, *du / des* jeux, *de l' / du* tennis mais pas *d' / des* émissions très sérieuses *à la / au* télévision.
2   *du / de la* prononciation, *de l' / de la* oral, *de l' / de la* grammaire, *des / du* exercices *à la / à l'* école.
3   *du / des* informations, *des / de la* chansons, *de l' / du* rire, *de la / du* bonne humeur *aux / à la* radio.
4   *du / des* films, *de la / du* publicité, *de la / des* annonces mais pas *de / du* sport *au / à la* cinéma.

4   **Complétez le dialogue avec des déterminants. Écoutez pour vérifier.** Unité 23

– C'est une profession difficile ! Il faut *de l'*autorité et .... (1) courage, et puis .... (2) patience, ... (3) assurance aussi, et bien sûr .... (4) dynamisme !
– Mais non, ce n'est pas une profession difficile. Mais il faut .... (5) motivation, c'est sûr !

5   **Terminez les phrases comme dans l'exemple.** Unité 24

pommes (un kilo) → Je vais prendre *un kilo de pommes*.
1   abricots (une livre) → Je vais prendre ....
2   biscuits (un paquet) → Je voudrais ....
3   fromage blanc (un pot) → Voilà .... ! Autre chose ?
4   jambon (deux tranches) → Je vais prendre ....
5   eau (une bouteille) → Tu veux .... ?
6   gâteau au chocolat (une part) → Donnez-moi .... , s'il vous plaît !

6 **Complétez avec un article partitif, puis transformez avec la quantité proposée.** Unités 23 et 24

Il a *de la* chance. (beaucoup) → Il a *beaucoup de* chance.

1 J'ai .... argent. (assez) → J'ai .... argent.
2 On n'a pas .... place. (assez) → On n'a pas .... place.
3 Ils ont .... énergie. (trop) → Ils ont .... énergie.
4 Tu as .... travail. (un peu) → Tu as .... travail.
5 Je n'ai pas .... idées. (beaucoup) → Je n'ai pas .... idées.

7 **Écrivez l'adjectif démonstratif correct puis soulignez les liaisons et les enchaînements nécessaires. Écoutez pour vérifier.** Unité 25

– *Cet* ouvrage est intéressant ?
– Oui, moi j'ai adoré .... (1) livre, ... (2) histoire de mondes oubliés. C'est incroyable .... (3) endroits abandonnés, ... (4) peuples disparus !
– Oui. Et il y a beaucoup de cartes.
– Oui, et .... (5) cartes sont très détaillées, regarde .... (6) précision ! C'est le seul ouvrage de .... (7) auteur, je crois.

8 **Soulignez l'adjectif possessif correct.** Unité 26

Je vous présente *mon* / *leur* / *ses* mari.

1 Nous habitons loin de chez *notre* / *nos* / *mon* grand-mère.
2 Elle est à Nice avec *sa* / *leurs* / *son* frère.
3 Vous passez *vos* / *votre* / *ma* vacances chez *vos* / *ta* / *tes* sœur ?
4 On adore aller en week-end avec *votre* / *ton* / *nos* cousins.
5 Vous ne connaissez pas *ton* / *ma* / *mon* femme, voici Laura !
6 Ils partent avec *votre* / *leurs* / *notre* enfants ?

9 **Dites le contraire avec un adjectif indéfini.** Unité 27

Je fais la même croisière. → Je fais *une autre* croisière.

1 Ils visitent quelques îles. → Ils ne visitent .... île.
2 On ne connaît pas chaque plage. → On connaît .... les plages.
3 Je vais aux mêmes endroits. → Je vais à .... endroits.
4 Nous emportons plusieurs livres. → Nous n'emportons .... livre.
5 Tu choisis d'autres dates. → Tu choisis .... dates.
6 Le capitaine ne salue aucun passager. → Le capitaine salue .... les passagers.

10 **Complétez avec un déterminant.** Unités 21 à 27

Fête

| ce | tous | cette | une | quelques | beaucoup de | de l' | vos | leurs | à la | beaucoup d' |

Venez nombreux *ce* week-end .... (1) fête .... (2) université. .... (3) les étudiants sont invités et .... (4) amis peuvent bien sûr vous accompagner. .... (5) professeurs ont préparé .... (6) pièce de théâtre avec .... (7) étudiants. .... (8) année, ... (9) attractions sont prévues : .... (10) concours de chansons et .... (11) jeux et de musique.

28 La question totale : *oui* ou *non* ?

Vous avez les papiers de la voiture ?

Oui, monsieur, voilà.

1 Utilisation

La question totale est une question fermée. On peut répondre avec :
– *Oui.* / – *Non.* / – *Je ne sais pas* / – *Si.* / – *Peut-être.*
La réponse ne donne pas d'autres informations.

2 Structure et intonation

En français courant, on peut poser la question totale de deux manières :
● On peut utiliser la phrase affirmative avec une intonation montante.
Il regarde les papiers. (affirmation)   *Il regarde les papiers ?* (question)

Je conduis bien. (affirmation)   *Je conduis bien ?* (question)

● On peut utiliser *est-ce que* au début de la phrase affirmative. L'intonation peut être montante ou descendante.
Est-ce que le policier regarde les papiers ? ↑
Est-ce que le policier regarde les papiers ? ↓

Est-ce que je conduis bien ? ↑
Est-ce que je conduis bien ? ↓

3 Orthographe

● *Que* devient *qu'* devant une voyelle ou un *h* muet.
Est-ce que il arrête la voiture ? → *Est-ce qu'il arrête la voiture ?*
● À l'écrit, on ajoute un point d'interrogation « ? » à la fin de la phrase.

EXERCICES

1 **Associez.**

1 Est-ce que

2 Est-ce qu'

a elle a le permis de conduire ?
  vous avez les papiers ?
b on a les passeports ?
c nous avons une assurance ?
d tu as un visa ?
e il a une carte d'identité ?
f ils ont une carte de séjour ?

2 **Complétez avec *est-ce que* ou *est-ce qu'*.**

Les habitudes des ados
  *Est-ce qu'*elles téléphonent beaucoup ?
1 .... vous pratiquez un sport ?
2 .... il joue à la console ?
3 .... ils surfent sur Internet ?
4 .... tu télécharges de la musique ?
5 .... elle aime la zumba ?
6 .... vous achetez des bandes dessinées ?
7 .... on regarde des DVD ?

3 **Écoutez. Entendez-vous une affirmation ou une question ? Cochez.**

94

	affirmation	question
Tu es étudiant ?	❏	☑
1	❏	❏
2	❏	❏
3	❏	❏
4	❏	❏
5	❏	❏
6	❏	❏
7	❏	❏

4 **Mettez les mots dans l'ordre pour faire des phrases. Rétablissez la majuscule et l'apostrophe si nécessaire.**

Loisirs
  aimez / vous / est-ce que / le sport / ?   *Est-ce que vous aimez le sport ?*
1 joue / elle / est-ce que / du piano / ?   ....
2 la radio / tu / est-ce que / ? / écoutes   ....
3 ils / est-ce que / à / vont / la piscine / ?   ....
4 la télévision / elle / ? / regarde / est-ce que   ....
5 vous / le journal / est-ce que / achetez / ?   ....
6 va / on / ? / est-ce que / au cinéma   ....
7 voyages / à l'étranger / tu / ? / est-ce que   ....

5 **À vous ! Posez des questions à vos amis sur les documents nécessaires pour voyager.**

  Est-ce que tu as un visa pour venir en France ? ....

29 La question partielle : *qui, qu'est-ce que/ quoi, quel/lequel*

> Allô ? **Qui** est à l'appareil ?

> C'est moi, Arthur.

> Il est tard ! **Qu'est-ce que** tu veux ?

1 Utilisation

On utilise la question partielle pour poser une question ouverte. La réponse donne des informations précises.

- Pour interroger sur une personne, on utilise *qui*.
- Pour interroger sur une chose, on utilise *qu'est-ce que* ou *quoi*.
- Pour demander des précisions sur une personne ou sur une chose, on utilise l'adjectif *quel* ou le pronom *lequel*.

2 Formes

- *Qui* peut être sujet ou complément du verbe.
Qui est là ? *Vous cherchez* **qui** ?
Qu'est-ce que / Quoi sont compléments du verbe.
Qu'est-ce que tu cherches ? *Tu cherches* **quoi** ?
⚠ *Qui* et *quoi* utilisés après une préposition sont placés au début ou à la fin de la question.
Vous écrivez **avec quoi** ? **Avec quoi** *vous écrivez* ?
Tu travailles **avec qui** ? **Avec qui** *tu travailles* ?

- L'adjectif *quel* s'accorde avec le nom qui suit.
Vous avez **quel âge** ? **Quel âge** *vous avez* ? **Quelle** *est votre* **nationalité** ?
Quels *sont tes films préférés* ? *Tu parles* **quelles langues** ? **Quelles langues** *tu parles* ?
⚠ Avec le verbe *être*, *quel(le)(s)* est toujours placé au début de la question.
Quel *est votre nom* ?

- Les pronoms *lequel, laquelle, lesquels, lesquelles*.
Ces pronoms désignent des personnes ou des choses déjà nommées. Ils demandent de préciser ou de faire un choix. Ils peuvent être sujets ou compléments.
Regarde ces deux femmes. **Laquelle** *est la mère et* **laquelle** *est la fille* ?
Entre ces deux films, **lequel** *tu préfères* ?

3 Prononciation

- On prononce de la même façon les quatre formes *quel*, *quels*, *quelle* et *quelles*.
- On fait la liaison. *Quels‿amis ? Quelles‿amies ?*

1 **Notez la lettre de la question pour chaque réponse.**

A Qui est-ce ? / C'est qui ?   **B** Qu'est-ce que c'est ? C'est quoi ?

Témoignage

Les bijoux de la voisine : *B*

1 Le mari de la gardienne : ....

2 L'entrée de l'immeuble : ....

3 La fille du concierge : ....

4 Les cousins de la fille : ....

5 Ma voiture : ....

6 Un téléphone portable : ....

7 Des copains : ....

 96

2 **Transformez la question avec *qu'est-ce que* ou *qu'est-ce qu'*. Écoutez pour vérifier.**

Tu regardes quoi ? → *Qu'est-ce que tu regardes ?*

1 On achète quoi ? → ....

2 Il mange quoi ? → ....

3 Elle écoute quoi ? → ....

4 Vous préparez quoi ? → ....

5 Tu dis quoi ? → ....

3 **Posez la question avec *qui* ou *quoi*.**

Il habite avec un ami. → *Il habite avec qui ?*

1 Elle étudie les sciences. → ....

2 Il va en vacances avec sa famille. → ....

3 Elle collectionne les pièces de monnaie. → ....

4 Il travaille pour un médecin. → ....

5 On photographie les enfants. → ....

6 Elle danse avec son petit ami. → ....

4 **Complétez avec *quel*, *quelle*, *quels* ou *quelles*.**

Pôle emploi

Quel est votre nom (ms) ?

1 .... est votre prénom (ms) ?

2 .... est votre adresse (fs) ?

3 .... est votre nationalité (fs) ?

4 .... est votre numéro (ms) de téléphone ?

5 .... est votre formation (fs) ?

6 .... sont vos diplômes (mp) ?

7 .... sont vos coordonnées (fp) ?

5 **Transformez avec *lequel*, *laquelle*, *lesquels* ou *lesquelles*.**

Quel manteau est à toi ? → *Lequel* est à toi ?

1 Quelle veste tu choisis ? → .... tu choisis ?

2 Tu préfères quel chapeau ? → Tu préfères .... ?

3 Quelles écharpes sont à vous ? → .... sont à vous ?

4 Quelle ceinture est la plus jolie ? → .... est la plus jolie ?

5 Quels parapluies sont à Anne et Michel ? → .... sont à Anne et Michel ?

6 Quelles chaussures tu préfères ? → .... tu préfères ?

Vous voulez aller **où** ?

1 Utilisation

On utilise *où*, *quand*, *comment*, *combien*, *pourquoi* pour poser des questions sur :
- le lieu : *Tu habites **où** ?*
- le moment : ***Quand** est-ce que tu arrives ?*
- la manière : ***Comment** est-ce que tu vas au bureau ?*
- la quantité : *Tu parles **combien** de langues ?*
- la cause : ***Pourquoi** est-ce que tu étudies le français ?*

La réponse à ces questions donne des informations précises.

2 Formes

 On utilise *où*, *quand*, *comment*, *combien*, *pourquoi* seuls ou avec ***est-ce que***.
La place des mots est importante.

où	*Vous allez où ?*	*Où **est-ce que** vous allez ?*
quand	*Tu arrives quand ?*	*Quand **est-ce que** tu arrives ?*
comment	*Tu voyages comment ?*	*Comment **est-ce que** tu voyages ?*
combien	*Ça coûte combien ?* *Combien ça coûte ?*	*Combien **est-ce que** ça coûte ?*
combien de/d'	*Il y a combien de personnes ?*	*Combien de personnes **est-ce qu'**il y a ?*
pourquoi	*Pourquoi vous marchez vite ?*	*Pourquoi **est-ce que** vous marchez vite ?*

⚠ ***Pourquoi*** est toujours au début de la phrase.

3 Prononciation et orthographe

- ***Que*** devient ***qu'*** devant une voyelle ou un *h* muet. *Où est-ce que̶i̶l̶ travaille ?* → *Où est-ce qu'il travaille ?*

- Avec ***quand***, on fait la liaison ; on prononce [t] : *Quand est-ce qu'il commence ?*
  [t]

1 **Soulignez le mot interrogatif correct.**

L'hôtel est <u>au bord de la mer</u>.   <u>où ?</u> / quand ?
1   On voyage <u>en train</u>.   quand ? / comment ?
2   On circule la nuit <u>parce que c'est rapide</u>.   pourquoi ? / où ?
3   Il y a <u>quatre</u> personnes dans la chambre.   pourquoi ? / combien ?
4   L'appartement est <u>au premier étage</u>.   comment ? / où ?
5   L'hôtel ferme <u>au mois de novembre</u>.   comment ? / quand ?
6   On campe <u>parce que ce n'est pas cher</u>.   où ? / pourquoi ?

2 **Mettez les mots dans l'ordre. Attention à l'apostrophe ! Écoutez pour vérifier.**

Au travail

est-ce que / commences / Quand / tu / ? → *Quand est-ce que tu commences ?*
1   tu / est-ce que / Combien / gagnes / ? → ....
2   on / est-ce que / a une réunion / Quand / ? → ....
3   ne travailles pas / est-ce que / le mercredi ? / tu / Pourquoi ? → ....
4   déjeunent / ils / Où / est-ce que / ? → ....
5   collègues / as / Combien de / tu / est-ce que / ? → ....
6   va / Comment / au travail / est-ce que / elle / ? → ....

3 **Observez les réponses et complétez les questions.**

Les courses

– *Où* est-ce que vous habitez ? – Dans le quartier de la gare.
1   – .... est-ce que vous allez faire les courses ? – Au supermarché.
2   – .... est-ce que vous payez la baguette ? – 1 € 10.
3   – .... est-ce que vous allez au supermarché ? – Le mardi après-midi.
4   – .... est-ce que vous commandez sur Internet ? – Parce que c'est rapide.
5   – .... est-ce que vous allez au supermarché ? – En voiture.
6   – .... est-ce que vous payez ? – Avec la carte du magasin.

4 **Transformez les questions avec *est-ce que*.**

Tu es en vacances quand ? → *Quand est-ce que tu es en vacances ?*
1   On va où en vacances ? → ....
2   Tu voyages comment ? → ....
3   Pourquoi vous préférez le train ? → ....
4   Vous avez combien de semaines de vacances ? → ....
5   Il rentre quand ? → ....
6   Ça coûte combien ? → ....

5 **À vous ! Vous interviewez des gens, vous posez des questions sur leurs habitudes de week-end ou de vacances. Utilisez *où, quand, comment, combien, pourquoi* avec *est-ce que*.**

Pourquoi est-ce que vous partez en groupe ? ....

....

31 La négation *ne... pas, ne... pas de/d'*

Vous êtes français ? Vous habitez à Lyon ?

Non, je **ne** suis **pas** français et je **n'**habite **pas** à Lyon.

1 Utilisation

La phrase négative exprime le contraire d'une phrase affirmative.
Je suis marié. ≠ Je ne suis pas marié.

2 Formes

● *ne... pas*
La négation est composée de deux mots placés des deux côtés du verbe conjugué :
ne + verbe + *pas*.
*Je **ne** suis **pas** célibataire.*
*Tu **ne** travailles **pas** dans une banque.*

● *ne... pas de*
L'article indéfini *un, une, des* est remplacé par *de* :

Il a un frère ?	*Tu as une sœur ?*	*Vous avez des petits-enfants ?*
*Non, il **n'**a **pas** de frère.*	*Non, je **n'**ai **pas** de sœur.*	*Non, nous **n'**avons **pas** de petits-enfants.*

3 Prononciation et orthographe

● *Ne* devient *n'* devant les verbes qui commencent par une voyelle ou un *h* muet :
Il ne est pas marié. → *Il **n'**est pas marié. Il ne habite pas à Lyon.* → *Il **n'**habite pas à Lyon.*
● *Pas de* devient *pas d'* devant les noms qui commencent par une voyelle ou un *h* muet :
Il n'a pas de enfants. → *Il n'a pas **d'**enfants.*
● On ne prononce pas toujours le *e* de *ne* devant une consonne : *On ne joue pas au foot.*
● On ne prononce pas toujours le *ne* de la négation. *On ne joue pas au foot.*

1 **Complétez avec *ne* ou *n'*.**

Ça va ?

Nous *n'*avons pas chaud.

1 On .... est pas contents.

2 Ils .... sont pas fatigués.

3 Tu .... as pas peur.

4 Je .... suis pas malade.

5 Tu .... as pas soif.

6 Vous .... êtes pas heureux.

2 **Associez.**

Services publics en grève

courrier.

a avions.

b taxis.

1 Il n'y a pas de

c trains.

2 Il n'y a pas d'

d autobus.

e métro.

3 **Écoutez les phrases. Entendez-vous *ne* ou *ne* ? Cochez.**

	Ne	Ne
Nous ne sommes pas musiciens.	☑	☐
1 Il ne parle pas espagnol.	☐	☐
2 Elle ne sait pas conduire ?	☐	☐
3 On ne comprend pas cette histoire.	☐	☐
4 Ils ne savent pas cuisiner.	☐	☐
5 Je ne peux pas répondre.	☐	☐
6 On ne croit pas cette histoire.	☐	☐

4 **Écoutez les phrases. Entendez-vous *n'* ? Cochez.**

	Oui	Non
Elle est pas suisse.	☐	☑
1 Il n'habite pas à Genève.	☐	☐
2 Nous n'avons pas de voiture.	☐	☐
3 Il n'a pas d'enfants.	☐	☐
4 Elles ne travaillent pas.	☐	☐
5 On ne dort pas bien.	☐	☐
6 Je n'aime pas ce restaurant.	☐	☐
7 Nous ne sommes pas en vacances.	☐	☐

5 **Mettez à la forme négative.**

Deux amis très différents

Marco travaille dans une boulangerie. → *Noham ne travaille pas dans une boulangerie.*

1 Marco habite en banlieue. → ....

2 Marco aime le jazz. → ....

3 Marco a une fille. → ....

4 Marco parle russe. → ....

5 Marco a des petits-enfants. → ....

6 Marco joue au football. → ....

6 **À vous ! Quelles phrases négatives peut-on entendre dans les deux lieux suivants ?**

Dans un pays étranger : *Je ne comprends pas,* ....

Dans la rue : *Il n'y a pas d'autobus,* ....

32 Les autres négations

1 Utilisation

Les négations autres que *ne... pas* donnent des précisions sur :

- le temps : *Je **ne** joue **jamais** aux échecs.*
*Nous **ne** sommes **pas encore** prêts.*
- les personnes ou les choses : *Il **n'**y a **personne**. Je **ne** vois **rien**.*

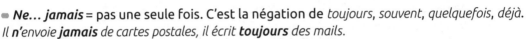

Tu entends **quelqu'un** ?

Non, je **n'**entends **personne**, je **ne** vois **rien**, c'est bizarre !

2 Ne... jamais, ne... plus, ne... pas encore

- ***Ne... jamais*** = pas une seule fois. C'est la négation de *toujours, souvent, quelquefois, déjà.*
*Il **n'**envoie **jamais** de cartes postales, il écrit **toujours** des mails.*
– *Tu prends **souvent** le métro ? – Non, je **ne** le prends **jamais** !*
– *Tu es **déjà** monté en haut de la tour Eiffel ? – Non, je **n'**y suis **jamais** monté.*
- ***Ne... plus*** = avant, oui, maintenant c'est fini. C'est la négation de *encore, toujours.*
– *Tu habites **encore** / **toujours** à Paris ? – Non, je **n'**habite **plus** en France.*
⚠ Attention à la prononciation de *plus* ! *Je ne fume plus* ↘ *Annexe 8*
- ***Ne... pas encore*** = l'action n'est pas réalisée au moment où on parle. C'est la négation de *déjà.*
*Le musée **n'**est **pas encore** ouvert.* (= il va ouvrir plus tard)
– *Tu as **déjà** visité ce quartier ? – Non, **pas encore**.*

3 Ne... personne/personne ne..., ne... rien/rien ne...

Ces deux négations peuvent être sujets ou compléments.
- ***Ne... personne, personne... ne*** = pas une seule personne.
*Je **ne** connais **personne** dans cette ville et **personne ne** me connaît.*
C'est la négation de *quelqu'un* et *tout le monde.*
– ***Quelqu'un*** *est venu ? – Non, **personne n'**est venu.*
– ***Tout le monde*** *est là ? – Non, il **n'**y a **personne** !*
- ***Ne... rien, rien ne...*** = pas une seule chose.
*Je **n'**ai **rien** compris. **Rien ne** m'intéresse !*
Cette négation s'oppose à *quelque chose* et *tout.*
– *Tu as vu **quelque chose** ? – Non, je **n'**ai **rien** vu.*
– *Tu as **tout** compris ? – Non, je **n'**ai **rien** compris !*

4 Ne... que, ne... ni... ni

- ***Ne... que*** = seulement.
*Je **ne** parle **que** français !* (= je parle seulement français)
- ***Ne... ni... ni*** est la négation de *et* et de *ou.*
– *Tu aimes le rock **ou** / **et** le rap ?*
– *Je **n'**aime **ni** le rock **ni** le rap.* (= je n'aime pas le rock et je n'aime pas le rap)

EXERCICES

1 **Dites si la négation donne des informations sur le temps, les personnes ou les choses. Cochez.**

	le temps	les personnes	les choses
Tu n'aimes rien.	❏	❏	☑
1 Je ne sors jamais.	❏	❏	❏
2 On ne voit personne.	❏	❏	❏
3 Il n'est pas encore marié.	❏	❏	❏
4 Nous ne comprenons rien.	❏	❏	❏
5 Ils ne conduisent plus.	❏	❏	❏

🎧102 **2** **Mettez les mots dans l'ordre pour faire des phrases. Rétablissez l'apostrophe si nécessaire. Écoutez pour vérifier.**

Activités sportives

jouent / plus / Ils / au tennis / ne → *Ils ne jouent plus au tennis.*

1 de sport / jamais / Elles / fait / ne / ont → ....

2 pas encore / On / gagné / ne / a / de match → ....

3 Elle / plus / de compétition / ne / veut / perdre → ....

4 jamais / ne / Elle / les règles / respecte → ....

5 le record / ont / ne / pas encore / Ils / battu → ....

3 **Transformez comme dans l'exemple.**

Elle chante souvent. (ne… plus) → *Elle ne chante plus.*

1 Je m'amuse tout le temps. (ne… jamais) → ....

2 Nous invitons des copains. (ne… personne) → ....

3 Ils sortent seulement le samedi. (ne… que) → ....

4 Vous réussissez tout. (ne… rien) → ....

5 Tout le monde parle avec moi. (Personne ne…) → ....

6 Tout me plaît. (Rien ne…) → ....

4 **Répondez à la forme négative. Rétablissez l'apostrophe si nécessaire.**

– Bonjour, vous avez déjà choisi ? – Non, nous *n'avons pas encore choisi.*

1 – Vous cherchez quelque chose ? – Non, je ....

2 – Vous attendez quelqu'un ? – Non, nous ....

3 – Vous avez déjà payé ? – Non, je ....

4 – Vous avez encore la carte client ? – Non, je .... la carte client.

5 – Vous réservez souvent sur Internet ? – Non, nous .... sur Internet.

6 – Vous prenez seulement cet article ? – Oui, nous .... cet article.

7 – Vous avez déjà rempli le chèque ? – Non, je .... le chèque.

8 – Vous prenez le foulard et les gants ? – Non, je ....

5 **À vous ! Quelles sont les choses que vous n'avez pas encore faites et que vous ne faites plus ?**

Je ne suis jamais monté(e) en haut de la tour Eiffel…

Votre avis nous intéresse !

Est-ce la première fois que vous venez dans notre centre ?   ❏ Oui / ❏ Non

Combien de jours êtes-vous restés ?   ....

Que pensez-vous de la qualité de nos services ?   +++ / + / - / ---

Le programme d'activités vous a-t-il convenu ?   ❏ Oui / ❏ Non

Comment pouvons-nous améliorer nos prestations ?   ....

1 Utilisation

Généralement, on utilise la question avec inversion du sujet dans une situation formelle.

Situation familière	Situation standard	Situation formelle
Vous êtes satisfait ?	*Est-ce que vous êtes satisfait ?*	*Êtes-vous satisfait ?*

2 Formes

- Dans la question avec inversion, on place le verbe avant le pronom sujet.
Venez-vous souvent ?
- Quand le verbe est conjugué à un temps composé, l'auxiliaire est placé devant le pronom sujet.
Avez-vous aimé votre séjour ? Pourquoi avez-vous choisi notre centre ?

⚠ Attention à l'ordre des mots avec un verbe pronominal !
Quand vous inscrivez-vous ? Quand s'est-il inscrit ?

- Quand le sujet est un nom, on ajoute le pronom sujet.
Les animateurs sont sympathiques. → *Les animateurs sont-ils sympathiques ?*
Le directeur est venu nous voir quatre fois. → *Combien de fois le directeur est-il venu vous voir ?*

3 Prononciation et orthographe

🎧103 - Quand le verbe se termine par un *d* et que le pronom commence par une voyelle, on prononce [t]. *Que répond-il à cette question ?*
[t]
- En français très formel, avec le verbe *pouvoir*, on dit : *Puis-je vous poser une question ?*
- Quand le verbe se termine par une voyelle et que le pronom sujet commence par une voyelle, il y a un *-t-* entre le verbe et le pronom.
Aime-t-elle les centres de vacances ? Y a-t-il une salle de repos ? Pourquoi a-t-il choisi ce centre ?

- Il y a toujours un trait d'union entre le verbe et le pronom sujet.
Que pensez-vous de nos services ?

EXERCICES

1 **Mettez les mots dans l'ordre pour faire des phrases.**

Enquête

vous / répondre / - / ? / Pouvez / à quelques questions → *Pouvez-vous répondre à quelques questions ?*

1 - / âge / vous / avez / Quel / ? → ....

2 actuellement / Où / vous / - / habitez / ? → ....

3 déménager / Quand / vous / pensez / - / ? → ....

4 commencez / - / votre travail / vous / ? / À quelle heure → ....

5 pendant le week-end / faites / Que / - / ? / vous → ....

6 ce quartier / - / ? / vous / Pourquoi / aimez → ....

7 moyen de transport / prenez / ? / - / Quel / vous → ....

2 **Transformez avec l'inversion. Ajoutez -*t*- si nécessaire.**

Vous avez une réservation ? → *Avez-vous une réservation ?*

1 Vous prenez un apéritif ? → .... un apéritif ?

2 Nous pouvons avoir la carte ? → .... avoir la carte ?

3 Il y a un menu enfant ? → .... un menu enfant ?

4 Vous commandez tout de suite ? → .... tout de suite ?

5 Vous voulez autre chose ? → .... autre chose ?

6 Vous désirez des cafés ? → .... des cafés ?

3 **Transformez comme dans l'exemple. Écoutez pour vérifier.**

Comment vous appelez-vous ? (Votre sœur) → *Comment votre sœur s'appelle-t-elle ?*

1 Pourquoi nous arrêtons-nous ? (On) → ....

2 Vous promenez-vous seul ? (Patrick) → ....

3 À quelle heure vous levez-vous ? (Elle) → ....

4 Où nous installons-nous ? (On) → ....

5 Comment vous soignez-vous ? (Il) → ....

6 Pourquoi vous couchez-vous de bonne heure ? (Émilie) → ....

4 **Écrivez la question avec inversion au temps donné. Ajoutez -*t*-, si nécessaire.**

Fête des voisins

Vous / connaître tous vos voisins (présent) → *Connaissez-vous tous vos voisins ?*

1 Vos voisins / avoir un jardin (présent) → ....

2 À quelle heure la fête / commencer (passé composé) → ....

3 Tous vos voisins / venir (passé composé) → ....

4 La fête / durer longtemps (passé composé) → ....

5 Vous / recommencer l'année prochaine (futur proche) → ....

6 Cette tradition / exister chez vous (présent) → ....

5 **À vous ! Préparez un questionnaire sur les fêtes en France.**

Comment célèbre-t-on le 14 Juillet ? Les Français aiment-ils aller au bal du 14 Juillet ? ....

34 La phrase exclamative

Comme cette exposition est belle !

Oui, oui, mais qu'est-ce qu'il y a comme monde !

1 Utilisation

La phrase exclamative exprime différents sentiments : la surprise, l'admiration, la joie, le découragement, le regret...

2 Structures

Toutes les phrases affirmatives peuvent devenir exclamatives avec une intonation différente et un point d'exclamation. *C'est beau ! Il y a trop de monde !*

On peut employer aussi des mots particuliers en début de phrase.
● *Quel(s) / Quelle(s)*
est suivi d'un groupe nominal et s'accorde avec le nom : *Quel beau tableau !*

● *Que / Comme / Qu'est-ce que*
sont utilisés avec une phrase : *Que ce musée est intéressant ! Comme ce musée est intéressant ! Qu'est-ce que c'est intéressant !*

● *Qu'est-ce que... comme / Que de*
sont utilisés avec un nom. Ils expriment une grande quantité. *Qu'est-ce qu'il y a comme monde ! Que de monde il y a !* (= Il y a beaucoup de monde !)

⚠ *Que de* est formel. *Qu'est-ce que... comme* est familier.

3 Prononciation

 Il ne faut pas confondre :
● l'intonation de l'affirmation et de l'exclamation. *C'est beau. C'est beau ! Il y a trop de monde. Il y a trop de monde !*
● l'intonation de la question et de l'exclamation. *Quels beaux tableaux ? Quels beaux tableaux ! Qu'est-ce qu'il y a comme tableaux ? Qu'est-ce qu'il y a comme tableaux !*

1 **Écoutez et mettez un point d'exclamation ou un point d'interrogation selon l'intonation.**

Quelle belle vue *!*

1 Quels beaux arbres .....
2 Qu'est-ce qu'il y a comme plages .....
3 Quels endroits magnifiques .....

4 Quel temps horrible .....
5 Quelle jolie saison .....
6 Qu'est-ce qu'il y a comme forêts .....
7 Quelles montagnes merveilleuses .....

2 **Soulignez la forme correcte.**

Avantages et inconvénients

Comme / *Quelle* belle vue vous avez !

1 *Que de* / *Comme* votre maison est confortable !
2 *Quel* / *Qu'est-ce que* c'est loin des transports !
3 *Que* / *Quelle* circulation il y a !
4 *Quels* / *Comme* voisins agréables vous avez !
5 *Que de* / *Comme* on doit s'ennuyer ici !

3 **Complétez avec *quel(le)(s)*, *que de/d'* ou *que*. Deux réponses sont parfois possibles.**

Littérature

Quelle émotion dans ce poème !

1 .... ce poème est beau !
2 .... roman ennuyeux !
3 .... j'aime cette pièce de théâtre !

4 .... originalité dans ce texte !
5 .... histoire horrible !
6 .... ces livres sont passionnants !
7 .... beaux personnages !

 4 **Transformez avec l'expression entre parenthèses. Écoutez pour vérifier.**

Que de force il a ! (Quelle) ➔ *Quelle force il a !*

1 Quelle chance vous avez ! (Qu'est-ce que… comme) ➔ ....
2 Qu'est-ce que tu as comme imagination ! (Quelle) ➔ ....
3 Qu'est-ce qu'elle est étourdie ! (Comme) ➔ ....
4 Comme je suis fatigué ! (Que) ➔ ....
5 Que de bêtises tu racontes ! (Qu'est-ce que… comme) ➔ ....
6 Qu'est-ce que j'ai eu peur ! (Comme) ➔ ....
7 Comme elles sont intelligentes ! (Qu'est-ce que) ➔ ....

5 **À vous ! Écrivez quatre phrases exclamatives possibles pour chaque vignette.**

1 *Quel beau temps !*................
....
....
2 ....
....
....

1   2

1 **Dans quelles phrases entendez-vous une question ? Cochez.** Unité 28

Tu sors le soir ? ☑

1 ☐	2 ☐	3 ☐	4 ☐	5 ☐
6 ☐	7 ☐	8 ☐	9 ☐	10 ☐

2 **Soulignez la forme correcte de la question qui correspond à la partie soulignée.** Unité 29

J'aime les couleurs claires. → Quelle couleur ? / _Lesquelles ?_

1 On porte des vêtements pratiques. → Quoi ? / Qui ?

2 Elle a demandé plusieurs modèles. → Qui ? / Laquelle ?

3 Nous allons demander à la vendeuse. → Lequel ? / À qui ?

4 Ils proposent des prix intéressants. À qui ils les proposent ? / Qu'est-ce qu'ils proposent ?

5 Je vais parler au responsable. → Laquelle ? / À qui ?

6 On voudrait payer avec une carte. → Avec quoi ? / Avec qui ?

7 Il conseille les clients. → Qu'est-ce qu'il conseille ? / Il conseille qui ?

8 Il attend la caissière. → Laquelle ? / Qui ?

3 **Complétez les questions.** Unité 30

Questionnaire sur les vacances

Tu vas _où_ en vacances ? À la mer ou à la montagne ?

1 Vous prenez le train, le car ? .... vous vous déplacez ?

2 .... est-ce que vous partez ? en été ?

3 .... tu pars seul ? Tu n'as pas de copains ?

4 .... jours tu pars ? Huit ? Dix ? Plus ?

5 Vous rentrez .... ? Samedi ou dimanche ?

6 .... est-ce que vous logez ? À l'hôtel ou dans un camping ?

4 **Écrivez les questions qui correspondent aux éléments soulignés. Utilisez _est-ce que/qu'_.**
Unités 29 et 30

Conditions de travail

On va au bureau en métro. Et toi, _comment_ est-ce que tu vas au bureau ?

1 Je commence à travailler à 9 heures. Et vous, ... vous commencez ?

2 Ils travaillent dans une usine. Et elle, ... elle travaille ?

3 Tu fais des heures supplémentaires pour gagner plus. Et lui, ... il fait des heures supplémentaires ?

4 Vous demandez une augmentation. Et eux, ... ils demandent ?

5 Nous avons trois semaines de congés. Et toi, ... tu as ?

6 Il est content de son travail. Et vous, ... vous êtes contente de votre travail ?

5 **Transformez les phrases.** Unité 31

Oui ou non ?

Tu joues ou _tu ne joues pas_ ?

1 Vous courez ou .... ?

2 On s'entraîne ou .... ?

3 Vous arrêtez ou .... ?

4 Ils s'inscrivent ou .... ?

5 Elle est en tête ou .... ?

6 C'est important ou .... ?

6 Mettez les mots dans l'ordre pour faire des phrases . Rétablissez l'apostrophe si nécessaire. Unité 32

connaît / On / personne / ne → *On ne connaît personne.*

1 plus / voit / ne / Elle / ses amis → ....
2 la langue / pas encore / ne / parlez / Vous → ....
3 ne / invités / Nous / jamais / sommes → ....
4 est / Rien / ne / facile → ....
5 ne / apprends / rien / Tu → ....
6 veut / ne / Personne / t'aider → ....
7 personne / ne / Ils / rencontrent → ....

7 Répondez à la forme négative. Unités 31 et 32

Enquête policière

– Vous savez quelque chose ? *– Non, je ne sais rien.*

1 – Quelqu'un est entré ? – Non, ...
2 – Vous habitez à cet étage ? – Non, je .... à cet étage.
3 – Vous avez déjà eu ce problème ? – Non, je .... ce problème.
4 – Quelque chose a bougé ? – Non, ...
5 – Vous rentrez souvent très tard ? – Non, je .... très tard.
6 – Vous avez prévenu tout le monde ? – Non, je ....
7 – Vous avez quelque chose à ajouter ? – Non, je .... à ajouter.
8 – Vous voulez encore parler ? – Non, je .... parler.

8 Utilisez l'inversion pour reformuler les questions. Unité 33

Organiser des vacances

Est-ce que vous avez des projets ? → *Avez-vous* des projets ?

1 Quand est-ce qu'il va partir ? → .... partir ?
2 Pourquoi est-ce qu'elle ne s'est pas renseignée avant ? → .... avant ?
3 Où est-ce qu'ils pensent aller ? → .... aller ?
4 Comment est-ce que tu as réservé ton billet ? → .... ton billet ?
5 Est-ce qu'on est sûrs d'avoir de la neige ? → .... d'avoir de la neige ?
6 Avec qui est-ce qu'il voyage cette année ? → .... cette année ?
7 Est-ce qu'elle a une bonne assurance ? → .... une bonne assurance ?

109 ▶ 9 Écoutez et complétez avec l'expression exclamative. Unité 34

Quel courage vous avez !

1 .... bonnes idées elle a !
2 .... tu es stupide !
3 .... elles sont dynamiques !
4 .... problèmes ils ont !
5 .... c'est difficile !
6 .... on fait comme bêtises !
7 .... il est intelligent !

35 À, *au*, *en*, *de* avec les noms de villes, pays et continents

> Tu viens d'où ?

> Je suis née **au** Kenya mais j'habite **en** Angleterre, **à** Londres.

1 Utilisation

À, *en*, *de* sont des prépositions de lieu.
- On utilise *à* et *en* pour indiquer le lieu où on est et où on va. *Il habite **en** France. Il va **à** Tokyo.*
- On utilise *de* pour indiquer le lieu d'où on vient. *Il arrive **de** Rome.*

2 Formes

- *À* et *de* sont utilisés devant les noms de ville. *Je suis **à** Paris. Je viens **de** Madrid.*

- Devant un nom de pays masculin, on utilise les articles contractés *au* (*à* + *le*) et *du* (*de* + *le*) :
Le Sénégal → *Je suis né **au** Sénégal. Je viens **du** Sénégal.*

- Quand le nom du pays est au pluriel, on utilise *aux* (*à* + *les*) et *des* (*de* + *les*).
Les États-Unis → *Je vais **aux** États-Unis. Je viens **des** États-Unis.*

- Devant un nom de pays féminin ou qui commence par une voyelle, on utilise *en* ou *de*.
La France → *Je suis né **en** France. Je reviens **de** France.*
L'Iran → *Il habite **en** Iran. Elle revient **d'**Iran.*
→ *Annexe 17*

3 Prononciation et orthographe

🎧 110
- On fait la liaison avec *en*, *aux* et *des* : *Il habite en Angleterre. Il est né aux États-Unis. Il revient des Antilles.*
- On ne fait pas la liaison avec *en* devant un nom de pays qui commence par un *h* :
Je vais en Hongrie.

- *De* devient *d'* devant une voyelle : *Je rentre **d'**Allemagne.*

EXERCICES

1 **Choisissez un pays et répondez aux questions.**

Monuments, sites, lieux célèbres

la Chine   l'Égypte   l'Inde   la Russie   les États-Unis   le Pérou   le Cambodge   l'Espagne

Où est la Sagrada familia ? *En Espagne.*

1 Et le Nil ? ....
2 Et le Machu Picchu ? ....
3 Et la Grande Muraille ? ....
4 Et les temples d'Angkor ? ....

5 Et le Taj Mahal ? ....
6 Et le Grand Canyon ? ....
7 Et la place Rouge ? ....

2 **À vous. Choisissez quatre lieux touristiques et indiquez dans quel pays ils sont.**

La Mosquée bleue est en Turquie.

1 ....
2 ....

3 ....
4 ....

3 **Complétez les phrases avec les prépositions correctes.**

Lieux de vie et de travail

1 J'habite *en* Amérique du Sud, ... Chili.
2 Mes parents vivent .... Europe, ... Pays-Bas, ... Amsterdam.
3 J'aime beaucoup aller .... Moyen-Orient. J'ai travaillé .... Jordanie et .... Israël.
4 Cet été, je vais étudier .... Afrique, ... Togo.
5 Cette année, nous faisons un stage .... Asie : 3 mois .... Philippines et 2 mois .... Vietnam.
6 Je suis né .... Australie, ... Sydney.

4 **Associez.**

Elle vient

1 de
2 d'
3 du
4 des

a Philippines.
   Bruxelles.
b Brésil.
c Indonésie
d États-Unis.
e Nigéria.
f Argentine.
g Montréal.

5 **Complétez le résumé du roman avec *à, au, de, en, des* et écoutez pour vérifier.**

Dans le roman de Jules Verne, *Le Tour du monde en 80 jours*, Phileas Fogg part .... (1) Londres. Il va .... (2) France et .... (3) Italie. Il traverse beaucoup de pays et arrive .... (4) Bombay puis .... (5) Calcutta. .... (6) Calcutta, il va .... (7) Hong Kong puis .... (8) Japon. Ensuite, il va .... (9) San Francisco. Il arrive .... (10) New York et, pour finir, il repart .... (11) États-Unis et retourne .... (12) Europe.

Autres prépositions et adverbes

Ils vont **à l'**opéra.

Ils sortent **de l'**opéra.

Le vélo est **sur le** toit.
Les bagages sont **dans le** coffre.

1 À, chez, de

- On utilise les prépositions **à** et **chez** pour indiquer le lieu où on est ou le lieu où on va.
- ⚠ *Chez moi, toi…* (= dans ma/ta… maison)
- On utilise la préposition **de** pour indiquer le lieu d'où l'on vient :

	Nom d'un lieu	Nom d'une personne
Je suis *Je vais*	**à la** *piscine.* **à l'** *opéra.* ~~à le~~ → **au** *centre-ville.* ~~à les~~ → **aux** *toilettes.*	**chez** *moi.* **chez** *mes amis.* **chez** *le médecin.*
Je sors *Je reviens*	**de la** *piscine.* **de l'** *opéra.* ~~de le~~ → **du** *théâtre.* ~~de les~~ → **des** *toilettes.*	**de chez** *moi.* **de chez** *mes amis.* **de chez** *le médecin.*

⚠ On utilise aussi **à** dans certaines expressions : *J'ai vu un reportage intéressant **à** la télé. J'ai entendu l'interview du ministre **à** la radio.*

2 Sur, dans, sous

- **Sur** ≠ **Sous** : *Le vélo est **sur** le toit de la voiture. Il y a un chat **sous** la voiture.*
- **Dans** (= à l'intérieur de) : *Les bagages sont **dans** le coffre.* (= à l'intérieur du coffre)
- ⚠ On utilise aussi **dans**, **sur** et **sous** dans certaines expressions : *Je cherche des informations **sur** Internet. Il raconte ses voyages **sur** son blog. Il laisse un message **sur** le répondeur. J'ai lu l'information **dans** le journal. Je marche **dans** la rue. J'aime marcher **sous** la pluie.*

3 Ici, là, là-bas

- Quand ils sont utilisés seuls, **ici** = **là** ; **là** est plus courant. *Tu es **là** ? Je suis **là**. Qui est **là** ?*
- On utilise **ici** et **là** pour opposer deux endroits. *Michel, assieds-toi **ici** et Marie, assieds-toi **là**.*
- On utilise **là-bas** pour un endroit plus lointain. *Regarde **là-bas** !* (= assez loin)

1 **Complétez avec *à la*, *au*, *à l'* ou *chez*.**

1 Pour les vacances, je vais *à l'* hôtel ou .... des amis.

2 Quand je suis malade, je vais .... le médecin ou .... hôpital puis .... pharmacie.

3 Quand je ne suis pas .... bureau, je travaille .... moi.

4 Pour acheter du pain, je vais souvent .... supermarché mais je préfère aller .... boulangerie.

2 **Choisissez un nom de lieu et répondez à la question avec *du*, *de la*, *de l'*.**

D'où viennent-ils ?

| l'hôtel | le cinéma | la gare | l'épicerie | le spectacle | l'aéroport | le supermarché | l'opéra |

1 Elle vient *du supermarché*, ...

2 Il sort .... , ... , ...

3 Ils sortent .... , ... , ...

3 ***À*, *sur*, *dans* ou *sous* ? Complétez.**

1 Où peut-on trouver des clés ? *Sur* une porte, ... une poche, ... un sac.

2 Où est-ce qu'on peut s'informer ? .... un journal, ... Internet, ... un blog, ... la radio.

3 Où est-ce qu'on peut se promener ? .... la rue, ... un parc, ... une route.

4 Où est-ce qu'on peut s'asseoir ? .... un banc, ... une chaise, ... un fauteuil.

🎧 112

4 **Écoutez et complétez les dialogues.**

– Je peux parler à madame Leclerc ? – Elle n'est pas encore *là*.

1 – Regarde .... , tu vois quelque chose ? – Non, rien !

2 – C'est bien .... la conférence ? – Non, ce n'est pas ....

3 – Vous pouvez vous installer .... – ...., c'est mon bureau.

4 Je m'en vais, on ne peut rien faire .... !

5 **À vous. Répondez aux questions.**

1 Quels sont les endroits où vous allez chaque jour ? *Je vais à la gare*...

2 De quels endroits peut-on sortir si

– on a les cheveux mouillés : ....

– on a une jambe dans le plâtre : ....

4 Autres prépositions et adverbes

Devant En face (de)	≠	Derrière	*La voiture est stationnée **devant** la maison.* ***Derrière** la maison, il y a un jardin.* ***En face de** chez moi* (= de l'autre côté de la rue), *il y a un grand parc.*
Près de À côté (de)	≠	Loin (de)	*Les enfants attendent **à côté de** la voiture.* *La station de métro n'est pas **loin**: elles est* ***près du** coiffeur.*
Au-dessus (de)	≠	Au-dessous (de)	*J'ai des amis qui habitent **au-dessus** et **au-dessous*** *de chez moi.*
À droite (de)	≠	À gauche (de)	*Vous tournez **à droite** puis vous prenez la première* *rue **à gauche**.*
En haut (de)	≠	En bas (de)	*Ma chambre est **en haut de** l'escalier. **En bas**, il y a* *le salon.*
Avant	≠	Après	*Vous allez tout droit jusqu'à la pharmacie.* *Juste **après**, il y a la Poste.*
Au milieu (de) Au centre (de)			*Il y a un arbre **au milieu du** jardin.* *Il y a une statue **au centre de** la place.*
Au bord (de)			*Je me promène souvent **au bord de** la Seine.*
Au bout (de)			*Vous allez **au bout de** la rue et vous tournez à* *droite.*
Au fond (de)			*Les toilettes sont **au fond du** couloir.*
Entre... et			*La table est **entre** le canapé **et** le fauteuil.*
Jusqu'à/au			*Vous marchez **jusqu'au** feu et vous traversez.*
Dehors			*Il fait chaud ici. Je vais t'attendre **dehors**.* (= à l'air libre)

⚠ Les expressions de lieu sont suivies d'un nom ou sont utilisées seules :
***Devant la maison**, il y a une rue et **derrière**, il y a un jardin.*

⚠ Avec les prépositions composées, on utilise l'article contracté.
*Elle habite **loin des** magasins mais **près du** métro.*

⚠ On peut combiner certaines prépositions de lieu avec *chez* :
***À côté de chez** moi; **en face de chez** mes amis...*

6   **Complétez avec la préposition contraire.**

– La Poste est avant la banque ? – Non, *après*.

1   – La poubelle est sur le lavabo ? – Non elle est .... le lavabo.

2   – Le fauteuil est devant le canapé ? – Non, il est .... le canapé.

3   – Ton ami habite au-dessous de chez toi ? – Non, il habite .... chez moi.

4   – Le centre-ville est près de chez toi ? – Non, il est assez .... chez moi.

5   – La gare est à gauche ? – Non, elle se trouve ....

6   – Les pulls sont en bas de l'armoire ? – Non, ils sont .... de l'armoire.

7   **Soulignez la préposition qui convient.**

Bonjour,

Un court mail pour te donner des nouvelles. <u>Dans</u> / *Chez* ma nouvelle chambre, j'ai installé le lit *au fond de* / *derrière* (1) la pièce, *près de* / *sur* (2) la fenêtre. J'ai mis le bureau *à côté de* / *dans* (3) la porte, avec ta jolie lampe *dessous* / *dessus* (4). L'armoire est juste *à droite de* / *dans* (5) la porte et mon grand tapis est parfait, *au milieu de* / *en face* de (6) la pièce. Tu peux aller voir des photos *sur* / *dans* (7) mon blog.

Bisous. Caro

 8   **Écoutez et complétez avec la proposition de lieu que vous entendez.**

J'habite *au centre d'*un village .... (1) la mer. .... (2) ma rue, il y a beaucoup de magasins. Mon appartement se trouve .... (3) un restaurant, ... (4) premier étage. .... (5) moi, il y a mon magasin préféré : la boulangerie qui se trouve .... (6) la librairie et la boucherie ! .... (7) la rue, il y a une jolie place avec des arbres et des bancs. .... (8) la place se trouve une fontaine.

9   **Regardez l'itinéraire et complétez les indications. Écoutez pour vérifier.**

Le chemin jusqu'à mon travail

| à côté d' | devant | sous | ~~de chez~~ | jusqu' |
| au bord de | sur | en bas de | au boût de | |

Je sors *de chez* moi à huit heures.

1   Je marche .... les quais .... la rivière.

2   Je passe .... le tunnel de la gare.

3   Je traverse la rue .... l'hôpital.

4   Je vais .... en haut de l'avenue.

5   Je tourne .... l'avenue.

6   Je passe .... un joli parc.

7   J'arrive .... l'immeuble de ma société.

10   **À vous ! Décrivez le chemin que vous prenez pour aller à un endroit habituel (votre bureau, un magasin, votre université...).**

Je sors de l'imeuble, ...

....

1 **Complétez avec *au* ou *en* et le nom du pays.** Unité 35

le Brésil   le Vénézuéla   le Chili   le Mexique   l'Équateur   la Guyane   la Colombie   l'Uruguay

Dans quels pays d'Amérique latine se trouvent les villes suivantes ?

Montevideo ? *En Uruguay*

1 Caracas ? ....
2 Santiago ? ....
3 Mexico ? ....
4 Cayenne ? ....
5 Bogota ? ....
6 Brasilia ? ....
7 Quito ? ....

2 **Lisez les informations sur Marc, Rose et Lilian puis complétez les phrases avec une préposition de lieu et le nom du pays.** Unité 35

l'Espagne   la Suisse   les États-Unis   l'Australie   le Sénégal   le Portugal
la Chine   la Hongrie   la Belgique   le Japon   les Pays-Bas   la Tunisie

Marc : Je suis né à Madrid. J'ai habité à Tunis, à Pékin et à Bruxelles.
Rose : Je suis née à Philadelphie. J'ai habité à Budapest, à Zurich et à Dakar.
Lilian : Je suis né à Lisbonne. J'ai habité à Tokyo, à Sidney et à Amsterdam.

1 Marc est originaire *d'Espagne* et a habité ...., ...
   et ....

2 Rose vient .... et a habité ...., ...
   et ....

3 Lilian est originaire .... et a habité ...., ...
   et ....

3 **Complétez les phrases avec *de, à, au* et *chez*. Ajoutez des articles si nécessaire.** Unité 35

Elle arrive *de l'*aéroport et elle va directement *à la* gare en taxi.

1 Nous sortons .... université et nous rentrons tout de suite .... nous.
2 Ils viennent .... bibliothèque, ils vont aller .... café.
3 Il sort de .... lui, il s'arrête .... boulangerie et on se retrouve .... cafétéria.
4 Vous sortez .... bureau et on part directement en bus .... aéroport.
5 Je sors de .... moi et j'arrive très vite .... supermarché.
6 On arrive .... grands magasins et on va .... Paul et Léa.
7 Je sors .... mes amis, je rentre vite .... maison.

4 **Classez les mots dans le tableau. Plusieurs réponses sont possibles.** Unité 35

le pont – le tunnel – la rue – le trottoir – l'arbre – la pelouse – le passage piétons – la pluie – le quartier – l'eau – la route

sous	sur	dans
....	....	*la rue* ....
....	....	....

6. L'expression du lieu

115 **5** **Écoutez et complétez.** Unité 36

1   J'habite *près de la* mairie, juste .... église.
2   Quand je sors .... moi, je suis assez .... centre-ville.
3   Mes collègues et moi, on s'attend souvent .... station de métro, ... escaliers.
4   Quand je reviens .... bureau, je passe .... deux principaux musées de la ville.
5   .... rond-point, il y a la statue d'un écrivain.

6 **Complétez avec une préposition ou un adverbe de lieu. Aidez-vous du plan.** Unité 36

Bonjour !
Ça y est, je suis *dans* mon nouvel appartement ! Je suis enfin .... (1) moi ! Il se
trouve .... (2) centre-ville. Quand on
sort .... (3) station de métro,
l'immeuble est juste .... (4).
Pour les courses, c'est facile : je vais
.... (5) supermarché juste
.... (6) de chez moi. Il y a même un
cinéma .... (7) immeuble ; je n'ai qu'à
traverser ! Et mon bureau est .... la
rue (8) !
À bientôt .... (9) téléphone ou
.... (10) mon blog !

7 **Complétez les dialogues avec les mots proposés.** Unités 35 et 36

là-bas   au fond de   là   au   *Au* restaurant

– Bonjour, vous êtes deux ?
– Oui.
– Cette table, ... (1), vous convient ?
– On préfère la table .... (2), ... (3) la salle.
– Pas de problème.

sur   dans   sous   en haut de   .... (4) un bureau

– Je ne retrouve plus mon dossier vert.
– Il est peut-être .... (5) la table.
– Non, il n'y est pas.
– Et .... (6) l'armoire avec les autres ?
– Ah ! Il est .... (7) mon sac !

à côté de   derrière   dans   .... (8) le train

– Je peux m'asseoir .... (9) vous, la place est libre ?
– Je suis désolé, il y a quelqu'un.
– Ce n'est pas grave, je vais m'asseoir .... (10).

37 Le passé composé avec *avoir*

Qu'est-ce que tu **as fait** hier ?

1 Utilisation

Le passé composé est le temps principal utilisé pour parler d'une action passée. Souvent, les phrases au passé composé comportent des indications de temps : *hier, la semaine dernière...*

Avec Léa, nous **avons préparé** l'anniversaire de Julien.

2 Formation

Le passé composé est formé de l'auxiliaire *avoir* ou *être* au présent et du **participe passé** du verbe conjugué. Le choix de l'auxiliaire dépend du verbe conjugué.
*Nous **avons préparé** la fête. Marc **est allé** à l'anniversaire de Julien.*

3 Conjugaison

🎧116 L'auxiliaire *avoir* est utilisé pour former le passé composé de la majorité des verbes.
Pour les verbes en *–er*, le participe passé est formé sur le radical de l'infinitif et se termine par *–é*.

	j'	ai	**organisé**	*la fête d'anniversaire.*
	tu	as	**rangé**	*la salle.*
	il			
	elle	a	**préparé**	*le repas.*
Hier,	on			
	nous	avons	**déplacé**	*les tables.*
	vous	avez	**commandé**	*les boissons.*
	ils	ont	**vérifié**	*la sono.*
	elles			

⚠ Le participe passé ne s'accorde pas avec le sujet.
⚠ Attention à l'ordre des mots dans la phrase négative !
*Je **n'ai pas changé** la décoration. Vous **n'avez pas oublié** les bougies.*

4 Prononciation

🎧116 ● Pour les verbes en *–er*, la forme de l'infinitif et la forme du participe passé ont la même prononciation : *organiser / organisé*.
● Pour les verbes en *–er*, avec *je*, il faut faire la différence entre la prononciation du présent et la prononciation du passé composé : ***Je** prépare.* ≠ ***J'ai** préparé.*

117

1 **Les verbes sont-ils au présent ou au passé composé ? Écoutez et cochez.**

	présent	passé composé
J'ai joué	❏	☑
1	❏	❏
2	❏	❏
3	❏	❏
4	❏	❏
5	❏	❏
6	❏	❏
7	❏	❏

2 **Associez.**

La fête

Ludovic
1 Nous
2 Vous
3 Tu
4 Nos amis
5 J'

a avez préparé la fête.
b as invité tes amis.
c ai décoré la salle.
d ont acheté des fleurs.
e avons commandé du champagne.
a apporté sa guitare.

3 **Mettez les mots dans l'ordre pour faire des phrases. Rétablissez la majuscule et l'apostrophe si nécessaire.**

Hier

regardé / ai / un film / je → *J'ai regardé un film.*

1 a / écouté / on / de la musique → ....
2 ont / ne / ils / dîné / pas / en famille → ....
3 elle / au restaurant / pas / ne / mangé / a → ....
4 téléchargé / tu / tes photos / as → ....
5 avons / des amis / nous / retrouvé → ....
6 ne / travaillé / pas / vous / avez → ....

4 **Conjuguez les verbes au passé composé. Rétablissez l'apostrophe si nécessaire.**

En entreprise

Gérard *a commencé* (commencer) tôt.

1 Tu .... (participer) à un séminaire.
2 Nous .... (organiser) une réunion.
3 Les ingénieurs .... (planifier) les étapes du projet.
4 Vous .... (terminer) la préparation de la réunion.
5 Je .... (rédiger) un compte-rendu.
6 Le directeur .... (présenter) de nouvelles orientations.
7 La comptable .... (vérifier) les chiffres du mois dernier.

5 Formes du participe passé des verbes en –*ir*, –*re*, –*oir*

Les terminaisons du participe passé sont : –*i*, –*u*, –*is*, –*it*, –*ert*.

Finale du participe passé –*i* (beaucoup de verbes en –*ir*)			
Choisir	choisi	Partir	parti
Finir	fini	Sortir	sorti

Finale du participe passé –*u* :			
Attendre	attendu	Pouvoir	pu
Boire	bu	Recevoir	reçu
Connaître	connu	Répondre	répondu
Courir	couru	Savoir	su
Devoir	dû	Tenir	tenu
Entendre	entendu	Venir	venu
Lire	lu	Vivre	vécu
Perdre	perdu	Voir	vu
Pleuvoir	plu	Vouloir	voulu

Finale du participe passé –*is* :			
Apprendre	appris	Mettre	mis
Comprendre	compris	Prendre	pris

Finale du participe passé –*it* :			
Conduire	conduit	Écrire	écrit
Dire	dit	Interdire	interdit

Finale du participe passé –*ert* :			
Découvrir	découvert	Ouvrir	ouvert
Offrir	offert	Souffrir	souffert

Formes particulières des participes passés			
Avoir	eu	Faire	fait
Être	été	Mourir	mort

Pour une liste plus complète des participes passés → *Annexe 15*

5 **Classez les verbes et écrivez la forme du participe passé.**

~~apprendre~~ – choisir – comprendre – conduire – dire – écrire – finir – inscrire – interdire – mettre – partir – permettre – prendre – réfléchir – sortir

Participe passé en *–i*	Participe passé en *–is*	Participe passé en *–it*
....	*appris*	....
....	....	....
....	....	....
....	....	....

6 **Pour chaque phrase, choisissez un verbe et complétez avec le participe passé.**

Beaucoup de problèmes !
vivre – ~~attendre~~ – perdre – pleuvoir – avoir – recevoir – répondre – lire
Tu as *attendu* 10 heures à l'aéroport !

1 J'ai .... mes clés !
2 J'ai téléphoné mais on n'a pas .... !
3 Nous avons .... une mauvaise nouvelle dans le journal !
4 Elle a .... une réponse négative !
5 Ils ont .... longtemps dans un très petit appartement !
6 Il y a .... un grave accident sur l'autoroute !
7 Hier, il a .... toute la journée !

7 **Retrouvez les six autres participes passés et complétez le tableau.**

*ouvert*mortsouffertfaitétéoffertdécouvert

Participe passé	Infinitif
ouvert, ...	*ouvrir,* ....

8 **Complétez avec la terminaison du participe passé qui convient : *–i*, *–u*, *–is*, *–it* ou *–ert*. Écoutez pour vérifier.**

couv*ert*   1 attend........   2 compr........   3 cour........   4 écr........
5 fin........   6 interd........   7 off........   8 p........   9 part........
10 perm........ 11 reç........   12 répond........ 13 v........   14 vend........

9 **Soulignez le verbe qui a une terminaison de participe passé différente.**

<u>perdre</u> – prendre – mettre
1 croire – boire – faire
2 pouvoir – voir – mourir
3 dire – répondre – écrire

4 choisir – sortir – avoir
5 conduire – mettre – comprendre
6 dormir – savoir – courir
7 être – permettre – étudier

10 **À vous ! Qu'est-ce que vous avez fait le week-end dernier ? Utilisez les verbes : *voir, visiter, écrire, dormir, téléphoner, lire, dîner, recevoir, discuter.***

J'ai dîné avec des amis, ...

38 Le passé composé avec *être*

> Alors, ce voyage ? Vous **êtes revenu** quand ?

> Hier soir. Je **suis rentré** en train. Ma voiture **est tombée** en panne dimanche !

1 Conjugaison

● 14 verbes qui indiquent un changement de lieu ou d'état sont conjugués avec l'auxiliaire *être* au passé composé : *aller / venir, entrer / sortir, monter / descendre, arriver / partir, passer / rester, naître / mourir, tomber, retourner.*

● La plupart des verbes composés à partir de ces verbes sont aussi conjugués avec l'auxiliaire *être* : *revenir, devenir, rentrer, repartir…*

	je	**suis**	**parti(e)**	*à 8 heures du matin.*
	tu	**es**	**arrivé(e)**	*au bureau à 9 heures.*
	il		**allé**	
	elle	**est**	**allée**	*au cinéma.*
Hier,	on		**allé(e)s**	
	nous	**sommes**	**venu(e)s**	*avec nos amis.*
	vous	**êtes**	**monté(e)s**	*au dernier étage.*
	ils		**sortis**	
	elles	**sont**	**sorties**	*tard.*

⚠ Attention à l'ordre des mots dans la phrase négative !
*Je **ne** suis **pas** parti. Elle **n'**est **pas** sortie.*

2 Remarques

● 6 de ces verbes (*monter, descendre, entrer, sortir, passer, retourner*) sont conjugués avec l'auxiliaire ***avoir*** quand ils ont un complément d'objet direct (*les valises*).
*J'**ai** monté les valises.* ≠ *Je **suis** monté en ascenseur.*

● Avec l'auxiliaire ***être***, le participe passé s'accorde avec le sujet.
Paul est arrivé à l'heure mais Marie est arrivée en retard.

● Avec le pronom sujet *on* (utilisé à la place de *nous*), le participe passé est généralement au pluriel. *Marie : Anne et moi, **on** est venu**es** ensemble.*

1 Associez les formes correctes. Plusieurs réponses sont possibles.

Chantal et Christine sont
1 Bruno est
2 Je suis
3 Nous sommes
4 Tu es
5 Chantal est
6 Vous êtes
7 Bruno et Chantal sont

a né à Lille.
b née en 1982.
c nés à l'étranger.
d nées le même jour.

2 Classez les verbes dans le tableau.

1 est arrivée	4 est tombé	7 sommes reparties	10 sont allées
2 êtes sortis	5 sont rentrées	8 êtes descendus	11 est mort
3 êtes montée	6 es remontée	9 est passé	12 êtes revenu

un homme	une femme	un homme et une femme	deux femmes
....	*1,*	....	....

121

3 Conjuguez au passé composé. Attention au choix de l'auxiliaire ! Écoutez pour vérifier.

Beaucoup de mouvements !
1 Luc et moi, nous *sommes allés* (aller) au restaurant, nous .... (ne pas rentrer) tôt, nous .... (revenir) à 2 heures du matin, nous .... (passer) une soirée très sympa.
2 Sandra .... (rester) chez elle, elle .... (ne pas sortir) avec ses amies.
3 Stéphane .... (descendre) très vite avec Lisa, ils .... (descendre) leurs valises. La pauvre Lisa .... (tomber) dans l'escalier !
4 Un jour, Thomas .... (partir) sans dire au revoir, il .... (ne pas retourner) la tête, il .... (ne jamais revenir).

4 Écrivez le texte au passé composé.

Une belle vie
Mon amie Fatima *est née* (naît) en 1990. Ses parents .... (viennent) (1) en France en 1985, la famille .... (reste) (2) dans la région de Nice pendant dix ans. Fatima .... (monte) (3) à Paris pour ses études ; elle .... (va) (4) aussi à Londres avec sa sœur pour apprendre l'anglais. Elles .... (reviennent) (5) à Paris puis elles .... (retournent) (6) à Nice. Elles .... (deviennent) (7) traductrices-interprètes.

5 À vous ! Donnez quelques informations sur votre vie.

Je suis né(e) ....
....
....

Je **me suis réveillé** à 6 heures.   Il **s'est promené**.   Ils **se sont amusés**.

3   Conjugaison des verbes pronominaux

je	*me*	suis	**perdu(e)**	*dans le métro.*
tu	*t'*	es	**réveillé(e)**	*à 6 heures du matin.*
il			**promené**	
elle	*s'*	est	**promenée**	*dans la ville.*
on			**promené(e)s**	
nous	*nous*	sommes	**amusé(e)s.**	
vous	*vous*	êtes	**endormi(e)(s)**	*rapidement.*
ils	*se*	sont	**levés**	*tard.*
elles			**levées**	

(Hier, précède les sujets)*

⚠ Attention à l'ordre des mots dans la phrase négative !
*Je **ne** me suis **pas** endormi(e) tôt. Nous **ne** nous sommes **pas** couché(e)s.*

4   Remarques

- Généralement, le participe passé s'accorde avec le sujet.
Marie s'est amusée. Léo et Izia se sont ennuyés.

- Avec le pronom sujet *on* (utilisé à la place de *nous*), le participe passé est généralement au pluriel. *Marie : Anne et moi, **on** s'est perd**ues**.*

6 **Associez les éléments pour faire des phrases.**

1 Elle	s'	sont	levée très tôt.
2 Ils	t'	est	habillé ?
3 Léa, Carine, vous	me	es	coiffées ?
4 Sébastien, tu	vous	suis	préparés rapidement.
Je	se	êtes	couchée à quelle heure ?

Je me suis levée très tôt.

1 ....

2 ....

3 ....

4 ....

7 **Pour chaque phrase, choisissez la forme correcte et complétez.**

nous sommes renseignés – se sont trompées – vous êtes installés – ~~s'est perdu~~ – t'es arrêté –
me suis dépêchée

Il *s'est perdu* dans le métro.

1 Nous .... au guichet de la gare.

2 Je .... pour arriver à l'heure.

3 Elles .... d'adresse.

4 Tu .... à la mauvaise station.

5 Vous .... à la terrasse d'un café.

🎧123 **8** **Mettez les mots dans l'ordre pour faire des phrases. Rétablissez la majuscule et l'apostrophe si nécessaire. Écoutez pour vérifier.**

vous / regardés / êtes / vous → *Vous vous êtes regardés.*

1 on / salués / ne / pas / est / se → ....

2 ne / se / elles / rencontrées / pas / sont → ....

3 nous / retrouvés / sommes / à la gare / nous → ....

4 sont / reconnus / ils / se / pas / ne → ....

5 on / se / embrassés / est → ....

6 se / pas / elles / vues / ne / sont → ....

9 **Transformez les phrases au passé composé à la forme négative. Plusieurs terminaisons sont possibles.**

En général, je me réveille à 7 h. → Hier, je *ne me suis pas réveillé(e)* à 7 h.

1 Souvent, tu te couches tôt. → Samedi, ... tôt.

2 Ils s'endorment tard. → Hier soir, ... tard.

3 On se repose le dimanche. → Dimanche dernier, ...

4 Nous nous promenons le week-end. → Le week-end dernier, nous ....

5 Le matin, vous vous retrouvez au café. → Mais, ce matin, ... au café.

6 Elle s'ennuie toute seule le soir. → Hier soir, avec nous, elle .... !

10 **À vous ! Racontez votre journée d'hier. Utilisez des verbes pronominaux.**

Hier, je me suis réveillé(e) à 8 heures, ...

39 | L'imparfait

1 Utilisation

L'imparfait est un temps utilisé pour :

Avant, on **mettait** une journée pour aller de Paris à Marseille.

Aujourd'hui, on met 3 heures en TGV.

• décrire une situation passée. Cette situation est souvent opposée à la situation présente :
*Avant, les trains **étaient** à vapeur. Maintenant, les trains sont électriques.*
• décrire une habitude du passé : *Quand j'**étais** enfant, tous les dimanches, nous **allions** chez mes grands-parents.*

2 Conjugaison

L'imparfait a une formation très régulière :
• on utilise le radical de la 1re personne du pluriel au présent (*nous*).
• tous les verbes ont les mêmes terminaisons.

🎧 124

détester	nous détest**ons**	→	Je	détest	**ais**	la lecture.
aller	nous all**ons**	→	Tu	all	**ais**	chez tes grands-parents.
vivre	nous viv**ons**	→	Il/Elle/On	viv	**ait**	à la campagne.
avoir	nous av**ons**	→	Nous	av	**ions**	une petite voiture.
habiter	nous habit**ons**	→	Vous	habit	**iez**	dans un studio.
dormir	nous dorm**ons**	→	Ils/Elles	dorm	**aient**	dans la même chambre.

⚠ Le verbe *être* a un radical irrégulier : *ét–*. *Avant, les trains **étaient** à vapeur.*
⚠ L'imparfait de *il faut* est *il fallait*. L'imparfait de *il pleut* est *il pleuvait*.

3 Prononciation et orthographe

• On prononce les terminaisons *–ais*, *–ait*, *–aient* de la même façon. *Je regardais ; tu regardais ; il regardait ; elle regardait ; on regardait ; ils regardaient ; elles regardaient.*
⚠ Il ne faut pas confondre :
– le présent et l'imparfait. *J'habite* / *j'habitais* ; *nous buvons* / *nous buvions.*
– le passé composé et l'imparfait. *Il a habité* / *il habitait.*

⚠ Attention à l'orthographe :
– des verbes en *–ger* : *je/tu voyag**e**ais, il/elle/on mang**e**ait, ils/elles mang**e**aient* ;
– des verbes en *–cer* : *je/tu commen**ç**ais, il/elle/on commen**ç**ait, ils/elles commen**ç**aient* ;
– des verbes en *–yer* : *nous pa**y**ions, vous essa**y**iez* ;
– des verbes avec le radical terminé par *–i* : *nous r**ii**ons, vous étud**ii**ez.*

1 Associez.

À l'adolescence

Ils ────────────────┐   a critiquions tout.
1 J'   │   b était timide.
2 Vous   │   c n'aimaient pas le sport.
3 Il   └──────• *fumaient.*
4 Je   d aviez les cheveux longs.
5 Nous   e ne buvais que des sodas.
6 Elles   f adorais lire.

2 Complétez.

Changements !

L'année dernière, *j'avais* les cheveux blonds. Cette année, j'ai les cheveux bruns.

1 Il y a deux ans, il .... en Suisse, maintenant il vit en Belgique.
2 La semaine dernière, nous .... en vacances. Cette semaine, nous sommes au travail.
3 Au semestre dernier, on .... à la fac en bus. Ce semestre, on y va en tram.
4 Il y a quelques années, je .... Maintenant, je ne fume plus.
5 À 20 ans, je .... une moto. Maintenant, je conduis une voiture !
6 Quand j'étais plus jeune, je .... beaucoup de sport. Maintenant, je n'en fais plus du tout !

3 À vous ! Parlez de quelques changements dans votre vie.

Avant j'allais au cinéma, maintenant, je télécharge des films. ....

4 Écoutez et soulignez la phrase que vous entendez.

Il joue avec lui. / *Il jouait avec lui.*
1 Nous allons à la mer. / Nous allions à la mer.
2 Elle n'aime pas le sport. / Elle n'aimait pas le sport.
3 Il voyage seul. / Il voyageait seul.
4 Ils habitent ensemble. / Ils habitaient ensemble.
5 Vous adorez la musique. / Vous adoriez la musique.
6 Ils dorment beaucoup. / Ils dormaient beaucoup.
7 Vous sortez tard. / Vous sortiez tard.

5 Dans quel ordre entendez-vous le passé composé et l'imparfait ? Écoutez et notez 1 et 2.

	Passé composé	Imparfait
J'étais malade. J'ai été malade.	...2...	...1...
1	....	....
2	....	....
3	....	....
4	....	....
5	....	....
6	....	....
7	....	....

40 | Le passé récent

Le TGV 8327 pour Lyon, s'il vous plaît.

Ah, je suis désolé, monsieur, il **vient juste de partir** !

1 Utilisation

● Le passé récent est utilisé pour exprimer une action qui s'est passée très peu de temps avant le moment où l'on parle.
Je viens de rentrer à la maison. (= je suis rentré(e) il y a quelques minutes)
● **Venir + juste + de** : l'adverbe *juste* est souvent employé pour insister sur la proximité avec le moment présent. *Il vient juste de partir.*

2 Conjugaison

 Le passé récent est formé du verbe *venir* au présent + *de* + verbe à l'infinitif.

	***venir de / d'* au présent**	**verbe à l'infinitif**
Je	*viens d'*	**allumer** *la radio.*
Tu	*viens de*	**brancher** *l'appareil.*
Il/Elle/On	*vient d'*	**éteindre** *la tablette.*
Nous	*venons de*	**regarder** *le journal télévisé.*
Vous	*venez de*	**débrancher** *le téléphone.*
Ils/Elles	*viennent de*	**mettre** *un DVD.*

3 Remarques

● Le passé récent ne peut pas être utilisé avec une indication de temps. Dans ce cas, on utilise le passé composé. → Unités 37, 38
Le film vient de commencer il y a 3 minutes. → *Le film a commencé il y a 3 minutes.*
● Il ne faut pas confondre le passé récent et le verbe *venir* utilisé seul.
Je viens de la gare. (verbe *venir* au présent)
Je viens de rentrer de la gare. (verbe *rentrer* au passé récent)

4 Prononciation et orthographe

 ● Devant un verbe qui commence par une voyelle, *de* devient *d'*. *Nous venons d'arriver.*
● Devant un verbe qui commence par une consonne, on ne prononce pas toujours le *e* de *de*.
On vient de manger. Il vient de partir.
● Il ne faut pas confondre le passé récent (*Il vient de dîner*) et le présent (*Il vient dîner*) !

1 **Dans quelles phrases entendez-vous le passé récent ? Écrivez le numéro des phrases.**

Phrases : *1,* ....

2 **Mettez les mots dans l'ordre pour faire des phrases.**
Rétablissez la majuscule et l'apostrophe si nécessaire.

Accidents

il / se / de / casser / vient / une jambe ➜ *Il vient de se casser une jambe.*

1 appeler / je / de / les secours / juste / viens ➜ ....

2 il / se / vient / faire mal / de / à la tête ➜ ....

3 une radio / passer / vient / on / de ➜ ....

4 de / vient / juste / elle / perdre connaissance ➜ ....

5 partir / venez / en ambulance / de / vous ➜ ....

6 aux urgences / de / juste / ils / arriver / viennent ➜ ....

3 **Entendez-vous *de* ou *de* ? Cochez.**

	de	*de*
Je viens de m'inscrire.	❑	☑
1	❑	❑
2	❑	❑
3	❑	❑
4	❑	❑
5	❑	❑
6	❑	❑
7	❑	❑

4 **Transformez. Écoutez pour vérifier.**

Mon ami est parti il y a 10 minutes. ➜ *Mon ami vient juste de partir.*

1 Nous nous sommes parlé tout à l'heure. ➜ ....

2 Le film a commencé il y a un instant. ➜ ....

3 Je suis arrivé il y a quelques minutes. ➜ ....

4 Hélène a appelé tout à l'heure. ➜ ....

5 Les magasins ont fermé il y a 5 minutes. ➜ ....

6 On s'est réveillés il y a un quart d'heure. ➜ ....

5 **À vous ! Quelles phrases au passé récent peut-on entendre en réponse aux questions suivantes ?**

1 Tu es fatigué ? – *Oui, je viens de courir. Non, je viens de me lever.*

2 Tu as faim ? ....

3 Tu es en colère ? ....

4 Tu pars en vacances ? ....

41 L'imparfait / Le passé composé

Vous vous êtes rencontrés comment ?

Nous **étions** dans le bus, il y **avait** beaucoup de monde, j'**étais** assis, je **lisais**. Chloé **était** debout à côté de moi. Soudain, le chauffeur **a freiné** et elle **est tombée** sur moi !

Diego, 27 ans

1 Utilisation

L'imparfait et le passé composé sont utilisés en opposition pour raconter un événement au passé.
- Le verbe à l'imparfait donne des précisions sur les circonstances. *Nous **étions** dans le bus, il y **avait** beaucoup de monde, j'**étais** assis, je **lisais**. Chloé **était** debout.*
- L'imparfait peut aussi exprimer des habitudes du passé. *Avant, j'**allais** au bureau en voiture.* (= maintenant, je ne vais plus au bureau en voiture)

⚠ Avec les verbes qui expriment une action en train de se dérouler, on peut utiliser la forme progressive à l'imparfait à la place de l'imparfait simple pour insister sur le déroulement de l'action. *J'**étais en train de lire** (= je lisais) quand elle est tombée sur moi.*

- Le verbe au passé composé exprime une action d'une durée qui a des limites. *Soudain, le chauffeur **a freiné** et Chloé **est tombée** sur moi.*
- Le passé composé indique l'action qui a mis fin à une habitude du passé. *Un jour, j'**ai eu** un accident.* (= cet événement a changé mes habitudes)

2 Les expressions de temps avec l'imparfait et le passé composé

- On utilise souvent *pendant que* devant le verbe à l'imparfait. *Elle est tombée sur moi **pendant que** je lisais.*
- On utilise souvent *quand, tout à coup, soudain, brusquement, à ce moment-là, un jour...* devant le verbe au passé composé. *Soudain, le chauffeur a freiné.*

3 Prononciation

🎧131 Pour les verbes en *–er*, avec *je*, il ne faut pas confondre le passé composé et l'imparfait ! *J'ai marché. / Je marchais.*

1 Cochez.

	l'action s'est passée pendant le déroulement d'une autre	les 2 actions se sont passées l'une après l'autre
On descendait. Tu es tombé.	☑	❑
On est descendu. Tu es tombé.	❑	☑
1 a Vous êtes partis. Elle a crié.	❑	❑
b Vous êtes partis. Elle criait.	❑	❑
2 a Tu es sorti. Ils riaient.	❑	❑
b Tu es sorti. Ils ont ri.	❑	❑
3 a Je finissais mon travail. Elles sont arrivées.	❑	❑
b J'ai fini mon travail. Elles sont arrivées.	❑	❑
4 a Nous avons fait la vaisselle. Tu as cassé un verre.	❑	❑
b Nous faisions la vaisselle. Tu as cassé un verre.	❑	❑

2 Mettez les mots dans l'ordre pour faire des phrases.

Interruptions

s'amusaient / je / rentrée / suis / quand / Ils → *Ils s'amusaient quand je suis rentrée.*

1 regardais / Je / à ce moment-là / le téléphone / le film / a / sonné

→ ....

2 à neiger / Pendant que / il / jouions / dehors / s'est mis / nous

→ ....

3 tu / quand / Je / as / appelé / préparais / le gâteau

→ ....

4 nous / arrivés / quand / sommes / dormait / Il

→ ....

5 pendant que / est / je / Elle / travaillais / revenue

→ ....

6 on / Il / s'est / dînait / pendant qu' / endormi

→ ....

7 un grand bruit / Elle / soudain / se reposait / a entendu / elle

→ ....

3 Soulignez la phrase qui indique les circonstances et conjuguez au passé composé ou à l'imparfait.

Description et circonstances

Il (rentrer). Tu (ne pas être) là. → *Il est rentré. Tu n'étais pas là.*

1 Elle (ne pas avoir) d'espèces. Elle (payer) avec sa carte. → ....

2 Nous (rentrer). Il (faire) froid. → ....

3 Ils (sonner). Il n'y (avoir) personne. → ....

4 On (arriver). C'(être) trop tard. → ....

5 Vous (être) pressés. Vous (ne pas s'arrêter). → ....

6 Il (neiger). On (rester) à la maison. → ....

7 Nous (baisser) le chauffage. Il (faire) trop chaud. → ....

4 Conjuguez les verbes à l'imparfait ou au passé composé. Rétablissez l'apostrophe si nécessaire.

On *est venus* (venir) en voiture parce qu'il y *avait* (avoir) une grève de métro.

1 Il .... (ne pas aller) travailler parce qu'il .... (être) malade.

2 Vous .... (partir) à l'étranger parce que vous .... (ne pas trouver) de travail ici.

3 Elle .... (prendre) l'escalier parce que l'ascenseur .... (ne pas marcher).

4 Il .... (perdre) son emploi parce qu'il .... (travailler) trop lentement.

5 Nous .... (ne pas changer) d'entreprise parce que nous .... (être) satisfaits.

🎧 132 ▶ 5 Conjuguez les verbes à l'imparfait ou au passé composé. Écoutez pour vérifier.

Témoignage

– Alors, madame, qu'est-ce que vous *avez vu* ?

– Eh bien, deux hommes .... (monter) (1) dans le wagon du métro,
ils .... (voler) (2) le sac de la dame à côté de moi, qui ....
(lire) (3) un journal, et ils .... (ressortir) (4) très vite.

– Ils .... (être) (5) comment ?

– Ils .... (porter) (6) des vêtements élégants.

– Ils .... (dire) (7) quelque chose à la dame ?

– Oui, mais je .... (ne pas entendre) (8), désolée.

6 Mettez les phrases en ordre pour reconstituer le petit récit.

J'ai allumé toutes les lampes. / Je n'étais pas très rassuré. / J'ai fermé les volets. / Il faisait noir. /
Je suis sorti de mon lit. / Je dormais profondément. / J'ai regardé dehors. / Je me suis recouché.
/ C'étaient les volets qui claquaient. / Un bruit m'a réveillé.

Quand l'orage a éclaté, je dormais profondément. ....
....
....
....
....
....
....
....

7 À vous ! Racontez ce qui s'est passé avec le passé composé et l'imparfait. Utilisez les informations données.

~~Repeindre le salon~~ Être sur une échelle Perdre l'équilibre Tomber Se casser la jambe

1 Arthur repeignait son salon, ...
....

Être sur la route Partir en vacances Voir de la fumée S'arrêter Appeler un garagiste

2 Émilie et Jean ....
....

133

8 **Conjuguez au passé.**
Écoutez pour vérifier.

Suspense en altitude

Alfred et Florence *vivaient* (vivre) dans un petit village des Alpes. Alfred .... (diriger)(1) un bel hôtel et Florence .... (s'occuper)(2) de leur grand chalet. Ils .... (recevoir)(3) des touristes du monde entier. Un jour, une famille italienne .... (arriver)(4) ; il y .... (avoir) (5) les parents, Luigi et Carla, et leur fils de 6 ans, Umberto. Chaque jour, ils .... (faire)(6) du ski ensemble. Mais un après-midi, Umberto .... (disparaître)(7) ; Alfred, Florence, Luigi et Carla .... (partir)(8) à sa recherche...

7,50 €

Éditions des sommets

15/5995/4
ISBN : 978-2-01-155995-1

9 782011 559951

9 **Conjuguez au temps qui convient. Rétablissez l'apostrophe si nécessaire.**

Changer d'habitudes

Avant, il *faisait* (faire) du rugby. Un jour, il *s'est blessé* (se blesser). Maintenant, il joue aux échecs.

1 Maintenant, elle s'exprime facilement. Avant, elle .... (ne pas parler) français. Alors, elle .... (suivre) des cours.

2 Un jour, tu .... (découvrir) les ebooks. Avant, tu .... (emprunter) des livres à la bibliothèque. Maintenant, tu lis sur ta tablette.

3 Avant, vous .... (manger) beaucoup. Mais vous .... (beaucoup grossir). Aujourd'hui, vous faites un régime.

4 L'an dernier, nous .... (acheter) une caravane : nous voyageons plus. Avant, nous .... (faire) du camping

5 Avant, je .... (fumer). Il y a 6 mois, je .... (arrêter). Je me sens déjà mieux !

10 **À vous ! Faites le récit d'expériences personnelles qui ont marqué votre vie : une grande peur – un accident – une aventure originale – un changement dans vos habitudes...**

Un jour, j'étais ....

42 Le plus-que-parfait

Il a appelé un serrurier parce qu'il **avait oublié** ses clés dans l'appartement !

1 Utilisation

- Dans une phrase qui présente des événements passés, on utilise le plus-que-parfait quand l'action secondaire s'est déroulée avant l'action principale.
- Le verbe de l'action principale est souvent au passé composé.

Il a appelé un serrurier (action principale) *parce qu'il avait oublié ses clés* (action secondaire).

- Les deux actions du passé peuvent être liées :
- au temps : *Le train était déjà parti* ***quand je suis arrivé****.*
- à une cause : *Il a appelé un taxi* ***parce qu'il avait manqué le train****.*

⚠ Quand deux actions se passent juste l'une après l'autre, on utilise deux passés composés.
Je me suis couché quand je suis rentré. **On ne dit pas :** ~~Je me suis couché quand j'étais rentré.~~

2 Conjugaison

Le plus-que-parfait est un temps composé.
Il est formé de l'auxiliaire *avoir* ou *être* à l'imparfait et du participe passé.
*Il **avait oublié** ses clés. Le train **était parti**. Je **m'étais réveillé** trop tard.*
(Pour le choix de l'auxiliaire → Unités 38 et 39)
⚠ Attention à l'ordre des mots à la forme négative ! *Je **n'**avais **pas** pris mes clés.*

3 Passé composé, imparfait ou plus-que-parfait ?

	*le train **était parti**.* = le train est parti avant mon arrivée
Quand je suis arrivé,	*le train **partait**.* = le train était en train de partir quand je suis arrivé
	*le train **est parti**.* = le train est parti après mon arrivée

1 **Quel temps du passé entendez-vous ? Cochez.**

	Passé composé	Imparfait	Plus-que-parfait
Tu avais fini de manger.	❏	❏	☑
1	❏	❏	❏
2	❏	❏	❏
3	❏	❏	❏
4	❏	❏	❏
5	❏	❏	❏
6	❏	❏	❏
7	❏	❏	❏

2 **Associez.**

Je sais pourquoi

Je n'ai pas répondu au téléphone,   a   j'avais oublié mon GPS.
1 Je suis arrivé en retard   b   je m'étais bien entraîné.
2 Je n'ai pas trouvé la route   c   je n'avais pas compris.
3 J'ai reposé la question   parce que   d   je ne m'étais pas réveillé.
4 J'ai gagné le match   *je n'avais pas entendu la sonnerie.*
5 J'ai raté mon examen   e   j'avais mal lu les consignes.

3 **Conjuguez les verbes au plus-que-parfait. Rétablissez l'apostrophe si nécessaire.**

Rien ne va !

Tu as vendu le fauteuil que je t'*avais donné* (donner) !
1 Elle n'a pas rendu le livre qu'on lui .... (laisser).
2 Il a abîmé le vélo que sa sœur lui .... (prêter).
3 Il n'a pas lu le message qu'on lui .... (envoyer).
4 Elle a perdu le collier que ses parents lui .... (offrir).
5 Elle n'a pas aimé le dessin que nous .... (faire).
6 Vous n'avez pas suivi le régime que le médecin vous .... (prescrire).

4 **Conjuguez au passé composé et au plus-que-parfait comme dans l'exemple.**

Trop tard !

Elles viennent m'aider mais j'ai déjà terminé. → *Elles sont venues m'aider mais j'avais déjà terminé.*
1 Elle entre dans la salle mais le film a déjà commencé. → ....
2 La police arrive mais les voleurs se sont déjà enfuis. → ....
3 Il m'invite au restaurant mais j'ai déjà déjeuné. → ....
4 Je veux régler l'addition mais mon copain a déjà payé. → ....
5 On arrive à l'aéroport mais l'avion a déjà décollé. → ....
6 Vous allez voir un ami mais il est déjà parti. → ....

5 **À vous ! Donnez des explications sur un événement de votre vie : parlez des actions qui se sont passées avant.**

Je n'ai pas réussi mon permis de conduire parce que je n'avais pas bien appris le code. ....

43 L'accord du participe passé

Tu as pris les places ?

Oui, je les ai **prises**, je les ai **réservées** sur Internet.

1 Formes

Le participe passé utilisé avec l'auxiliaire **être** s'accorde avec le sujet (→ Unité 38).
– *Vous êtes **allé(e)(s)** au cinéma ?*
– *Oui, nous y sommes **allé(e)(s)***

● Dans les conjugaisons des temps composés avec l'auxiliaire **avoir** :
– on n'accorde jamais le participe passé avec le sujet.
Il a réservé les places. Elle a réservé les places.
– on accorde en genre (masculin, féminin) et en nombre (singulier, pluriel) le participe passé
avec le complément d'objet direct placé devant l'auxiliaire.
*Je **les** ai pris**es**.*

● Le complément peut être :
– un pronom complément direct **m', t', l', les, nous, vous** (→ Unité 53) :
*Pierre a invité Marie. → Pierre **l'**a invité**e**.*
– le pronom relatif **que** (→ Unité 61) :
*J'ai pris les places. → Voici les places **que** j'ai pris**es**.*

⚠ Quand le pronom complément direct est **en**, on ne fait pas l'accord avec le participe passé.
*Des billets, j'**en** ai réservé plusieurs.*

2 Prononciation

 Quand on fait l'accord d'un participe passé terminé par une consonne, la prononciation
change au féminin. *J'ai **pris** les places. Je les ai **prises**.*
*Regarde, j'ai **fait** des photos ! Regarde les photos que j'ai **faites** !*

1 **Lisez les participes passés et dites si le pronom complément est masculin singulier (ms), féminin singulier (fs), masculin pluriel (mp), féminin pluriel (fp) ou on ne sait pas.**

	ms	fs	mp	fp	on ne sait pas
On l'a acceptée.	❏	☑	❏	❏	❏
1 Tu les as interrogées ?	❏	❏	❏	❏	❏
2 Il l'a reçue.	❏	❏	❏	❏	❏
3 Vous les avez transmises.	❏	❏	❏	❏	❏
4 Nous en avons pris.	❏	❏	❏	❏	❏
5 Elles t'ont entendu.	❏	❏	❏	❏	❏
6 Je les ai envoyés.	❏	❏	❏	❏	❏

2 **Corrigez la forme du participe passé, si nécessaire.**

Affaire de goût

Le pantalon que j'ai ~~achetée~~ te plaît ? *acheté*

1 Regarde les T-shirts qu'on a commandés ! ....

2 Elle a rendu la robe qu'elle avait eu pour son anniversaire. ....

3 Les lunettes que nous vous avons offert sont élégantes ! ....

4 Des vêtements, elles en ont donnés beaucoup ! ....

5 Vous aimez les bijoux que vous avez reçu ? ....

6 Tu as lavé l'écharpe que tu avais salie ? ....

3 **Associez comme dans l'exemple.**

1 Tu as vu la responsable ?   a   Non, je ne l'ai pas reçu !
2 Vous avez contacté les clients ?   b   On en a fait deux.
3 Vous avez fait combien de réunions ?   *Non, ils ne les ont pas lus !*
4 Tu n'as pas répondu à mon mail ?   c   Oui, oui, je l'ai vue hier.
    Ils ont signé les contrats ?   d   Non, on n'en a pas eu.
5 Vous avez les photocopies ?   e   Oui, je les ai appelés ce matin.
6 Tu as eu des congés cette année ?   f   J'en ai pris deux semaines en août.
7 Vous avez eu une réponse ?   g   Désolée, je ne les ai pas faites !

4 **Terminez les phrases comme dans l'exemple. Écoutez pour vérifier.** 🎧 136

Ton manteau, tu l'as mis ? → Ta veste, *tu l'as mise ?*

1 Ton passeport, tu l'as pris ? → Ta carte d'identité, ... ?

2 Ton sac, tu l'as ouvert ? → Ta valise, ... ?

3 Ton nom, tu l'as écrit ? → Ton adresse, ... ?

4 Le paiement, tu l'as fait ? → La réservation, ... ?

5 Le message, tu l'as compris ? → L'explication, ... ?

6 Le mail, tu l'as transmis ? → La note, ... ?

5 **À vous. Faites des phrases au passé composé.**

Mes vacances, je les ai passées en Italie, je les ai adorées, ...

La nourriture, ...

Les gens, ...

1   Écrivez le participe passé. Unité 37

rentrer : *rentré*
1   vouloir : ....
2   finir : ....
3   ouvrir : ....
4   naître : ....
5   arriver : ....
6   peindre : ....
7   mourir : ....
8   rire : ....
9   venir : ....

2   Soulignez le verbe qui a une terminaison différente au participe passé. Unité 37

croire – boire – *écrire*
1   souffrir – couvrir – sortir
2   répondre – faire – attendre
3   pleuvoir – pouvoir – comprendre
4   éteindre – entendre – perdre
5   offrir – dormir – partir
6   écrire – interdire – lire

3   Retrouvez et écrivez les 9 autres formes du passé composé. Rétablissez l'apostrophe.
Unité 37

~~Jaitéléphoné~~tuascommandéonadiscutéilavérifiéelleaéchangénousavonsorganisévousavezplani-
fiéilsontcuisinéellesontsélectionnéjaipayé
J'ai téléphoné, ...
....

4   Entendez-vous le présent ou le passé composé ? Cochez. Unité 37

	Présent	Passé composé
Je finis mon travail.	☑	❑
1	❑	❑
2	❑	❑
3	❑	❑
4	❑	❑
5	❑	❑
6	❑	❑
7	❑	❑

5 **Pour chaque phrase, choisissez la forme qui convient et complétez.** Unité 38

es rentré – êtes retournés – ne sommes pas restés – suis repartie – *sont parties* – n'est pas sortis – ne sont pas venus – n'est pas arrivée

Elles *sont parties* tard.
1 Tu .... très vite.
2 On ....
3 Vous .... à la maison.
4 Ils ....
5 Nous ....
6 Elle .... à l'heure.
7 Je .... immédiatement.

6 **Conjuguez au passé composé.** Unités 37 et 38

Une mauvaise journée

Nous *n'avons pas entendu* le réveil. (ne pas entendre)
1 Je .... tard. (se lever)
2 Elle .... le bus. (manquer)
3 Hugo, tu .... dans les escaliers. (tomber)
4 Ils .... le temps de déjeuner. (ne pas avoir)
5 Vous .... votre téléphone portable. (perdre)
6 Elles .... les clés de la maison. (oublier)
7 Nous .... froid. (prendre)

7 **Conjuguez à l'imparfait.** Unité 39

Les Noëls de mon enfance

Chaque année, mon père *achetait* (acheter) un immense sapin. Ma mère ....
(sortir) (1) la boîte de boules et de guirlandes et, avec mes frères, nous ....
(décorer) (2) l'arbre de Noël. Chacun .... (préparer) (3) des petits cadeaux et
les .... (déposer) (4) au pied de l'arbre. Mes grands-parents ....
(passer) (5) toujours les fêtes de fin d'année avec nous et mes parents ....
(inviter) (6) aussi des oncles, tantes et cousins. Le matin, on .... (ouvrir) (7) les
cadeaux et après, on .... (faire) (8) un bon repas avec toute la famille. Nous …
.... (être) (9) tous très heureux d'être ensemble !

8 **Conjuguez à l'imparfait.** Unité 39

Vive la campagne !

– Nicolas, Sophie, pourquoi avez-vous quitté Paris ?
– C'est simple, la vie parisienne, nous *ne supportions plus* (ne plus supporter) ! On ....
.... (avoir) (1) l'impression qu'on .... (passer) (2) notre vie dans les
transports. Sophie .... (avoir) (3) deux heures et demie de transport par jour
et moi, je .... (mettre) (4) 50 minutes à moto pour aller au travail. Nous n'en
.... (pouvoir) (5) plus.
– Et puis, on .... (vouloir) (6) plus d'espace. Avant, on ....
(vivre) (7) dans un petit deux-pièces avec un loyer très cher. On ne regrette pas d'être partis !

9 **Écoutez la chanson et complétez.** Unité 39

Au bord de la mer

~~aller~~ faire regarder (x2) prendre se réveiller sucer

On *allait* au bord de la mer
Alors on .... les bateaux
On .... des glaces à l'eau
Les palaces, les restaurants
On ne .... que passer devant
Et on .... les bateaux
Le matin on .... tôt
Sur la plage pendant des heures
On .... de belles couleurs
(Michel Jonasz)

10 **Conjuguez à l'imparfait. Rétablissez l'apostrophe si nécessaire.** Unité 39

– Quand j'*étais* (être) plus jeune, avec ma famille, pendant les vacances, nous ....
(se reposer) (1), nous .... (aller) (2) à la plage, nous ....
(jouer) (3) sur le sable, nous .... (bronzer) (4) et, vous, qu'est-ce que vous
.... (faire) (5) ?
– Ça .... (dépendre) (6). La famille de mon père ....
(être) (7) installée dans différents pays alors, souvent on .... (voyager) (8). Je
.... (adorer) (9) ça !

11 **Transformez avec le passé récent.** Unité 40

> Il a acheté une nouvelle voiture. → *Il vient d'acheter une nouvelle voiture.*
1 Ils ont commandé un autre ordinateur. → ....
2 J'ai offert un voyage à mes enfants. → ....
3 On a fait la réservation sur Internet. → ....
4 Nous avons reçu un beau cadeau. → ....
5 Vous vous êtes abonné ? → ....

12 **Conjuguez les verbes au temps qui convient. Rétablissez l'apostrophe si nécessaire.** Unité 41

Séjour à Madrid
– Tu *as passé* (passer) deux mois en Espagne, c'est ça ? Comment ça ....
(se passer) (1) ?
– C'....................................... (être) (2) génial ! Je .... (faire) (3) beaucoup de
progrès en espagnol. Maintenant, je suis bilingue.
– Tu .... (être) (4) inscrite dans une école ?
– Non, je .... (être) (5) fille au pair ; il y .... (avoir) (6) cinq
enfants. Je .... (devoir) (7) parler espagnol parce qu'ils ne ....
(parler) (8) pas français bien sûr. Et puis un jour, les parents .... (remarquer)
(9) une chose : je .... (10) (prononcer) comme une enfant !
– Comment est-ce qu'ils .... (réagir) (11), alors ?
– Ils .... (décider) (12) de me présenter à des jeunes de mon âge.
Ça .... (changer) (13) ma vie !

139

13 **Vous entendez le passé composé, l'imparfait ou le plus-que-parfait ? Cochez.** Unité 42

Les noces d'or de mes grands-parents

	Passé composé	Imparfait	Plus-que-parfait
La famille s'est réunie le week-end dernier.	☑	❑	❑
1	❑	❑	❑
2	❑	❑	❑
3	❑	❑	❑
4	❑	❑	❑
5	❑	❑	❑
6	❑	❑	❑
7	❑	❑	❑
8	❑	❑	❑
9	❑	❑	❑
10	❑	❑	❑

14 **Complétez la forme du participe passé si nécessaire.** Unité 43

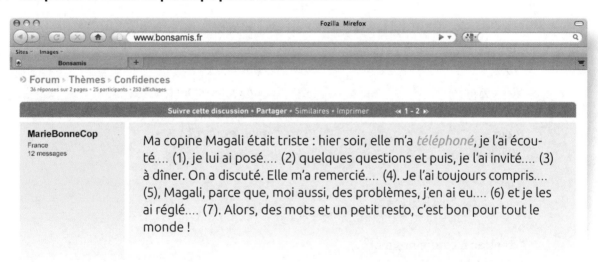

www.bonsamis.fr

Forum › Thèmes › Confidences
36 réponses sur 2 pages • 25 participants • 253 affichages

Suivre cette discussion • **Partager** • Similaires • Imprimer   ‹‹ 1 - 2 ››

MarieBonneCop
France
12 messages

Ma copine Magali était triste : hier soir, elle m'a *téléphoné*, je l'ai écouté.... (1), je lui ai posé.... (2) quelques questions et puis, je l'ai invité.... (3) à dîner. On a discuté. Elle m'a remercié.... (4). Je l'ai toujours compris.... (5), Magali, parce que, moi aussi, des problèmes, j'en ai eu.... (6) et je les ai réglé.... (7). Alors, des mots et un petit resto, c'est bon pour tout le monde !

15 **Complétez la forme du participe passé si nécessaire.** Unité 43

C'est le grand ménage !

Les verres, je les ai lavé*s*.

1 La table en bois, je l'ai ciré..... .
2 Les rideaux, je les ai repassé..... .
3 Mes dossiers, je les ai trié..... .

4 Les lettres, je les ai classé..... .
5 Les livres, je les ai rangé..... .
6 Les vêtements, je les ai empilé..... .
7 La vaisselle, je l'ai essuyé..... .

44 Le futur proche

1 Utilisation

Le futur proche est utilisé pour :
- exprimer un projet :

*L'été prochain, je **vais travailler** dans un restaurant.*
- exprimer un événement immédiat :

*Vite, on **va rater** le train !*

Rentrons vite ! Il **va pleuvoir**.

2 Conjugaison

🎧140 Le futur proche est formé du verbe *aller* conjugué au présent et du verbe à l'infinitif.

	verbe *aller*	verbe à l'infinitif
Je	*vais*	*changer de travail.*
Tu	*vas*	*partir à Bordeaux.*
Il/Elle/On	*va*	*acheter un appartement.*
Nous	*allons*	*vivre en banlieue.*
Vous	*allez*	*rester dans le quartier.*
Ils/Elles	*vont*	*s'installer à la campagne.*

3 Structure de la phrase

Attention à l'ordre des mots :
- avec un verbe pronominal :

Nous allons nous inscrire à la visite guidée.
- dans la phrase négative :
- – verbe simple : *Je **ne** vais **pas** rester ici.*
- – verbe pronominal : *On **ne** va **pas** s'installer en banlieue.*

1 **Associez pour faire des phrases.**

Déménagement

Je   a   va chercher un appartement.
1   Ils   *vais louer un studio.*
2   On   b   allons aller à la banque.
3   Tu   c   vont regarder les petites annonces.
4   Vous   d   vas visiter une maison.
5   Nous   e   allez téléphoner à des agences.

2 **Mettez les mots dans l'ordre pour faire des phrases. Rétablissez les majuscules.**

Un nouveau travail

vais / je / les annonces / lire → *Je vais lire les annonces.*

1   chercher / on / un stage / va → ....
2   le dimanche / elles / travailler / vont → ....
3   vous / écrire / allez / des lettres → ....
4   vont / ils / un CV / envoyer → ....
5   elle / reçue / être / va → ....
6   te / vas / préparer / rapidement / tu → ....
7   nous / allons / présenter / nous → ....

3 **Transformez les phrases à la forme négative comme dans l'exemple.**

Projets

Nous allons partir en vacances. → Vous, vous *n'allez pas partir en vacances.*

1   Je vais me promener. → Elle, elle ....
2   Vous allez vous lever tard. → Moi, je ....
3   On va s'inscrire à la visite guidée. → Toi, tu ....
4   Tu vas dormir dans un hôtel. → Eux, ils ....
5   Elles vont rester deux mois. → Nous, nous ....
6   Il va filmer le voyage. → Vous, vous ....

4 🎧 141 **Complétez avec le futur proche. Écoutez pour vérifier.**

– Manuel et moi, nous *allons aller* dans le sud de la France. Nous ....
(prendre) (1) la voiture et on .... (se balader) (2) dans la région.
– Vous .... (loger) (3) où ?
– On .... (camper) (4), ça .... (ne pas être)
(5) très cher. Et toi ?
– Moi, pendant les vacances, je .... (ne pas bouger) (6), je ....
.... (se reposer) (7), je .... (ne pas se fatiguer) (8) !

5 **À vous ! Parlez de vos projets. Qu'est-ce que vous allez faire ou ne pas faire ?**

Ce soir, *je vais dîner chez des amis* ....
Demain, ...
Le week-end prochain, ...

45 Le futur simple

> Le train n° 341 en provenance de Rouen **aura** dix minutes de retard et **arrivera** au quai n°18 !

1 Utilisation

Le futur simple est utilisé pour parler d'un événement futur dans des situations de communications précises. Le futur exprime souvent une certitude de la part du locuteur.

Il est utilisé pour :

● formuler des prévisions, des prédictions : *Demain, il **pleuvra** dans toutes les régions.*
● faire une promesse, exprimer une résolution : *Je te **téléphonerai** demain à 8 heures.*
● donner une directive, une consigne ou exprimer un refus catégorique : *Vous **prendrez** ce médicament pendant un mois. Je ne **partirai** pas avec toi !*
● indiquer un programme : *Ce voyage **commencera** à Athènes.*

2 Conjugaison

Le futur simple est un temps simple (radical + terminaison). Le radical est l'infinitif. Tous les verbes ont les mêmes terminaisons. *commencer → **je commencerai** ; partir → **je partirai***

 À partir du 1ᵉʳ janvier,

je	changer	**ai**	d'habitudes alimentaires.	nous	marcher	**ons**	une heure par jour.
tu	manger	**as**	moins.	Vous	choisir	**ez**	des produits frais.
il/elle/on	préparer	**a**	des repas légers.	ils/elles	maigrir	**ont**	sûrement.

⚠ Quand l'infinitif du verbe se termine par *e*, on supprime le *e* et on ajoute les terminaisons. *Prendr̶e̶ → Je **prendr**ai le bateau.*

⚠ Cas particuliers pour les verbes en *–er* :
– verbes en *–oyer* et *–uyer* : le *y* devient *i*. *Nettoyer → Tu **nettoi**eras ta chambre.*
– verbes en *–ayer* : il y a deux formes possibles. *Payer → On **paie**ra / On **paye**ra en espèces.*
– verbes en *–eter* et *–eler* : on ne forme pas le futur simple de ces verbes à partir de l'infinitif mais à partir du présent avec *je + r +* terminaisons : *Appeler → Je vous appelle. → Je vous **appeller**ai dans la soirée. Acheter → J'achète. → Nous lui **achèter**ons une tablette.*

⚠ Certains verbes ont un radical irrégulier.

Aller → Il **ir**a	Faire → Nous **fer**ons	Savoir → Tu **saur**as
Avoir → Nous **aur**ons	Falloir → Il **faudr**a	Tenir → Elle **tiendr**a
Courir → Tu **courr**as	Mourir → On **mourr**a	Venir → Je **viendr**ai
Devoir → Elle **devr**a	Pleuvoir → Il **pleuvr**a	Voir → Ils **verr**ont
Envoyer → J'**enverr**ai	Pouvoir → Je **pourr**ai	Vouloir → Elles **voudr**ont
Être → Vous **ser**ez	Recevoir → On **recevr**a	

⚠ Attention à la différence de valeurs entre le futur proche (→ *Unité 44*) et le futur simple !

1 Conjuguez les verbes au futur simple.

    Bonnes résolutions

    Je *dormirai* moins. (dormir)

1 On .... plus. (réfléchir)

2 Ils .... mieux. (manger)

3 Elle .... sa chambre. (nettoyer)

4 Je t'.................. demain. (appeller)

5 Nous .... à l'heure. (arriver)

6 Vous vous .... tôt. (se lever)

7 Tu .... plus de repos. (prendre)

2 Transformez les phrases au futur simple.

    On doit être à l'heure. ➔ *On devra* être à l'heure.

1 Il y a 3 jours de visite. ➔ .... 3 jours de visite.

2 Vous revenez à 18 h. ➔ .... à 18 h.

3 Ils voient beaucoup de monuments. ➔ .... beaucoup de monuments.

4 Je fais le tour de la ville. ➔ .... le tour de la ville.

5 Tu envoies des cartes postales. ➔ .... des cartes postales.

6 On va à la plage. ➔ .... à la plage.

3 Conjuguez les verbes au futur simple.

Science-fiction

    Des robots *travailleront* (travailler) à notre place.

1 On .... (pouvoir) communiquer par télépathie.

2 J' .... (aller) habiter sur une autre planète.

3 Vous .... (être) immortels.

4 Nous .... (allumer) et .... (éteindre) les appareils électriques à distance.

5 Un bracelet .... (dépister) nos maladies.

6 On .... (mettre) deux heures pour aller de Paris à Tokyo.

2057, le monde de demain

4 À vous ! Imaginez un monde de science-fiction...

Nous volerons pour nous déplacer, nos vêtements ....

....

....

5 Conjuguez les verbes au futur simple. Écoutez pour vérifier.

Promesse tenue ?

Elle : Tu *pourras* (pouvoir) passer ce soir ?

Lui : Non, je regrette, je n'.................. (avoir) (1) pas le temps. Et il y a un autre problème. Je ne .... (venir) (2) pas le week-end prochain.

Elle : Tu .... (être) (3) où ?

Lui : Marc et moi, nous .... (devoir) (4) aider des copains à déménager. Mais je .... (faire) (5) tout mon possible pour être libre le week-end suivant et nous .... (aller) (6) où tu .... (vouloir) (7) !

Ah ! Ce n'est pas beau !

Attends ! Tu jugeras quand il **aura terminé** !

1 Utilisation

● Le futur antérieur indique que l'action secondaire (action 2) s'est déroulée avant l'action principale (action 1).

Tu jugeras quand il aura terminé !

    action 1   action 2

● Le verbe de la proposition principale est au futur simple ou à l'impératif.
● L'action secondaire est généralement introduite par une conjonction de temps : *quand*, *lorsque*, *dès que*.
*Tu jugeras **quand** il aura terminé.*
*Appelez-moi **dès que** vous aurez reçu le contrat.*

2 Conjugaison

 Le futur antérieur est un temps composé. Il est formé de l'auxiliaire *avoir* ou *être* au futur simple et du participe passé (pour le choix de l'auxiliaire → *Unités 37 et 38*).

*J'aurai **fini***
*Tu seras **arrivé(e)***
*Il/Elle/On aura **terminé***
*Nous serons **parti(e)s***
*Vous aurez **couru***
*Ils/Elles **se** seront **arrêté(e)s***

⚠ Attention à l'ordre des mots :
● avec un verbe pronominal.
*On continuera quand tu **te** seras excusé(e).*
● dans la phrase négative.
*Je **n'**aurai **pas** fini avant midi.*

1 🎧145 **Écoutez et dites si vous entendez le futur antérieur. Cochez.**

Bons contacts

	Futur antérieur
Il aura répondu.	☑
1	❑
2	❑
3	❑
4	❑
5	❑
6	❑

2 **Conjuguez les verbes au futur antérieur.**

Claire, appelle-moi quand tu *seras arrivée*. (arriver)

1 Prévenez-nous lorsque vous .... une décision. (prendre)

2 Je vous rejoindrai quand j' .... mon travail. (finir)

3 Christian, viens me voir dès que tu .... (se décider)

4 Marie enverra un message lorsque son avion .... (atterrir)

5 On déménagera quand on .... un nouvel appartement. (trouver)

3 **Faites une phrase comme dans l'exemple. Utilisez un futur simple et un futur antérieur selon l'ordre chronologique des actions.**

Nous ferons la fête / J'aurai une promotion (quand) → *Nous ferons la fête quand j'aurai eu une promotion.*

1 Tu passeras deux entretiens / Le DRH te donnera sa réponse / (dès que)

→ ....

2 On enverra les convocations / On choisira la date / (lorsque)

→ ....

3 Ils quitteront l'entreprise / Ils donneront leur démission / (quand)

→ ....

4 Tu obtiendras les informations / On rédigera le rapport / (dès que)

→ ....

4 **Complétez avec le futur simple ou le futur antérieur.**

On *vivra* (vivre) mieux quand les guerres *auront disparu* (disparaître).

1 On .... (respirer) mieux quand la pollution .... (être) éliminée.

2 Quand les chercheurs .... (découvrir) l'origine de ce virus, ils .... (chercher) un vaccin.

3 Les mers .... (redevenir) propres quand elles .... (être) nettoyées.

5 **À vous ! Complétez cette phrase avec des verbes au futur antérieur.**

Je serai totalement heureux(se) lorsque *j'aurai résolu tous mes problèmes* ....

....

1 Conjuguez les verbes au futur proche. Unité 44

On n'a pas le temps !

Vite, on *va manquer* le début du spectacle ! (manquer)

1   Dépêchez-vous, les portes .... (fermer)
2   Regarde, il .... (pleuvoir)
3   Habillez-vous, vous .... en retard ! (être)
4   Une minute, elle .... une autre jupe ! (essayer)
5   Attends-moi, je .... (payer)
6   Viens, nous .... à table ! (se mettre)

2 Mettez les mots dans l'ordre pour faire des phrases. Unité 44

Formation – emploi

de commerce / faire / Je / des études / vais → *Je vais faire des études de commerce.*

1   renseigner / va / On / se → ....
2   allons / un stage / Nous / demander → ....
3   Ils / ne / pas / dans cet institut / rester / vont → ....
4   allez / votre candidature / présenter / Vous → ....
5   vas / ne / Tu / de temps libre / pas / avoir → ....
6   suivre / Je / une bonne formation / vais → ....

3 Complétez avec le futur proche. Attention à la forme négative ! Unité 44

Tout de suite ?

– Vous partez bientôt ? – Oui, nous *allons partir* la semaine prochaine.

1   – Ils déménagent quand ? – Ils .... le mois prochain.
2   – Tu t'inscris en janvier ? – Non, je crois que je .... en janvier.
3   – Vous vous mariez bientôt ? – Oui, on .... l'hiver prochain.
4   – Tu travailles cet été ? – Non, je .... cet été.
5   – Elles prennent quel avion ? – Elles .... le vol de 17 h.
6   – Il s'entraîne tous les soirs ? – Oui, mais il .... ce soir, il ne peut pas.

4 Retrouvez l'infinitif et écrivez la forme du futur simple. Unité 45

J'accepte – *Accepter* – *J'accepterai*

1   Tu demandes – .... – ....
2   On obéit – .... – ....
3   Ils entendent – .... – ....
4   Elles croient – .... – ....
5   Nous rions – .... – ....
6   Je réponds – .... – ....

5 Soulignez la forme du futur simple. Unité 45

Nous *ouvrons* / *ouvrirons*.

1   Vous *courrez* / *courez*.
2   Vous *traduisez* / *traduirez*.
3   Vous *jouez* / *jouerez*.
4   Nous *amènerons* / *amenons*.
5   Vous *apprendrez* / *apprenez*.
6   Nous *servirons* / *servons*.
7   Nous *louons* / *louerons*.
8   Vous *suivrez* / *suivez*.
9   Nous *offrirons* / *offrons*.

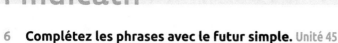

8. Les verbes au futur de l'indicatif

6 **Complétez les phrases avec le futur simple.** Unité 45

Je *serai* le roi du monde ! (être)
1   Tu .... tout ! (savoir)
2   J'.. le premier prix ! (obtenir)
3   On .... un homme sur la planète Mars ! (envoyer)
4   Il .... tout réinventer ! (falloir)
5   Nous .... guérir toutes les maladies ! (pouvoir)
6   Les gens .... tous centenaires ! (mourir)

146 **7** **Choisissez le verbe qui convient et conjuguez au futur. Écoutez pour vérifier.** Unité 45

être – aller – venir – passer – repeindre – ~~faire~~ – rester
– Qu'est-ce que vous *ferez* cet été ? Où vous .... (1) vos vacances ?
– Nous .... (2) très probablement au bord de la mer comme d'habitude. Et toi ?
– Moi, je .... (3) à la maison. Je .... (4) la cuisine.
– Tu .... (5) seul ?
– Non, des amis .... (6) m'aider.

8 **Complétez avec le futur proche (questions) ou le futur simple (réponses).** Unités 45 et 46

C'est sûr !
       – Tu vas lui dire ? – Non, je *ne lui dirai pas* !
1   – Il va essayer ? – Non, pas lui, il .... !
2   – Elle .... avec vous ? – Non, elle, elle ne partira pas avec nous !
3   – Vous allez les appeler ? – Non, sûrement pas, nous .... !
4   – Tu .... ton ami ? – Non, je ne le reverrai pas !
5   – On va tout payer ? – Non, on .... certainement pas tout.

9 **Transformez les phrases comme dans l'exemple.** Unités 45 et 46

D'abord, tu lis la critique, puis tu vas voir le film. → Tu *iras voir* le film quand tu *auras lu* la critique.
1   On va chez le médecin et après on passe à la pharmacie.
    → On .... à la pharmacie quand on .... chez le médecin.
2   Pour commencer, il trouve une recette, ensuite il prépare le gâteau.
    → Il .... le gâteau quand il .... une recette.
3   J'éteins la lumière et ils s'endorment.
    → Ils .... quand j' .... la lumière.
4   Vous envoyez votre réponse et nous prenons une décision.
    → Nous .... une décision quand vous .... votre réponse.
5   Ils obtiennent un crédit et ils s'achètent un appartement.
    → Ils .... un appartement quand ils .... un crédit.
6   Tout le monde s'assoit et il commence son discours.
    → Il .... son discours quand tout le monde ....

47 La comparaison avec un adjectif ou un adverbe

1 Utilisation

Pour comparer des personnes, des choses, des actions, des qualités, on utilise les formes du comparatif avec un adjectif, un adverbe, un nom ou un verbe. Les expressions de comparaison indiquent la supériorité (>), l'infériorité (<) ou l'égalité (=).

Alors vous quittez Paris ?

Oui, on va à Strasbourg. Les appartements sont **moins** chers, la ville est **plus** petite et on y vit **aussi** bien !

2 Formes avec un adjectif et un adverbe

Les formes du comparatif sont les mêmes pour les adjectifs et les adverbes.
On utilise la conjonction *que/qu'* pour relier les deux termes de la comparaison.

● Avec un adjectif

Supériorité >		*plus petite que*	
Infériorité <	*La ville de Strasbourg est*	*moins chère que*	*Paris.*
Égalité =		*aussi jolie que*	

⚠ Les formes ~~plus bon(ne)(s)~~ sont incorrectes ; on utilise **meilleur(e/s/es)**. *Dans notre nouveau quartier, il y a un **meilleur** lycée.*
⚠ On peut dire **plus mauvais** ou **pire**. *Ici, il y a de la pollution mais, dans ma ville, c'est **pire**.*

● Avec un adverbe

Supériorité >		*plus vite qu'*	
Infériorité >	*À Paris, on parle*	*moins vite qu'*	*à Strasbourg.*
Égalité =		*aussi vite qu'*	

⚠ La forme ~~plus bien~~ est incorrecte ; on utilise **mieux**. *Je me sens **mieux** à Strasbourg.*

Quand on compare des personnes, on utilise souvent le pronom tonique dans la seconde partie de la comparaison. *Ils parlent moins vite que **toi**.*

3 Prononciation

 Avec **plus** et **moins**, on fait la liaison avec un adjectif ou un adverbe qui commencent par une voyelle ou un *h* muet.
La ville est plus agréable et pas moins intéressante.

EXERCICES

1 **Faites des phrases au comparatif. Rétablissez l'apostrophe si nécessaire.**

(loyer moyen – cher – Paris : 29 € le m² / Strasbourg : 13 € le m²)
Le loyer moyen est *plus cher* à Paris *qu'*à Strasbourg.

1 (population – élevée – Aix-en-Provence : 226 000 / Brest : 141 000)
La population est .... à Aix en Provence .... à Brest.

2 (longue – la Seine : 776 km / la Loire : 1012 km)
La Seine est .... la Loire.

3 (hautes – les Pyrénées : 3404 m / les Alpes : 4810 m)
Les Alpes sont .... les Pyrénées.

4 (trajet – longtemps – Paris Aix en Provence : 3h 30 / Paris Clermont Ferrand : 3 h 30)
Le trajet Paris - Aix en Provence dure .... le trajet Paris – Clermont Ferrand.

 2 **Entendez-vous *mieux* ou *meilleur* ? Écoutez et cochez.**

	meilleur(e/s/es)	mieux
Cette recette est meilleure, non ?	☑	❏
1	❏	❏
2	❏	❏
3	❏	❏
4	❏	❏
5	❏	❏
6	❏	❏
7	❏	❏

3 **Associez.**

Comment allez-vous ?

Je me sens
1 Ma santé est
2 Mon appétit est
3 Je respire
4 Les résultats de mes analyses sont
5 Mes nuits sont
6 Je dors

a meilleures
b *mieux*
c meilleure
d meilleurs
e meilleur

que le mois dernier.

4 **Mettez les mots dans l'ordre pour faire des phrases. Rétablissez l'apostrophe si nécessaire.**

l'autre / aussi / est / Cette omelette / que / bonne *Cette omelette est aussi bonne que l'autre.*

1 avant / salée / Ma sauce à la crème / moins / que / est ....

2 prépare / vite / vous / aussi / On / que / les repas ....

3 le café italien / Le café espagnol / moins / ne / que / est / pas / fort ....

4 sont / que / meilleurs / les produits industriels / Les produits bio ....

5 cher / Les fast-foods / moins / les restaurants / que / coûtent ....

5 **À vous ! Comparez un restaurant fast-food et un restaurant traditionnel de votre région ou de votre ville.**

Dans un fast-food, les plats sont moins variés que dans un restaurant traditionnel ....

La comparaison avec un nom ou un verbe

À Paris, il y a **moins de** lignes de métro **que de** bus, mais le métro transporte **plus de** voyageurs. On dit que le métro ne pollue pas **autant que** les bus.

1 Utilisation

Pour comparer des quantités, on utilise des noms ou des verbes.

2 Formes avec un nom ou un verbe

● Avec un nom

Supériorité >	Le métro transporte **plus de** voyageurs **que** les bus.
Infériorité <	Il y a **moins de** bus **que de** voitures.
Égalité =	Les métros font **autant de** bruit **que** les trains.

Pour indiquer l'identité, on peut aussi utiliser l'adjectif *le/la/les même(s)*.
*Je prends **le même** bus **que** ma voisine.*
*On a **les mêmes** tickets dans le métro et dans le bus.*

● Avec un verbe

Supériorité >	Les voitures polluent **plus que** le métro.
Infériorité <	Le métro pollue **moins que** les bus.
Égalité =	Les métros polluent **autant que** les trains.

Pour indiquer une égalité, on peut utiliser *comme*. *Il fait **comme** moi.*

● Quand on fait des comparaisons qui concernent des personnes, on utilise souvent le pronom tonique dans la seconde partie de la comparaison. *Je déteste le métro **autant que toi**.*

3 Prononciation

 Plu(s) ou *plus* ? En français courant, on prononce généralement le *s* : *À pied, je mets plu**s** de temps. Ça pollue plu**s**. Les voitures polluent plu**s** que le métro.*

150 **1** **Entendez-vous *autant* ou *autant de* ? Cochez.**

	On entend *autant*	On entend *autant de/d'*
Je prends autant l'avion que vous.	☑	❏
1	❏	❏
2	❏	❏
3	❏	❏
4	❏	❏
5	❏	❏
6	❏	❏
7	❏	❏

2 **Complétez les phrases.**

Circulation automobile

Avant, il y avait

   des accidents ;

1 des contraventions ;

2 des embouteillages ;

3 du bruit ;

4 des radars ;

5 des excès de vitesse ;

6 de la pollution ;

De nos jours, il y a

(−) *moins d'*accidents ;

1 (+) .... contraventions ;

2 (=) .... embouteillages ;

3 (−) .... bruit ;

4 (+) .... radars ;

5 (−) .... excès de vitesse ;

6 (=) .... pollution ;

3 **Faites des phrases comme dans l'exemple.**

Nouveau job

   Tu participes à des réunions / + / elle ➜ *Tu participes à plus de réunions qu'elle.*

1 On gagne de l'argent / = / eux ➜ ....

2 Tu as des responsabilités / – / moi ➜ ....

3 Ils travaillent / = / vous ➜ ....

4 Nous prenons des congés / – / lui ➜ ....

5 Elle fait des heures supplémentaires / + / nous ➜ ....

4 **Mettez les mots dans l'ordre pour faire des phrases. Rétablissez l'apostrophe si nécessaire.**

Études et formation

   formation / moi / même / Il / que / a suivi / la ➜ *Il a suivi la même formation que moi.*

1 comme / Les évaluations / pas / sont / avant / ne ➜ ....

2 mêmes / elle / On / cours / les / a / que ➜ ....

3 avez / eux / même / Vous / que / expérience / la ➜ ....

4 veut / vous / réussir / Elle / comme ➜ ....

5 **À vous ! Comparez la vie d'une personne en formation et celle d'une personne qui a un emploi.**

Quand on est en formation, on a autant de travail mais on a moins de responsabilités.

Quand on a un emploi, on a moins de ....

Le superlatif

France 3	M6	M6	France 2
20h30 **La plus** belle région de France	18h00 Les maisons **les plus** originales	20h30 **Le meilleur** pâtissier de France	20h30 **Le plus** grand cabaret du monde

1 Utilisation

Le superlatif exprime le degré maximum ou le degré minimum d'une intensité, d'une quantité ou d'une qualité.
*C'est **le meilleur** pâtissier de France.* (= il n'y a pas de pâtissier meilleur que lui.)
*C'est l'émission qui a **le plus de** spectateurs.* (= les autres émissions ont moins de spectateurs.)

2 Formes

● Le superlatif est utilisé avec un adjectif, un adverbe, un nom ou un verbe. Il est formé de l'article défini *le*, *la*, *les* et des formes de comparaison avec *plus* ou *moins*.

Avec un adjectif	*C'est la région **la moins** visitée.*
Avec un adverbe	*C'est l'émission qui dure **le plus** longtemps.*
Avec un nom	*C'est la région où il y a **le plus de** soleil.*
Avec un verbe	*C'est la région où il pleut **le moins**.*

● Le complément du superlatif est introduit par *de/de la/de l'/du/des*.
***La plus** belle région **de** France. **Le plus** grand cabaret **du** monde.*

3 Remarques

⚠ Pour les adjectifs placés derrière le nom (→ Unité 19), on répète l'article défini *le*, *la*, *les*.
*C'est **le** programme **le moins** intéressant de la soirée.*
Quand l'adjectif est placé devant le nom, il y a deux possibilités :
*C'est la région **la plus belle** de France. C'est **la plus belle** région **de** France.*

⚠ Les formes *le plus bon*, *le plus bien* sont incorrectes ; on utilise *le/la/les meilleur(e/s/es)*
et *le mieux*. *Ce cuisinier est **le meilleur**. C'est lui qui cuisine **le mieux**.*

⚠ Pour insister sur un aspect très négatif, on utilise *le/la/les pire(s)*.
*C'est **la pire** émission **de** la semaine.*

4 Prononciation

🎧151 Quand *plus* est le dernier mot de la phrase, on prononce généralement le *s*.
*C'est le programme qui intéresse le plu**s** !* (→ Annexe 8)

EXERCICES

1 **Faites des phrases comme dans l'exemple.**

Maisons originales

la décoration / originale (–) → C'est la *décoration la moins originale.*

1   la forme / moderne (+) → C'est ....

2   le jardin / exotique (+) → C'est ....

3   les meubles / traditionnels (–) → Ce sont ....

4   les objets / courants (–) → Ce sont ....

5   la terrasse / agréable (+) → C'est ....

6   le chauffage / polluant (–) → C'est ....

2 **Mettez les mots dans l'ordre pour faire des phrases.**

Commentaires touristiques

de la ville / plus / Voici / monument / vieux / le → *Voici le plus vieux monument de la ville.*

1   qu'il y a / visiteurs / C'est en hiver / moins / le / de → ....

2   connu / le / Je cherche / le site touristique / plus → ....

3   moins / C'est / pollue / le transport / le / qui → ....

4   la / intéressante / la / C'est / visite / plus → ....

5   meilleurs / tes / souvenirs / Ce sont → ....

6   du séjour / repas / On vient de faire / moins / le / bon → ....

7   je m'amuse / le / que / C'est ici / mieux → ....

3 **Transformez avec le superlatif comme dans l'exemple. Écoutez pour vérifier.**

🎧 152

Qualités *vs* défauts

Il a beaucoup de qualités. → C'est lui qui *a le plus de qualités.*

1   Ils ne sont pas courageux. → Ce sont eux qui ....

2   Vous avez un mauvais caractère. → C'est vous qui ....

3   Tu n'aides pas beaucoup. → C'est toi qui ....

4   Vous avez de bonnes idées. → C'est vous qui ....

5   Elles n'ont pas beaucoup de défauts. → Ce sont elles qui ....

6   Tu mens beaucoup. → C'est toi qui ....

4 **Écrivez les questions comme dans l'exemple.**

sommet / (+) élevé / monde → *Quel est le sommet le plus élevé du monde ?*

1   continent / (+) vaste / monde → .... ?

2   région / (–) chère / France → .... ?

3   fleuve / (+) long / Afrique → .... ?

4   endroit / (–) peuplé / Russie → .... ?

5   ville / (+) cosmopolite / planète → .... ?

5 **À vous ! Posez des questions sur d'autres records.**

Quelle est la boisson la plus consommée du monde ? ....

Quel est le vêtement le plus porté ? ....

1 **Associez les phrases qui ont la même signification.** Unité 47

> *Elle est plus gaie.*
1 Nous sommes moins lents.
2 On est aussi bêtes.
3 Vous êtes moins égoïstes.
4 On est plus amusants.
5 Nous sommes moins heureux.
6 Elle est aussi sympathique.
7 Vous êtes plus compliqués.
8 Elle est plus optimiste.

a Vous êtes plus généreux.
b On est plus drôles.
c Elle est aussi agréable.
Elle est moins triste.
d Vous êtes moins simples.
e On est aussi idiots.
f Elle est moins pessimiste.
g Nous sommes plus rapides.
h Nous sommes moins contents.

2 **Faites des phrases. Attention aux accords des adjectifs !** Unité 47

> Je suis (+ mince) / mon cousin. Je suis *plus mince que mon cousin.*
1 Ma copine est (= blond) / ma sœur. Ma copine est ....
2 Sa fille est (– grand) / toi. Sa fille est ....
3 Mes cousins sont (+ bronzé) / vous. Mes cousins sont ....
4 Mon oncle est (– sportif) / ses filles. Mon oncle est ....
5 Elle est (+ petit) / sa grand-mère. Elle est ....
6 Tes cousines (= brun) / leur père. Tes cousines sont ....
7 Je suis (+ maigre) / mon père. Je suis ....

3 **Complétez avec *meilleur* ou *mieux*. Attention à l'accord de *meilleur* !** Unité 47

Évolution du climat

> L'air est *meilleur*.
1 On respire ....
2 Les températures sont ....
3 On se sent ....
4 Ils vivent ....
6 Les prévisions sont ....
7 L'atmosphère est ....

4 **Faites des phrases. Écrivez les deux réponses possibles. Attention à l'accord des adjectifs !**
Unité 47

Le saviez-vous ?

grand   vite   haut   ~~étendu~~   ancien

1er arrondissement, 83 km² – 20e arrondissement, 98 km²
Le 1er arrondissement est *moins étendu que le 20e arrondissement. / Le 20e arrondissement est plus étendu que le 1er arrondissement.*
1 Napoléon Ier 1,68 m – Charles de Gaulle 1,96 m
Napoléon était ....
2 90 km/h sur une route – 130 km/h sur une autoroute
On roule ....
3 La tour Eiffel : 301 m – La tour Montparnasse : 209 m
La tour Eiffel est ....
4 La cathédrale Notre-Dame : presque 700 ans – Le Pont Neuf : 400 ans
La cathédrale Notre-Dame est ....

5 **Complétez avec *plus* ou *plus de*, *moins* ou *moins de*, *autant* ou *autant de*. Rétablissez l'apostrophe si nécessaire.** Unité 48

Mangez (+) *plus de* fruits et légumes, (–)................. viande (1) et (–)................ œufs (2), pas (=)................ sucre (3) et pas (=)................ aliments (4) industriels. Ne restez pas (=)................ (5) devant le téléviseur ou l'ordinateur, déplacez-vous (+)................ (6) à pied, fumez (–) .... (7). Faites (+)................ sport (8), (+)................ activités (9) physiques, et aussi buvez (+)................ eau (10). Et beaucoup d'autres choses encore…

6 **Transformez les phrases. Attention aux formes irrégulières du comparatif !** Unité 48

1 J'ai du travail et donc je n'ai pas beaucoup de temps. (plus – moins)
→ J'ai *plus de* travail et donc j'ai ....
2 Tu as des amis et donc tu ne sors pas autant. (moins – moins)
→ Tu as .... et donc tu sors ....
3 On voyage parce qu'on a de l'argent. (plus – plus)
→ On voyage .... parce qu'on a ....
4 Il n'y a pas de bruit et donc, ils dorment bien. (pas autant – plus)
→ Il n'y a .... et donc ils dorment ....
5 Vous avez des vacances et donc vous vous reposez. (plus – plus)
→ Vous avez .... et donc vous vous reposez ....

7 **Complétez avec *le/la/les même(s)* ou *comme*.** Unité 48

– Tu es différente de ta sœur ou tu as *le même* caractère qu'elle ?
– Elle n'est pas .... (1) moi. On n'a pas .... (2) goûts : moi, je suis
.... (3) notre mère.
– Mais vous avez suivi .... (4) formation, si je me souviens bien ?
– Oui. Mais on n'est pas allées dans .... (5) université. Elle, elle a étudié à l'étranger.
– Et ça ne donne pas .... (6) CV.
– Et pas du tout .... (7) salaire !!

153 **8** **Soulignez la forme correcte du superlatif. Écoutez pour vérifier.** Unité 49

Aujourd'hui, promotions spéciales
Venez nous voir au rayon vêtements. Vous découvrirez les modèles *les plus* / *plus* récents de la saison d'hiver. Les manteaux *le plus* / *les plus* confortables (1), les accessoires *le mieux* / *les plus* pratiques (2) et *les moins* / *les plus* fragiles (3), le design avec *la meilleure* / *le plus* d'originalité (4). Pour vous satisfaire *le mieux* / *les meilleurs* (5) possible, nous vous offrons une garantie. Vous trouverez *la mieux* / *la meilleure* qualité (6) aux *meilleurs* / *mieux* prix (7).

9 **Choisissez le mot qui convient.** Unités 47 à 49

| ~~plus~~ | les mêmes | aussi | mieux | moins de | moins | pas autant de | les moins |

Voyager en train ou en voiture ?
Bien sûr, la voiture est *plus* pratique, mais on a .... (1) place pour les jambes. On peut s'arrêter .... (2) souvent qu'on veut. En train, on n'a .... (3) liberté mais c'est .... (4) dangereux. Moi, je suis .... (5) dans le train et je sais que les tarifs ne sont pas toujours .... (6), alors je prends les billets .... (7) chers.

50 L'expression du temps : moment précis ou habitude

1 Utilisation

On utilise des expressions de temps pour indiquer le moment précis d'une action ou pour parler d'une habitude.

2 Formes

● Pour indiquer un moment précis

une heure	**à**	Il arrive **à** 9 heures.
un jour	nom sans article	Nous avons une réunion importante **lundi**.
une date	**le**	On est **le** 25 mai.
un mois, une année	**en**	On est **en** mars, **en** 2015.
une saison	**au** ou **en**	Il fait généralement chaud **au** printemps et **en** été. Il pleut souvent **en** automne. Il neige **en** hiver.
un siècle	**au**	Nous sommes **au** 21ᵉ siècle.

● Pour préciser une période liée au moment où l'on parle, on utilise l'adjectif démonstratif **ce, cet, cette, ces**.
J'ai eu beaucoup de rendez-vous **ce** matin/**cet** après-midi/**cette** semaine/**ces** jours-ci.

● Pour indiquer une habitude, on utilise les articles **le, la, l', les** avec les jours de la semaine et les moments de la journée. **Le** samedi, je vais à la piscine. Je ne travaille pas **la** nuit. J'ai beaucoup de réunions **l'**après-midi. Je travaille souvent **les** jours fériés.

3 Prononciation

 On fait la liaison avec **en** devant les mois ou les saisons qui commencent par une voyelle ou un *h* muet : *en avril, en août, en octobre, en été, en automne, en hiver.*

EXERCICES

1 Ces phrases indiquent-elles un moment précis ou une habitude ? Cochez.

	moment précis	habitude
Le samedi, je travaille beaucoup.	❏	☑
1 Mardi, on reste à la maison.	❏	❏
2 Tu vas à la campagne dimanche ?	❏	❏
3 Le soir, Jean n'est pas libre.	❏	❏
4 Ce soir, nous allons au cinéma.	❏	❏
5 Le matin, vous vous réveillez tôt.	❏	❏
6 Le dimanche, je me lève tard.	❏	❏
7 Mes amis arrivent cette semaine.	❏	❏

2 Soulignez la forme correcte.

Ouverture des bureaux <u>*à*</u> / *en* 13 h *au* / <u>*le*</u> 1er février.

1 Bureau fermé *en* / *le* 21 avril.
2 Entrée gratuite de l'exposition *le* / *à* mercredi.
3 Opéra : fermeture *au* / *en* août.
4 Parc de loisirs : ouverture *au* / *à* 10 h *le* / *en* été.
5 Spectacle au musée du Cheval : *le* / *à* 20 h.
6 Journées du Patrimoine : *au* / *en* automne, *en* / *au* septembre.

3 Barrez l'intrus.

Activités professionnelles

Je commence *à* / ~~le~~ 8 heures.

1 Il fait un stage *à* / *cet* été.
2 Il n'a pas de réunion *au* / *le* matin.
3 Elle change de travail *le* / *en* 15 mars.
4 Vous signez un contrat *au* / *en* février.
5 On termine tôt *à* / *le* soir.
6 Tu ne travailles pas *en* / *ce* mercredi ?

🎧155 4 Complétez avec *en, le, au* ou *à*. Écoutez pour vérifier.

Ils ont rendez-vous *le* 1er juin *à* 14 heures.

1 – On est quel jour ? – On est .... 21 mars, on est .... printemps !
2 Notre train arrive .... 14 avril .... 15 h 17.
3 – Tu es en vacances .... août ? – Non, ... septembre.
4 – Vous partez .... été ? – Oui, ... juillet.
5 Je fais du ski .... hiver, pas .... automne.
6 Elle est née .... 20e siècle, ... 1999, ... 31 décembre.

5 À vous ! Parlez de vos activités de loisirs avec des expressions de temps.

Généralement, je joue au tennis le dimanche matin, à 10 heures. ....

....

....

....

51 L'expression du temps : *il y a, dans, depuis, pour, pendant, en, à partir de, jusqu'à*

1 Utilisation

Pour situer une action dans le temps (passé, présent ou futur), on utilise différentes expressions.

Ces expressions indiquent qu'une action est terminée ou qu'elle n'est pas terminée ou qu'elle n'a pas commencé. Elles peuvent aussi indiquer la durée, le début, la fin d'une action.

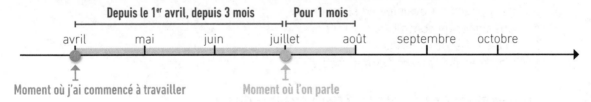

Amours toujours

Ils se sont rencontrés **il y a** 40 ans. Ils sont mariés **depuis** 35 ans. Ils veulent rester ensemble encore **pour** longtemps ! Comment font-ils ?

▷ Lisez notre enquête page 8

2 *Il y a, dans, depuis, pour*

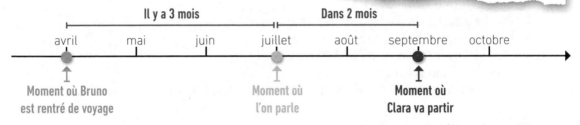

- *Il y a* indique la durée entre une action terminée et le moment où l'on parle. Avec *il y a*, le verbe est conjugué au passé composé. *Bruno est rentré de voyage **il y a** 3 mois.*
- *Dans* indique la durée entre le moment où l'on parle et une action future. Le verbe est conjugué au présent ou au futur. *Clara va partir **dans** deux mois.*

- *Depuis* indique qu'une action n'est pas terminée au moment où l'on parle. *Depuis* indique :
– le point de départ d'une action. *Je travaille **depuis** le 1er avril.*
– la durée entre le début d'une action et le moment où l'on parle. *Je n'ai pas travaillé **depuis** trois mois.*
Généralement, *depuis* est utilisé avec le présent ou le passé composé négatif.
- *Pour* indique le temps que va durer une action à partir du moment où l'on parle. Le verbe est conjugué au présent, au passé ou au futur. *Clara va partir **pour** un mois.*

3 *Pendant, en, à partir de, jusqu'à*

- *Pendant* indique la durée d'une action. *Pendant les vacances, je me repose.*
- *En* indique la durée nécessaire pour faire une action. *Je vais au travail **en** une demi-heure.*
- *À partir de* indique le début d'une action. *Le magasin ouvre **à partir du** 1er décembre.*
- *Jusqu'à* indique la fin d'une action. *Hier soir, j'ai travaillé **jusqu'à** minuit.*
Avec les mois, les saisons et les années, on utilise *jusqu'en*. *Il va partir **jusqu'en** mai.*
Avec ces expressions, le verbe est conjugué au présent, au passé ou au futur.

1 **Choisissez la réponse correcte.**

Séjour à l'hôpital

	Action terminée	Action pas terminée	Action pas commencée
Elle a eu un accident il y a trois jours.	☑	❑	❑
1 Il passe une radio dans deux heures.	❑	❑	❑
2 L'infirmière est dans la chambre depuis un quart d'heure.	❑	❑	❑
3 Il est à l'hôpital pour un mois.	❑	❑	❑
4 Le médecin vous a appelé il y a cinq minutes.	❑	❑	❑
5 Tu vas sortir de l'hôpital dans une semaine.	❑	❑	❑
6 Le malade dort depuis quelques minutes.	❑	❑	❑

2 **Choisissez l'expression qui convient et complétez les informations.**

depuis   ~~pendant~~   à partir du   jusqu'en   à partir de   jusqu'à

Interdit de traverser la piste *pendant* la course.

1 Ouverture du gymnase .... 1ᵉʳ juin prochain.

2 Salle fermée .... la fin des travaux.

3 Inscriptions ouvertes .... le 3 mai.

4 Nouveaux horaires des matches .... septembre.

5 Travaux .... juillet.

 156

3 **Soulignez l'expression correcte. Écoutez pour vérifier.**

À la piscine

Il a commencé la natation *il y a* / *dans* 10 ans.

1 On s'entraîne *depuis* / *il y a* six mois.

2 Vous pouvez nager *jusqu'au* / *pendant* deux heures.

3 Elle a appris à nager *en* / *dans* cinq heures.

4 Elle fait du water-polo *il y a* / *depuis* un an.

5 Ils vont avoir une course *dans* / *en* trois semaines.

6 Tu as arrêté la compétition *jusqu'à* / *il y a* deux mois.

7 Il a rejoint l'équipe *pour* / *à partir* de trois ans.

4 **À vous ! Parlez des activités sportives que vous pratiquez et donnez des précisions en utilisant des expressions de temps comme dans l'exercice 3.**

J'ai pratiqué le ski pendant 5 ans. ....

157

5 **Complétez les phrases avec l'expression de temps qui convient. Écoutez pour vérifier.**

~~depuis~~   à partir de   en   il y a   pendant

– Vous avez mal *depuis* longtemps ?

– Oui, ça a commencé .... (1) 6 jours ! J'ai pris des médicaments mais j'ai toujours aussi mal !

– Vous ne pouvez pas guérir .... (2) une semaine ! Prenez ce calmant .... (3) ce soir et .... (4) un mois.

– D'accord.

1 **Complétez avec *en*, *le* ou *à*.** Unité 50

Des moments importants

Mon anniversaire : 14 juillet → Mon anniversaire : *en* juillet, *le* 14.

1   Mon permis de conduire : 29 avril 1991 → .... avril, ... 1991, ... 29.
2   Notre déménagement : juin 2000 → .... juin, ... 2000.
3   Notre mariage : 9 février 1999 → .... 9, ... février, ... 1999.
4   Mon accident : 11 h, 4 janvier → .... 11 heures, ... janvier, ... 4.
5   Son départ à la retraite : 15 décembre → .... décembre, ... 15.
6   La signature de mon 1er contrat : 2/03/1997 → .... 2, ... mars, ... 1997.
7   La mort de mon grand-père : 6 août, 10 h → .... août, ... 6, ... 10 h.

 2   **Entendez-vous une habitude ? Cochez.** Unité 50

Distractions

Il va en discothèque le samedi.   ☑
1   ❑
2   ❑
3   ❑
4   ❑
5   ❑
6   ❑

3   **Soulignez la forme correcte.** Unité 50

Nos copains et nous

En général, nous, on travaille <u>le</u> / *au* matin. Eux, ils travaillent *le* / *au* (1) soir et *la* / *en* (2) nuit. Mais, exceptionnellement, *cette* / *à* (3) semaine, c'est le contraire. Nous, on va se coucher *à* / *en* (4) minuit, et eux, ils vont partir au travail *les* / *à* (5) 7 h du matin. Mais *ce* / *en* (6) week-end, nous partons tous ensemble au ski !

4   **Choisissez la forme correcte.** Unités 50 et 51

| il y a | depuis | pendant | ~~où~~ |

La famille Dumas : nous avons acheté cette maison bretonne *en* 2005, ... (1) dix ans, mais nous avons voyagé .... (2) 4 ans. .... (3) notre retour, nous l'habitons.

| dans | depuis | en | pour |

Sébastien Durand : .... (4) vingt ans, je n'ai pas quitté la région où je suis né, mais .... (5) quelques jours, je vais partir .... (6) plusieurs semaines. Des amis en Bretagne m'ont demandé de les aider à refaire leur maison. Ce sera fait .... (7) combien de temps ? Je ne sais pas.

5 **Associez. La phrase donne-t-elle une information sur le moment (*quand*) ou la durée (*combien de temps*) ?** Unités 50 et 51

> *Je viens te chercher cet après-midi.*

1 On les attend depuis trois quarts d'heure.
2 Nous en avons pour dix minutes.
3 Appelez-moi la semaine prochaine.
4 Ils rentrent dans deux jours.
5 Vous serez absent pendant une semaine.
6 Elle m'accompagne ce soir.
7 J'y suis en une demi-heure.

a Quand ?
b Combien de temps ?

6 **Faites des phrases en utilisant les expressions données.** Unité 51

Un vrai sportif !
(Il y a) : Il est midi. Il est parti à 9 heures. → *Il est parti il y a 3 heures.*
1 (Pendant) : Il a commencé à marcher à 10 h, il a arrêté à 16 h.
→ Il a marché ....
2 (Jusqu'à) : Il s'entraîne 4 heures. Il commence à 7 h.
→ Il s'entraîne ....
3 (À partir de) : Il va à la piscine. Il commence le 12 juin.
→ Il va aller à la piscine ....
4 (Il y a) : Il s'est inscrit le 1er avril. On est le 5 avril.
→ Il s'est inscrit ....
5 (Dans) : Il change de club en décembre. On est en mai.
→ Il va changer de club ....
6 (En) : Il a commencé en 2005. Il est devenu professionnel en 2015.
→ Il est devenu professionnel ....

7 **Soulignez la forme qui convient.** Unités 50 et 51

Raymond Berthillon était glacier. Il est né <u>le</u> / *à* 9 décembre 1923. Il a commencé à travailler *en* / *dans* (1) 1940. *Depuis* / *Pendant* (2) 3 ans, *jusqu'à* / *pour* (3) l'âge de 30 ans, il a été boulanger. *À partir de* / *Il y a* (4) 1954, il a commencé à fabriquer des glaces d'excellente qualité. *Au* / *Le* (5) matin, il allait aux Halles acheter ses produits. *En* / *Jusqu'à* (6) 5 ans, il est devenu célèbre. Les Parisiens et les touristes connaissent bien son nom. *Pour* / *Depuis* (7) 1961, le magasin Berthillon est classé dans le guide *Gault et Millau*. Raymond Berthillon est mort *dans* / *en* (8) août 2014.

159 **8** **Complétez les phrases avec l'expression qui convient. Écoutez pour vérifier.** Unité 51

depuis   il y a   en   pendant   dans   ~~depuis~~

– On ne s'est pas vus *depuis* longtemps ! Tu sembles en pleine forme maintenant !
– Oui, comme tu le sais, j'ai eu un gros problème de santé .... (1) un an et demi .... (2) six semaines, j'ai été à l'hôpital.
– Et tu dois y retourner ?
– Oui, ... (3) une semaine pour des contrôles. .... (4) quelques mois, j'ai un traitement.
– C'est super ! .... (5) peu de temps, tu vas vraiment mieux !

52 Les pronoms toniques

C'est **toi**, Stéphane ?

Non, ce n'est pas **moi** ;
Stéphane, c'est **lui**. **Moi**, c'est Jérôme.

1 Formes

Pronom sujet	Pronom tonique	
je	**moi**	– Qui est là ? – **Moi** !
tu	**toi**	Je suis français. Et **toi** ?
il	**lui**	Stéphane, c'est **lui** !
elle	**elle**	Il habite chez **elle**.
on	**nous**	– Vous êtes suisses ? – Non, **nous**, on est belges.
nous	**nous**	Tu aimes Paris ? **Nous** aussi !
vous	**vous**	J'ai un message pour **vous**.
ils	**eux**	Tu travailles avec **eux** ?
elles	**elles**	Ces valises sont à **elles**.

2 Utilisation

Les pronoms toniques remplacent seulement des personnes. Ils ne sont pas sujets du verbe.
Ils sont utilisés :
● pour répondre rapidement à une question sur une personne, pour compléter une information. – *Qui est italien ? –* **Nous** !
– J'ai faim ! – **Moi** *aussi !*
● pour insister sur une différence. – *Je suis parisien et* **toi** *? –* **Moi**, *je suis lyonnais.*
● pour présenter une personne. – *C'est Jérôme ? – Oui, c'est* **lui**.
● après une préposition (*avec, pour, chez...*).
Je voyage avec Hélène et Jacques. → *Je voyage* **avec eux**.
J'habite chez une amie. → *J'habite* **chez elle**.
● pour exprimer la possession : verbe *être* + *à* + pronom tonique.
– La valise noire est à Stéphane ? – Oui, elle est à **lui**.

3 Prononciation

Avec les pronoms *elle*, *eux* et *elles* :
● on fait la liaison avec la préposition *chez*. *J'habite chez elle.*
● on fait l'enchaînement avec les prépositions *avec* et *pour*. *Je voyage avec eux.*
Il travaille pour elle.

EXERCICES

1 **Complétez les phrases avec un pronom tonique.**

Francophonie

Moi, je suis suisse.

1 .... , il est canadien.

2 .... , elle est québécoise.

3 .... , nous habitons au Sénégal.

4 .... , ils travaillent à Bruxelles.

5 .... , elles vont au Maroc.

6 .... , on adore parler français.

7 .... , tu es bilingue.

2 **Associez.**

C'est un message pour :

le réceptionniste.

1 les clientes.

2 mon collègue.

3 les employés.

4 la directrice.

5 le responsable.

6 les associés.

C'est un message pour :

a lui.

b elle.

c eux.

d elles.

3 **Transformez les phrases en inversant les personnes. Écoutez pour vérifier.**

C'est réciproque

J'habite chez lui. *Il* habite chez *moi*.

1 Tu travailles avec elle. .... travaille avec ....

2 Vous parlez avec moi. .... parle avec ....

3 On reste chez eux. .... restent chez ....

4 Ils étudient avec elles. .... étudient avec ....

5 Elle a un cadeau pour toi. .... as un cadeau pour ....

6 Je joue avec toi. .... joues avec ....

7 Il retourne chez vous. .... retournez chez ....

4 **Soulignez la forme correcte.**

1 À la cafétéria de la société

– Bonjour, vous allez bien ?

– Oui, et *vous* / *moi* ?

– Bien ! Vous travaillez avec madame Simon ?

– Oui je travaille avec *toi* / *elle* (1), pourquoi ?

– Il y a un paquet pour *elle* / *eux* (2) à la réception.

2 À la réception de l'hôtel

– Madame, il y a un message pour *toi* / *vous* (3) je crois !

– Pour *elles* / *moi* (4) ? Mais non, c'est pour mes parents, regardez !

– Oh, c'est une erreur. Désolé, vous avez raison, il est pour *eux* / *nous* (5) !

5 **À vous ! Parlez des personnes de votre entourage, de leurs activités, de leurs goûts, montrez leurs différences.**

Mon frère Paul joue au volley. Ma sœur, elle, fait du rugby. Moi, je ne suis pas sportif mais je vais souvent avec eux voir des matchs. ....

53 Les pronoms compléments directs et indirects

Vous avez les documents ?

Oui, je **les** ai. Vous pouvez prévenir madame Dupuy ?

Je **la** préviens. Je **lui** téléphone tout de suite.

🎧 162

1 Utilisation

Les pronoms compléments sont utilisés pour ne pas répéter un nom complément.
Ils remplacent des noms qui désignent une personne ou une chose.
Le choix du pronom dépend de la construction du verbe utilisé.
*Je préviens **madame Dupuy*** (prévenir quelqu'un). → *Je **la** préviens.*
*Je téléphone **à madame Dupuy*** (téléphoner à quelqu'un). → *Je **lui** téléphone.*

2 Place des pronoms compléments et structure de la phrase

● Les pronoms compléments se placent devant le verbe ou devant l'auxiliaire.
*– Vous avez le document ? – Oui, je **l'**ai.*
*– Madame Dupuy **vous** a téléphoné ? – Oui, elle **m'**a téléphoné.*
● Quand il y a deux verbes, les pronoms sont placés entre les deux verbes devant l'infinitif.
*Le directeur va **nous** recevoir et **nous** expliquer le problème.*

⚠ Attention à l'ordre des mots dans la phrase négative !
*Je **ne** les ai **pas**. Elle **ne** m'a **pas** téléphoné. Il **ne** va **pas** nous recevoir.*

3 Les pronoms compléments directs (COD)

Ils sont utilisés avec les verbes construits sans préposition :
aimer quelqu'un / quelque chose, connaître quelque chose / quelqu'un, voir quelque chose / quelqu'un…

Pour les personnes	Pour les choses
Il **me** regarde.	
Je **te** préviens.	
Nous **le/la** connaissons bien.	Le rapport, je **le** termine ce soir. L'information, je **la** communique.
Il **nous** invite.	
Je **vous** remercie.	
On **les** attend.	Les documents, je **les** ai.

⚠ Avec les verbes *aimer*, *détester*… on utilise **ça** à la place des pronoms *le*, *la*, *les* quand le complément représente une chose. *Tu aimes le ski ?* → *Oui, j'aime **ça**. (Je l'aime)*

154

1 **Complétez comme dans l'exemple. Écoutez pour vérifier.**

Je t'aime et tu *m'*aimes.

1 Nous vous attendons et vous .... attendez.
2 Ils nous invitent et nous .... invitons.
3 Il vous déteste et vous .... détestez.

4 Elle me critique et je .... critique.
5 Tu l'écoutes et elle .... écoute.
6 Elle vous oublie et vous .... oubliez.

2 **Écoutez les phrases et écrivez le pronom. Puis soulignez le nom que le pronom remplace.**

En entreprise

Je ne *le* connais pas.   *le directeur* / la secrétaire de direction

1 Vous .... lisez.   la petite annonce / le message
2 Il .... appelle.   le stagiaire / les employés
3 Tu .... détestes.   la société / le job
4 On .... écoute.   les collègues / le patron
5 Elles ne .... acceptent pas.   le contrat / les horaires

3 **Mettez les mots en ordre pour répondre à la question. Rétablissez l'apostrophe si nécessaire.**

– Tu es prêt pour ton examen ? (préparé / le / je / ai)
– Oui, bien sûr, *je l'ai préparé* sérieusement.

1 – Vous avez eu les résultats ? (nous / avoir / devons / les)
– Non, pas encore, ... demain.

2 – Tu aimes bien ton professeur de chinois ? (comprends / je / pas toujours / le / ne)
– Oui, il est sympa mais ....

3 – Tu as reçu le dossier d'inscription à la fac ? (le / reçu / ai / je)
– Oui, ... hier.

4 – Ta carte d'étudiant est envoyée par la Poste ? (vais / je / chercher / la)
– Non, ... demain.

4 **Complétez avec un pronom puis écoutez pour vérifier.**

– Madame, vous désirez ?
– Bonjour, la veste bleue dans la vitrine, vous *l'*avez en noir ?
– Oui, toutes les vestes, vous .... (1) trouvez au premier étage.
– Je .... (2) remercie.

– Mademoiselle, je peux .... (3) aider ?
– Oui. Ce parfum est nouveau, je pense ?
– Oui, on vient de .... (4) créer !
– Je peux .... (5) essayer ?
– Mais bien sûr, mademoiselle !

4 Les pronoms compléments indirects (COI)

● Ils remplacent seulement des noms qui désignent des personnes.
● Ils sont utilisés avec des verbes construits avec la préposition *à* : *parler à quelqu'un, téléphoner à quelqu'un...*
Ces verbes expriment une interaction entre les personnes.
– Vous avez téléphoné à madame Dupuy ? – Oui, je lui ai téléphoné.

Il me parle.
Je te parle.
Il lui parle. (lui = au client ou à la cliente)
Ils nous parlent.
On vous parle.
Je leur parle. (leur = aux client(e)s)

● *Lui* remplace un nom de personne masculin ou féminin singulier.
Je parle à mon frère. → *Je lui parle. Je parle à ma sœur.* → *Je lui parle.*
● *Leur* remplace un nom de personne masculin ou féminin pluriel.
Je réponds à mes amis. → *Je leur réponds. Je réponds à mes amies.* → *Je leur réponds.*

Remarques

⚠ Avec certains verbes construits avec *à*, on n'utilise pas les pronoms indirects mais on conserve la préposition *à* + le pronom tonique. → *Unité 56*
Il pense à ses amis. → *Il pense à eux.*

5 Prononciation et orthographe

● On fait la liaison et l'enchaînement avec les pronoms compléments *les, nous, vous* et *leur* devant une voyelle ou un *h* muet. *Je les_imprime. Elle nous_attend. Elle vous_a invité. Elle leur_envoie un message.*

● *me, te, le* et *la* → *m', t', l'* devant une voyelle ou un *h* muet.
Il m'a téléphoné.
– Tu imprimes le document ? – Oui, je l'imprime et je l'apporte.

5 **Est-ce que le pronom complément désigne une seule personne ou plusieurs ? Cochez.**

🎧 167

Communications

	Une personne	Plusieurs personnes	On ne peut pas dire
Je te passe Carine tout de suite.	☑	❏	❏
1	❏	❏	❏
2	❏	❏	❏
3	❏	❏	❏
4	❏	❏	❏
5	❏	❏	❏
6	❏	❏	❏
7	❏	❏	❏

6 **Associez puis complétez avec *lui* ou *leur*.**

On *lui* réserve une table.   a au touriste

1 On .... commande des roses.   b à la fleuriste

2 On .... téléphone pour prendre un rendez-vous.   c aux garçons de café

3 On .... laisse un pourboire.   d au dentiste

4 On .... indique la direction.   *au restaurateur*

5 On .... demande conseil dans un magasin.   e aux vendeuses

7 **Complétez avec le pronom correspondant aux mots en italique.**

Gentillesse

C'est *ton* anniversaire, je *te* fais un gâteau.

1 *Paula* nous invite, on va .... apporter des fleurs.

2 *Madame*, j'ai un problème, je peux .... poser une question ?

3 Je connais bien *ces gens*, je vais aller .... parler.

4 *Je* prends quelle direction, tu .... montres sur la carte, s'il te plaît ?

5 *Tu* ne comprends pas, on va .... expliquer.

8 **Mettez les mots dans l'ordre pour répondre à la question. Rétablissez l'apostrophe si nécessaire.**

– Tu as écrit à tes parents ? (écrit / leur / je / ai)

– Oui, *je leur ai écrit* hier.

1 – Vous avez donné l'adresse à Alex ? (nous / avons / lui / le chemin / bien expliqué)

– Oui et ....

2 – Tu ne me donnes pas ton numéro de téléphone fixe ? (mon numéro de portable / je / donner / te / vais)

– Non, ...

3 – Tu as envoyé un mèl à Brigitte et Aurélie ? (préfère / leur / je / téléphoner)

Non, ...

4 – Tu as répondu à Stéphanie ? (oublié / de / ai / je / répondre / lui)

– Non, ...

54 Le pronom complément *en*

> Je voudrais deux croissants, s'il vous plaît.

> Désolée, je n'**en** ai plus.

1 Utilisation

● ***En*** remplace un nom de personne ou de chose précédé d'une expression de quantité.
Il est utilisé seul ou complété par une expression de quantité.
Cette quantité est exprimée avec :
– un article partitif (*du*, *de la* ou *de l'*) ou un article indéfini (*un*, *une* ou *des*) :
– *Tu veux du café ?*
– *J'**en** veux bien.*
– un nombre : – *J'ai deux frères, et toi ? – J'**en** ai trois.*
– un adverbe de quantité (*beaucoup de*, *un peu de*, *trop de*…) ou un nom indiquant une quantité (*un kilo de*, *une boîte de*…).
Il y a beaucoup d'invités. → *Il y **en** a **beaucoup**.*
J'ai acheté un paquet de café. → *J'**en** ai acheté **un**.*
● ***En*** est souvent utilisé dans la réponse à la question *combien de…* ?
– *Tu mets combien d'œufs dans ton gâteau ? – J'**en** mets **quatre**.*

2 Place de *en* et structure de la phrase

● ***En*** est placé devant le verbe ou devant l'auxiliaire.
– *Vous avez des frères ? – Oui, j'**en** ai trois.*
– *Il a invité combien d'amis ? – Il **en** a invité sept.*
● Quand il y a deux verbes, ***en*** est placé devant l'infinitif.
*Il va **en** inviter trois.*
⚠ Attention à l'ordre des mots dans la phrase négative !
*Je n'**en** ai **pas**. Elle n'**en** a **pas** acheté. Il **ne** va **pas en** acheter.*

3 Prononciation

🎧168 ● On fait la liaison avec un verbe qui commence par une voyelle ou un *h* muet.
Des invités ? J'en ai beaucoup, et des fêtes, j'en organise souvent !

● On ne prononce pas toujours le *ne* de la négation.
*Je n'**en** ai pas.* → « *J'**en** ai pas.* »
*Il n'y **en** a pas.* → « *Il y **en** a pas.* »

EXERCICES

1 Associez.

Habitudes alimentaires

On en prend au petit déjeuner.

1 On en mange beaucoup en Italie.
2 Il y en a dans les crêpes.
3 On en fait avec des fruits.
4 Il en faut pour cuisiner.
5 On en boit quand on a soif.

a Des tartes
b De la farine
c Des pâtes
d Du sel et du poivre
e De l'eau fraîche
Du pain et de la confiture

2 Écoutez et complétez les dialogues.

– Il y a encore du pain ? – *Oui, il y en a.*

1 – Tu veux du sucre ? – ....
2 – Il reste du beurre ? – ....
3 – Il y a encore des œufs ? – ....
4 – Je dois acheter de l'eau ? – ....
5 – Je prends combien de baguettes ? – ....

3 À vous ! Expliquez vos habitudes alimentaires. Utilisez *en*.

Du pain ? J'en mange le matin ....
....

4 Répondez aux questions avec l'indication entre parenthèses et *en*.

Enquête

– Vous avez combien de jours de congés ? (25 par an) – *J'en ai 25 par an.*

1 – Vous faites des voyages ? (beaucoup) – ....
2 – Généralement, vous prenez des photos ? (très peu) – ....
3 – Vous avez visité des pays d'Afrique ? (un seul) – ....
4 – Combien de langues étrangères vous parlez ? (deux) – ....
5 – Vous avez visité des musées pendant vos voyages ? (plusieurs) – ....
6 – Vous avez d'autres projets de voyage ? (pas d'autre) – ....

5 Complétez avec le verbe *avoir* et *en* comme dans l'exemple et trouvez le nom qui corresponds à chaque devinette.

un cerveau – une bouche – dix doigts – des dents – deux oreilles – un cœur – ~~deux yeux~~
Nous *en avons deux*, ils permettent de voir : *deux yeux*.

1 Nous .... , ils portent souvent des bagues : ....
2 Nous .... , il peut battre très vite : ....
3 Nous .... , elles permettent d'entendre : ....
4 Nous .... , grâce à lui, nous pensons : ....
5 Nous .... , c'est le premier passage des aliments : ....
6 Nous .... beaucoup, avec elles nous mordons : ....

55 Les pronoms compléments de lieu *y* et *en*

Tu vas au stade ?

Non j'**en** viens. Je suis épuisé ! Et toi, tu **y** vas ?

Oui, je vais voir un match.

1 Utilisation

Le pronom *y*

● Le pronom *y* est utilisé pour remplacer le nom du lieu où l'on va ou le nom du lieu où l'on est.

– *Tu vas souvent au cinéma ? – J'y vais une fois par semaine* (*y* = au cinéma)

– *Vous habitez en Suisse ? – Non, je n'y habite plus.* (*y* = en Suisse)

● Dans la structure *aller* + infinitif, *y* remplace l'infinitif et son complément.

– *Tu vas acheter le pain ? – D'accord, j'y vais.* (*y* = acheter le pain)

● Verbes souvent utilisés avec *y* : *aller, s'arrêter, être, habiter, partir, se promener, rester, retourner, travailler, vivre.*

Le pronom *en*

● Le pronom *en* est utilisé pour remplacer le nom du lieu d'où l'on vient.

– *Vous sortez de la cafétéria ? – Oui, nous en sortons à l'instant.* (*en* = de la cafétéria)

2 Place de *y* et de *en* et structure de la phrase

● *En* et *y* sont placés devant le verbe ou devant l'auxiliaire *avoir* ou *être*.

– *Vous allez travailler ? – Oui, on y va.*

– *Vous allez au supermarché ? – Non, nous en sortons.*

● Quand il y a deux verbes, les pronoms *y* et *en* sont placés devant l'infinitif.

– *Avec qui tu vas aller à la soirée ? – Je vais y aller avec Jérôme.*

– *Il n'est pas encore sorti du cinéma ? – Non, il va bientôt en sortir.*

⚠ Attention à l'ordre des mots dans la phrase négative !
Je n'y vais pas. Elle n'y est pas allée. Il ne va pas y aller. Elle n'en est pas sortie.

3 Prononciation

 ● On fait la liaison entre les pronoms qui se terminent par un *s* et les pronoms *y* et *en*.
Ils y habitent. Vous y travaillez. Nous en arrivons à l'instant.

● On ne prononce pas toujours le *ne* de la négation.
Je n'y vais pas. → « *J'y vais pas.* »

⚠ L'expression *Ça y est !* signifie qu'on est prêt à faire quelquechose ou qu'on a réussi quelque chose.
Ça y est, j'ai compris !

EXERCICES

1 **Quelle est la réponse à chaque question ? Cochez.**

	J'y suis	J'y vais	J'en viens
Tu vas au théâtre ?	❏	☑	❏
1 Tu es chez toi ?	❏	❏	❏
2 Vous venez du bureau ?	❏	❏	❏
3 Vous êtes à la gare ?	❏	❏	❏
4 Tu viens de la boulangerie ?	❏	❏	❏
5 Vous allez à l'université ?	❏	❏	❏
6 Tu viens de chez tes parents ?	❏	❏	❏

 2 **Reformulez les phrases avec *y*. Indiquez les liaisons si nécessaire. Écoutez pour vérifier.**

Ils habitent au <u>centre-ville</u>. → *Ils y habitent.*

1 Ils vont <u>à la montagne</u> cet été. → ....

2 Nous n'habitons plus <u>à Madrid</u>. → ....

3 Ils travaillent <u>à la Poste</u>. → ....

4 Ils ne dînent plus <u>dans cette brasserie</u>. → ....

5 Il passe le week-end <u>à Lyon</u>. → ....

3 **Soulignez le complément de lieu et répondez aux questions avec *y*. Écoutez pour vérifier.**

– Les touristes veulent monter en haut de la <u>tour Eiffel</u> ? – Oui, *ils veulent y monter.*

1 – Il faut aller à Montmartre ? – Oui, ...

2 – On peut pique-niquer au Louvre ? – Non, ...

3 – Ils peuvent se promener sur les quais ? – Oui, ...

4 – Tu peux être à l'hôtel à 17 h ? – Non, ..., c'est trop tôt !

5 – On peut se retrouver là-bas ? – Oui, ..., bonne idée !

4 **Faites plusieurs phrases avec *y* et *en* pour décrire les situations. Utilisez les verbes *aller*, *arriver*, *travailler*, *être*, *rester*, *revenir*, *sortir*.**

9 h - 18 h / du lundi au vendredi   tous les jours / 40 minutes   1er août - 8 août / chaque année

1 Cet homme travaille dans un bureau. *Il y arrive à 9 heures et il en sort à 18 heures.* Il ....
....

2 Cette femme est au club de sport. Elle ....

3 Ces touristes sont à Rome. Ils ....

5 **À vous ! Parlez de différents lieux : pays, villes, lieux de travail, lieux de loisirs... Utilisez *y* et *en*.**

En France, je n'y suis jamais allé. Un de mes amis y a fait ses études, il en est revenu récemment.

56 *En* ou *de* + pronom tonique
Y ou *à* + pronom tonique

Il pense à son prochain film ? Il **y** pense.

Il pense à une actrice ? Il pense **à elle**.

1 Formes et structure de la phrase

● Beaucoup de verbes ont une construction différente quand le complément représente une chose ou quand il représente une personne.
– *Écrire une chose* → construction directe = pas de préposition
– *Écrire à une personne* → construction indirecte avec *à*
● Mais certains verbes ont la même construction : avec *à* ou *de* quand le complément représente une chose et quand il représente une personne.
– *Penser à une chose* / *Penser à une personne* : *Je pense à mes vacances. Je pense à Marie.*
– *Avoir besoin de quelque chose* / *Avoir besoin de quelqu'un* : *J'ai besoin d'un stylo pour écrire. Un enfant a besoin de ses parents.* → **Annexe 14**

Pour ces verbes, on utilise les pronoms suivants :

	Le complément est une chose	Le complément est une personne
verbe + *à* *s'intéresser à, faire attention à, s'habituer à, tenir à, penser à, rêver à*	On utilise le pronom **y**. *Il pense à son film.* → *Il **y** pense.*	On garde la préposition *à* + le pronom tonique. *Il pense à une actrice.* → *Il pense **à elle**.*
verbe + *de* *s'occuper de, avoir peur de, se souvenir de, parler de, se méfier de, se moquer de, rêver de*	On utilise le pronom **en**. *Il a besoin d'un bon scénario.* → *Il **en** a besoin.*	On garde la préposition *de* + le pronom tonique. *Il a besoin de cette actrice.* → *Il a besoin **d'elle**.*

2 Verbes pronominaux + *en* et *y*

● Quand *en* et *y* sont utilisés avec un verbe pronominal, ils sont placés derrière le pronom réfléchi ou réciproque.
*Je m'**en** occupe, tu t'**en** sers, elle s'**en** souvient, nous nous **en** occupons, vous vous **en** servez, ils s'**en** moquent.*
*Je m'**y** intéresse, tu t'**y** habitues, on s'**y** inscrit, nous nous **y** habituons, vous vous **y** intéressez, elles s'**y** inscrivent.*

⚠ Attention à l'ordre des mots dans la phrase négative !
*Je **ne** m'**en** occupe **pas**. Il **ne** s'**y** habitue **pas**.*

EXERCICES

1 **Les pronoms compléments remplacent-ils une/des chose(s) ou une/des personne(s) ?**
Cochez.

	Chose	Personne
Tu parles souvent d'elle.	❏	☑
1 Vous tenez à lui.	❏	❏
2 Tu t'y intéresses depuis longtemps.	❏	❏
3 Il s'en occupe bien.	❏	❏
4 On se moque d'eux.	❏	❏
5 Elles en ont peur.	❏	❏
6 Vous avez besoin d'elles.	❏	❏
7 Je n'y pense pas souvent.	❏	❏

2 **Soulignez la forme correcte.**

Au cinéma

Il pense à ses prochains personnages. → *Il pense à eux.* / *Il y pense.*

1 Je m'intéresse au cinéma classique. → *Je m'intéresse à lui.* / *Je m'y intéresse.*
2 Il se souvient de ce film. → *Il se souvient de lui.* / *Il s'en souvient.*
3 On ne parle pas du festival. → *On ne parle pas de lui.* / *On n'en parle pas.*
4 Elle rêve de cet acteur. → *Elle rêve de lui.* / *Elle en rêve.*
5 Ils ont besoin de la publicité. → *Ils ont besoin d'elle.* / *Ils en ont besoin.*

3 **Répondez aux questions avec *y* ou *en*.**

Citoyens

Tu t'intéresses à la politique ? → *Non, je ne m'y intéresse pas beaucoup.*

1 Vous rêvez d'un progrès social ? → Oui, nous ....
2 Il participe à des manifestations ? → Oui, il ....
3 Elles ont peur des mouvements extrémistes ? → Oui, elles ....
4 Ils s'habituent aux nouvelles lois ? → Non, ils ....
5 Elle se méfie des sondages ? → Oui, elle ....
6 Tu t'occupes de la préparation des élections ? → Non, je ....

 4 **Mettez les mots en ordre pour faire des phrases. Écoutez pour vérifier.**

fait / à / attention / Il / pas / a / ne / toi / → *Il n'a pas fait attention à toi.*

1 est / occupé / ne / s' / pas / On / en → ....
2 sommes / intéressés / Nous / eux / pas / ne / à / nous → ....
3 jamais / Elle / participé / a / y / n' → ....
4 besoin / en / pas / Nous / eu / n' / avons → ....
5 pas / êtes / ne / vous / Vous / habitués / y → ....
6 Elles / y / réfléchi / n' / pas / ont → ....
7 elles / se / pas / sont / Ils / moqués / ne / d' → ....

5 **À vous. Dites à quoi vous vous intéressez, à quoi vous pensez ; de quoi vous avez peur,**
de quoi vous rêvez. Puis transformez les phrases en utilisant *y* et *en*.

Je m'intéresse à l'histoire. Je m'y intéresse beaucoup. ....

57 Les doubles pronoms

1 Utilisation

• Beaucoup de verbes peuvent avoir deux compléments.
Prêter quelque chose à quelqu'un.
Parler de quelque chose à quelqu'un.
• Ces deux compléments peuvent être remplacés par deux pronoms.
Je parle de mes vacances à mes amis.
→ *Je leur en parle.*

2 Ordre des pronoms

| Test

Les cadeaux et la famille
Cochez la réponse qui correspond à votre situation.

1. Vous leur donnez de l'argent de poche ?
- Je **leur** en donne régulièrement ❏
- Je ne **leur en** donne jamais ❏

Les deux pronoms doivent être placés dans un ordre précis.
• *Le, la, l', les* (chose) et *me, te, lui, nous, vous, leur* (personne)

me te nous vous	+	le la les	Il me prête sa voiture. → Il **me la** prête. Elle te prête son vélo. → Elle **te le** prête. Il nous donne ses vieux vêtements. → Il **nous les** donne. Elle vous donne ses vieilles chaussures. → Elle **vous les** donne.

le la les	+	lui leur	Il prête sa voiture à son ami. → Il **la lui** prête. Elle prête ses vêtements à ses sœurs. → Elle **les leur** prête.

• *En* (chose) et *me, te, lui, nous, vous, leur* (personne)

m' t' lui nous vous leur	+	en	Il me donne des conseils. → Il **m'en** donne. Elle offre du parfum à son ami. → Elle **lui en** offre. Il nous donne des informations. → Il **nous en** donne. Il offre des cadeaux à ses parents. → Il **leur en** offre.

• *Y* (lieu) et *me, te, le, la, l', nous, vous, les* (chose ou personne)

m' t' l' nous vous les	+	y	Il m'emmène à la gare. → Il **m'y** emmène. Elle conduit son ami à l'aéroport. → Elle **l'y** conduit. Il vous retrouve dans le parc. → Il **vous y** retrouve. Il a rencontré ses amies dans la rue. → Il **les y** a rencontrées.

⚠ Attention à l'ordre des pronoms à l'impératif affirmatif : *Donne-**le-moi** !*
⚠ Attention à l'ordre des mots dans la phrase négative : *Je **ne** la lui donne **pas**.*
*Elle **ne** me l'a **pas** donné. Il **ne** va **pas** nous en parler.*

EXERCICES

1 **Répondez aux questions avec deux pronoms.**

– Tu me prêtes ton blouson ? – Je *te le* prête, pas de problème.
– Merci, je .... (1) rends demain.

– Tu me passes tes baskets ?
– D'accord, je .... (2) passe mais n'oublie pas de .... (3) rendre !

– Vous pouvez me montrer ce sac et cette pochette ?
– Bien sûr, je .... (4) montre tout de suite.

2 **Répondez oui ou non comme dans les exemples. Utilisez le futur proche puis le passé récent et des doubles pronoms.**

– Tu as montré les documents à Michel ? – Non pas encore, *je vais les lui montrer.*
– Oui, *je viens de les lui montrer.*

1 – Vous avez envoyé la lettre à madame Léonard ?
– Non, je ....
– Oui, je ....

2 – Vous avez expliqué le problème à vos collègues ?
– Non, on ....
– Oui, on ....

3 – Ils ont indiqué l'heure de la réunion aux clients ?
– Non, ils ....
– Oui, ils ....

3 **Mettez les mots dans l'ordre et associez les phrases aux questions.**

Vous avez parlé de vos problèmes à votre directeur ?   a
1 Il a envoyé des documents à son client ?   b
2 Il vous a envoyé des messages de confirmation ?   c
3 Tu as donné des informations à tes collaborateurs ?   d
4 On t'a envoyé une invitation pour le séminaire ?   e

a Non, / pas / en / il / envoyé / ne / a / lui → ....
b Oui, / a / en / une / envoyé / on / m' → ....
c Oui, / parlé / je / en / lui / ai → *Oui, je lui en ai parlé.*
d Non, / leur / je / en / donné / ne / ai / pas → ....
e Non, / en / pas / il / envoyé / ne / a / nous → ....

4 **Écoutez les phrases et choisissez la réponse correcte.**

Il a laissé les clés de sa maison à ses voisins ?
a ☐ Oui, il les lui a laissées.   b ☑ *Oui, il les leur a laissées.*

1 Elle t'a prêté sa voiture ?   a ☐   b ☐
2 Tu lui donnes ta veste ?   a ☐   b ☐
3 Vous pouvez expliquer le problème à votre ami ?   a ☐   b ☐
4 Ils t'ont envoyé des informations ?   a ☐   b ☐
5 Tu veux bien me parler de tes projets ?   a ☐   b ☐
6 On vous a montré les photos ?   a ☐   b ☐

58 Les pronoms démonstratifs

1 Utilisation

Les pronoms démonstratifs remplacent un nom désignant une personne ou une chose que l'on voit ou qui a déjà été mentionnée. *Celui que vous avez est très bien mais il y a aussi **celui-ci**.* (on voit les deux sacs)

Quel sac vous me conseillez ?

Celui que vous avez est très bien mais il y a aussi **celui-ci** ; il est plus léger.

2 *Celui, celle, ceux, celles*

Masculin singulier	*Celui de droite*
Féminin singulier	*Celle de Julien*
Masculin pluriel	*Ceux que je préfère*
Féminin pluriel	*Celles qui coûtent moins cher*

● ***Celui*, *celle*, *ceux*, *celles*** ne sont jamais utilisés seuls. Ils sont toujours suivis d'une précision exprimée avec :
– la préposition ***de*** + nom. *Quel sac ? **Celui de** droite ? **Celui de** la vitrine ?*
Avec un nom de personne, cette précision indique la possession.
– *Ce sac est à toi ? – Non, c'est **celui de** Stéphanie.*
– un pronom relatif. *Vous pouvez me montrer **celle qui** est en vitrine ?*
– un adverbe : ***-ci*** / ***-là***. *Je voudrais **celui-ci**.* (la personne montre l'objet)
Quand on utilise un seul pronom démonstratif, on peut dire ***celui-ci*** ou ***celui-là***.
Quand les deux pronoms démonstratifs sont utilisés en opposition : *-ci* désigne l'objet le plus proche et *-là* l'objet le plus éloigné. *Quelle veste est-ce que tu préfères ? **Celle-ci** ou **celle-là** ?*
⚠ Le pronom démonstratif peut aussi être suivi de la préposition ***en*** + matière.
*Tu prends quel sac ? **Celui en** cuir ?*

3 *Ce, cela (ceci), ça*

● ***Ce*** / ***C'est*** utilisé avec le verbe *être*. ***C'est** mon ami. **Ce sont** mes amis. **C'est** beau. **C'est** à moi.*
● ***Ce*** + pronom relatif = la chose, les choses. *J'adore **ce que** tu as acheté.*
● ***Cela*** (= *ceci* langue soutenue), ***ça*** (= langue courante) = la chose, les choses.
***Cela** est intéressant ! Le chocolat, j'aime **ça**.*

4 Prononciation

 ⚠ Il ne faut pas confondre ***ce*** et ***ceux***. ***Ce** que tu as dit est intéressant.* ***Ceux** qui ont parlé étaient intéressants.*

EXERCICES

1 **Associez.**

Un pantalon

1 Cette montre
2 Ces chaussettes
3 Des lunettes
4 Ces anoraks
5 Le manteau
6 Une boussole

a Ceux-ci
b Celle de Franck
c Celui qui te va le mieux
d Celles que tu préfères

2 **Soulignez le pronom démonstratif correct.**

Fais ta valise

Prends une veste ! *Celle* / *Celui* en lin.

1 Prépare des bottes ! *Ceux* / *Celles* en caoutchouc.
2 N'oublie pas les gants ! *Celles* / *Ceux* en soie.
3 Pense à un pull chaud ! *Ceux* / *Celui* en laine.
4 Passe-moi les baskets ! *Celles* / *Celle* en cuir.
5 Donne-moi une chemise ! *Celui* / *Celle* en coton.

3 **Complétez avec le pronom démonstratif qui convient.**

Pour un cadeau

– Regarde la belle assiette ! – Laquelle, *celle* en porcelaine ?

1 – Il n'est pas beau, le fauteuil. – .... de gauche ou l'autre ?
2 – J'aime bien ces couverts. – Ah, non, pas .... en plastique !
3 – Tu as vu le grand vase, là ? – Je préfère .... que j'ai acheté l'an dernier.
4 – Elles ne sont pas mal, les boîtes ! – .... en métal ou .... en bois ?
5 – Je prends l'écharpe grise. – La même que .... de ta sœur ?
6 – Et les petits couteaux ? – .... qui sont devant ou .... à droite ?
7 – Elle est magnifique, la bague ! – Tu trouves ? .... de Clotilde est mieux.

4 **Mettez les mots en ordre pour faire des phrases. Écoutez pour vérifier.**

🎧176

trouvé / ce / vous / Vous / avez / cherchez / que / ? ➔ *Vous avez trouvé ce que vous cherchez ?*

1 aimerions / ceux-ci / Nous ➔ ....
2 qualité / est / d' / Ceci / excellente ➔ ....
3 voudrais / celles / voir / Je / derrière / sont / qui ➔ ....
4 ce / On / pas / ne / qui / facilement / casse / veut ➔ ....
5 horreur / cela / de / ont / Elles ➔ ....
6 ? / prends / Tu / celui-là ➔ ....

5 **À vous ! Écrivez des questions ou des commentaires sur les modèles de tente.**

La tente que je préfère est celle ....
....
....
....

59 Les pronoms possessifs

Oh! Quelqu'un a oublié son portable. Alex, c'est **le tien** ?

1 Utilisation

Le pronom possessif est utilisé pour remplacer le groupe nominal adjectif possessif + nom :
le tien = *ton portable*.

2 Formes

 La forme du pronom possessif dépend du possesseur et du nom qu'il remplace (genre et nombre).

mon collègue	*le mien*	notre studio	*le nôtre*
ma sœur	*la mienne*	notre maison	*la nôtre*
mes copains	*les miens*	nos meubles	*les nôtres*
mes cousines	*les miennes*	nos affaires	*les nôtres*
ton manteau	*le tien*	votre père	*le vôtre*
ta veste	*la tienne*	votre mère	*la vôtre*
tes vêtements	*les tiens*	vos parents	*les vôtres*
tes chaussures	*les tiennes*	vos sœurs	*les vôtres*
son sac	*le sien*	leur chien	*le leur*
sa valise	*la sienne*	leur tortue	*la leur*
ses mouchoirs	*les siens*	leurs animaux	*les leurs*
ses clés	*les siennes*	leurs plantes	*les leurs*

3 Prononciation

Il y a une différence de prononciation entre les adjectifs *notre / votre* et les pronoms *nôtre / vôtre*.
– *C'est bien **votre** voiture, là ? – Oui, oui, c'est la **nôtre**.*

EXERCICES

1 **Associez et ajoutez la forme manquante.**

à moi

1 à toi
2 à nous
3 à lui/elle
4 à eux/elles
5 à vous

a la tienne, les tiens, le tien, ...
   la mienne, le mien, les miens, *les miennes*
b la leur, les leurs, ...
c la vôtre, les vôtres ....
d le nôtre, les nôtres, ...
e les siennes, la sienne, le sien, ...

178

2 **Écoutez et dites si vous entendez les pronoms possessifs au masculin ou au féminin.**

	Masculin	Féminin	On ne sait pas
J'ai oublié les miens.	☑	❏	❏
1	❏	❏	❏
2	❏	❏	❏
3	❏	❏	❏
4	❏	❏	❏
5	❏	❏	❏
6	❏	❏	❏
7	❏	❏	❏

3 **Écrivez le pronom possessif qui convient.**

Contacts

Le numéro de téléphone (vous) → *le vôtre*

1 La date de naissance (elle) → ....
2 Le code postal (tu) → ....
3 La carte d'identité (je) → ....
4 L'adresse (il) → ....
5 La nationalité (elles) → ....
6 Les coordonnées (nous) → ....
7 Le passeport (ils) → ....
8 Les mots de passe (tu) → ....
9 Les papiers (je) → ....

4 **Complétez avec la forme qui convient.**

Tu t'appelles Mona, mais tu ne peux pas te comparer à la Joconde ! Ton visage est long, *le sien* est plus rond.

1 Ses yeux sont bruns, ... sont verts.
2 Sa bouche est petite, ... est assez grande.
3 Son menton est plutôt pointu, ... est carré.
4 Tes mains sont larges, ... sont fines.
5 Tes cheveux sont courts et raides, ... sont longs.
6 Ses joues sont blanches, ... sont rouges.
7 Ta robe est claire, ... est foncée.

5 **À vous ! Décrivez votre physique en le comparant avec celui de personnes de votre entourage.**

Ma mère et moi : *Mes yeux sont bleus, les siens sont verts ; ses cheveux sont gris, les miens sont blonds.* ....

Mon copain de fac : ....

Nos cousins : ....

60 Les pronoms indéfinis

1 Utilisation

Les pronoms indéfinis représentent des personnes ou des
choses. Ils peuvent être sujets
ou compléments. Comme les
adjectifs indéfinis (→ *Unité 27*), ils
expriment une quantité (totalité,
individualité, pluralité, quantité
nulle), une ressemblance ou une
différence, une imprécision.

> J'ai **tout** ? Je n'oublie rien ?

> Euh… si… **quelque chose** d'importar

> Quoi?

> Tes rollers !

2 Formes (1)

Expression de la totalité : *tout / toute / tous / toutes*

- **Tout** = toutes les choses. Il ne représente jamais des personnes. *Tout* va bien ! J'ai **tout** ?
- **Tous, toutes** peuvent représenter des personnes ou des choses.
– Quand il est sujet, il est rarement utilisé seul mais renforce le sujet (pronom ou nom).
Tous les voisins viennent. → **Les voisins** viennent *tous*.
Toutes les voitures *sont électriques.* → **Les voitures** *sont* *toutes* *électriques.*
⚠ On dit rarement : *Tous viennent. Toutes sont électriques.*
Tous et **toutes** sont souvent utilisés avec les pronoms **les** ou **leur** et s'accordent avec ce pro-
nom. *Les guides touristiques, il **les** a tous lus.*

Expression de l'individualité (un par un) : *chacun(e)*

Chacun(e) indique une unité. Il est toujours singulier. **Chacune** de ces voitures est à vendre.
*J'ai demandé des conseils à **chacun** de mes amis.*

Expression de la pluralité : *quelques-un(e)s, plusieurs, certain(e)s*

- **Quelques-uns, quelques-unes** (= un petit nombre). **Plusieurs** (= une quantité supérieure
à 2 sans donner de précision). **Certains, certaines** (= une partie d'un ensemble).
Quand ils sont compléments, ils sont utilisés avec le pronom **en** et s'accordent avec le nom
qu'ils représentent. *J'ai beaucoup d'amis.* **Plusieurs** *voudraient partir en voyage avec moi.*
*Des reportages, j'**en** ai fait **quelques-uns**. **Certaines** de mes photos ont été publiées.*

Expression de la quantité nulle : *aucun(e)*

- **Aucun(e)** est toujours singulier. Il est toujours utilisé avec **ne**.
Quand il est complément, il est utilisé avec le pronom complément **en** et s'accorde en genre
avec le nom qu'il représente. **Aucune** *de ces voitures n'est à vendre. Ces voitures, je n'**en***
*veux **aucune** !*

3 Prononciation et orthographe

- Il y a un trait d'union entre les deux éléments et on fait la liaison :
quelques͜-uns, quelques͜-unes.
- On prononce le *s* final du pronom *tous. Les guides touristiques, je les ai tou**s** lus. On n'est pas
tou**s** les mêmes.*

EXERCICES

1 Écoutez. Qu'est-ce qui est exprimé : la pluralité, l'imprécision ou la différence et la ressemblance ? Cochez.

	pluralité	imprécision	différence/ressemblance
J'en ai plusieurs.	☑	❏	❏
1	❏	❏	❏
2	❏	❏	❏
3	❏	❏	❏
4	❏	❏	❏
5	❏	❏	❏
6	❏	❏	❏
7	❏	❏	❏

2 Mettez les mots dans l'ordre pour faire des phrases. Rétablissez les majuscules.

Les matchs : les / pas / gagnés / tous / on / a / ne ➔ *On ne les a pas tous gagnés.*
1 Les joueurs : tous / je / aime / ne / les / pas ➔ ....
2 Les points : comptés / tu / ne / les / tous / pas / as ➔ ....
3 La partie : je / l' / pas / ai / toute / ne / regardée ➔ ....
4 Les buts : tous / a / les / il / marqués ➔ ....
5 Les stratégies : ne / pas / connaissent / toutes / ils / les ➔ ....

3 Complétez avec le pronom indéfini comme dans l'exemple.

Mes chers voisins
Dans mon immeuble, tous les appartements sont occupés. ➔ Les appartements sont *tous* occupés.
1 Je connais certains voisins. ➔ Mes voisins ? J'en connais ....
2 Quelques familles sont très bruyantes. ➔ Les familles ? .... sont très bruyantes.
3 Aucun appartement n'est libre. ➔ Les appartements ? .... n'est libre.
4 J'ai plusieurs amis dans l'immeuble. ➔ Des amis, j'en ai .... dans l'immeuble.
5 Chaque porte a un code. ➔ Les portes ont .... un code.

4 Soulignez le pronom indéfini qui convient.

Procès verbal
Quand je suis rentré chez moi, *tout* / *tous* était normal. J'ai discuté avec *quelques-unes* / *aucune* (1) des personnes qui attendaient l'ascenseur. Soudain, on a entendu une explosion. Les gens sont *chacun* / *tous* (2) sortis de l'immeuble, *chacun* / *aucun* (3) d'entre eux avait une explication mais *aucun* / *certains* (4) n'avait rien vu. *Toutes* / *Quelques-uns* (5) se sont approchés d'une voiture qui commençait à fumer. Sur le trottoir, des passants s'étaient regroupés. *Certains* / *Tous* (6) étaient blessés mais heureusement *chacun* / *aucun* (7) gravement. Les pompiers sont arrivés très vite et *tout* / *toute* (8) est rentré dans l'ordre.

5 À vous ! Vous avez assisté à un incident ou lu un fait divers. Vous le racontez en utilisant des pronoms indéfinis.

Le métro s'est arrêté sous un tunnel. Il y avait beaucoup de passagers : plusieurs se sont levés ....
....

4 Formes (2)

Expression de l'identité et de la ressemblance : *le même, la même, les mêmes*

Ces pronoms peuvent être utilisés au singulier ou au pluriel. Ils sont généralement compléments.
*Ces rollers sont à toi ? J'ai **les mêmes** !*

Expression de la différence : *l'autre, les autres, un(e) autre, d'autres*

● Ces pronoms peuvent être utilisés au singulier ou au pluriel. *J'ai retrouvé une de mes chaussettes mais pas **l'autre**.*

● Quand ***un(e) autre**, **d'autres*** sont compléments, ils sont utilisés avec le pronom complément ***en*** et s'accordent avec le nom qu'ils représentent.
*– Tu as seulement une paire de rollers ? – Non j'en ai **une autre** dans mon sac !*

⚠ On utilise souvent les expressions ***l'un... l'autre*** et ***les uns... les autres*** pour opposer deux choses ou deux groupes. *J'ai deux amis francophones. **L'un** est belge et **l'autre** est suisse.*

Expression de l'imprécision : *quelque chose, quelqu'un, quelque part*

● ***Quelque chose**, **quelqu'un**, **quelque part*** indiquent une chose, une personne ou un lieu sans donner de précision. Ils sont invariables. ***Quelqu'un** est venu te voir hier.* (on ne sait pas qui)
*Tu entends **quelque chose** ?* (on ne sait pas quoi) *J'ai rangé mon portable **quelque part**.* (je ne sais plus où)

⚠ ***Quelqu'un**, **quelque chose*** peuvent être suivis de ***de/d'*** + un adjectif (masculin singulier).
***Quelqu'un de** courageux. **Quelque chose d'**important.*

Expression de l'indifférence : *n'importe quoi, n'importe qui, n'importe où, n'importe quand, n'importe comment, n'importe lequel / laquelle / lesquels / lesquelles*

● Ils indiquent que le choix des choses ou des personnes n'est pas important. *Donne-moi quelque chose à boire, **n'importe quoi**.* (une boisson ou une autre, pour moi, ce n'est pas important) *Quelqu'un peut m'aider ? **N'importe qui**, ce n'est pas grave !* (peu importe la personne)
*Va où tu veux, **n'importe où** !* (= peu importe le lieu)

⚠ Dans certains contextes, ***n'importe quoi**, **n'importe qui*** et ***n'importe comment*** ont un sens négatif. *Tu dis **n'importe quoi** !* (= Tu dis des bêtises.) *Je ne parle pas à **n'importe qui** !*
(= Je choisis les personnes à qui je parle.) *Tu chantes **n'importe comment** !* (= Tu chantes mal.)

EXERCICES

6 Complétez avec *le même, les mêmes* ou *un autre, une autre, d'autres*.

Consommation

Elles sont super tes chaussures. Je pense que je vais acheter *les mêmes* !

1 Mon manteau est vraiment usé. Il faut que j'en achète ....

2 J'adore la forme de ce sac. J'aimerais .... en rouge.

3 Ces gants sont trop petits. Vous en avez .... ?

4 Ta veste n'est vraiment plus à la mode ! Tu n'en as pas .... ?

5 Elle a des lunettes de soleil super ! Je voudrais bien ....

7 Mettez les mots soulignés au pluriel ou au singulier comme dans l'exemple.

J'ai emporté une clé mais j'ai laissé l'autre. → *les autres*

1 Je n'ai qu'une paire de boucles d'oreille. Je ne sais pas où j'ai mis l'autre. → ....

2 Elle a perdu son sac. Elle veut s'en acheter un autre. → ....

3 Je ne retrouve plus mon stylo. Tu en as un autre ? → ....

4 J'ai rangé un document important mais je ne vois pas les autres. → ....

8 Complétez avec *quelqu'un (de), quelque chose (de), quelque part*.

Témoins

– Vous avez vu *quelque chose* ? – Non, rien !

1 – .... a-t-il remarqué .... spécial : un bruit, une voiture… ?

2 – J'ai vu que la femme entrait .... mais je ne sais pas où exactement. .... l'accompagnait, un jeune homme, je crois.

3 – .... a attiré mon attention : le vase avait changé de place. J'imagine que .... l'a déplacé.

9 Choisissez le pronom correct.

Peu importe…

J'ai trop soif, je boirais *n'importe quoi* / *n'importe qui* !

1 – Quelle marque je prends pour le chocolat ? – *N'importe laquelle* / *N'importe qui* !

2 J'ai tellement envie de dormir que je pourrais dormir *n'importe quoi* / *n'importe où* !

3 Viens me voir aujourd'hui, *n'importe quoi* / *n'importe quand*, je suis libre toute la journée.

4 Ce serait bien d'avoir un voisin. *N'importe qui* / *N'importe lesquels* mais quelqu'un à qui parler.

10 Complétez avec le pronom indéfini qui convient. Rétablissez l'apostrophe si nécessaire.

tout   quelques-uns   n'importe quoi   quelque chose de (x2)   ~~aucun~~   tous   d'autres   les mêmes

– J'ai cherché un cadeau pour l'anniversaire de Karim, mais je n'en ai trouvé *aucun* ! Je voudrais .... (1) original, ... (2) sauf un livre ou un CD ! On offre toujours .... (3) cadeaux !

– Va chez Plumeau, les nouveaux gadgets, ils les ont .... (4) ! Il y en a .... (5) qui sont drôles, ... (6) plutôt fonctionnels. Tu es sûre de trouver .... (7) amusant, et puis .... (8) est bon marché chez eux !

61 Les pronoms relatifs *qui, que, où*

Tu connais cette fille **qui** sort avec Lucas ?

La fille **qu'**on a vue avec lui au cinéma ?

1 Utilisation

- Les pronoms relatifs remplacent un nom. Ils permettent de réunir deux phrases.
  Tu connais cette fille ? Elle sort avec Lucas.
  → *Tu connais cette fille **qui** sort avec Lucas ?* (*qui = cette fille*)
- Le choix du pronom relatif dépend de sa fonction grammaticale par rapport au verbe qui suit. (→ *Annexes – glossaire des termes grammaticaux*)

2 Formes

Qui	remplace une personne ou une chose. Il est sujet du deuxième verbe.
	*J'ai invité **les jeunes mariés** qui habitent à côté de chez moi.* (*qui = les jeunes mariés ;* qui est sujet du verbe *habiter*)
	*Il loge dans **un appartement** qui donne sur un parc magnifique.* (*qui = l'appartement ;* qui est sujet du verbe *donner*)
Que	remplace une personne ou une chose. Il est complément direct du deuxième verbe.
	*J'ai invité **le couple** que nous avons rencontré au mariage de Marc.* (*que = le couple ;* que est complément direct du verbe *rencontrer*)
	*Il loge dans **un studio** que ses parents ont acheté il y a dix ans.* (*que = un studio ;* que est complément direct du verbe *acheter*)
Où	remplace un nom complément de lieu ou complément de temps.
	*J'ai rencontré Kevin **à l'université** où j'ai terminé mes études.* (*où = à l'université ;* où est complément de lieu)
	*J'ai rencontré Kevin **le jour** où j'ai soutenu ma thèse.* (*où = le jour ;* où est complément de temps)

- *Qui* et *que* peuvent aussi remplacer un pronom tonique.
  *C'est **toi** qui m'as présenté cette fille ? C'est **elle** que je connais le mieux.*
  Avec *qui*, le verbe est conjugué à la personne correspondant à ce pronom.
- *Que* devient *qu'* devant une voyelle ou un *h* muet. *C'est une ville **qu'**il adore !*
- *Qui* ne change pas de forme devant une voyelle ou un *h* muet. *C'est la fille **qui** est là.*

EXERCICES

1 Associez pour faire des phrases.

Tu le vois ?

C'est l'homme qui ──→ parle.
C'est l'homme que   tout le monde regarde.
                porte un chapeau.
                nous avons invité.

C'est le tableau qui   les enfants ont peint.
C'est le tableau que   est dans le couloir.
                  coûte le plus cher.
                  je préfère.

🎧 181

2 Complétez avec *qui* ou *que* (*qu'*). Trouvez le nom qui correspond à chaque devinette Écoutez pour vérifier.

Devinettes   une montre   un parapluie   une clé   un téléphone   ~~des lunettes~~

C'est un objet *qui* permet de mieux voir et *qu'*on porte sur le nez : *des lunettes*

1 C'est un objet .... protège et .... on ouvre quand il pleut : ....

2 C'est un accessoire .... donne l'heure et .... les gens portent au poignet : ....

3 C'est un objet .... on met souvent dans sa poche et .... sert à ouvrir une porte : ....

4 C'est un appareil .... sonne et .... permet de communiquer : ....

3 À vous. Sur le modèle de l'exercice 2, proposez des devinettes sur des professions.

C'est une personne qu'on appelle d'urgence et qui éteint les incendies : le pompier. ....
....

4 Faites une seule phrase avec *qui, que* (*qu'*), *où*.

Le tour de France est une course cycliste. Elle a lieu tous les ans.
Le tour de France est une course cycliste *qui a lieu tous les ans*.

1 Paris est une métropole. Des millions de touristes la visitent chaque année.
Paris est une métropole ....

2 Août est un mois d'été. Beaucoup de Français partent en vacances en août.
Août est le mois d'été ....

3 Le périphérique est un boulevard. Il entoure Paris.
Le périphérique est un boulevard ....

4 Marianne est une figure symbolique. On la voit dans toutes les mairies de France.
Marianne est une figure symbolique ....

5 Paris a des places célèbres. On y danse le 14 juillet.
Paris a des places célèbres ....

5 Transformez comme dans l'exemple.

Je suis votre guide. → *C'est moi qui suis votre guide.*

1 J'ai vos billets. → ....

2 Tu habites à Genève ? → ....

3 Nous prenons les sacs. → ....

4 Elle n'a pas de réservation ? → ....

5 Vous partez ce soir ? → ....

6 Ils s'occupent de l'hôtel. → ....

7 Vous n'êtes pas inscrite ? → ....

Le pronom relatif *dont*

> Tu as vu la pièce **dont** je t'ai parlé ?

> La pièce de Montherlant ?

Utilisation

Dont remplace une chose ou une personne. Ces noms sont des compléments introduits par *de*.

● Le pronom relatif *dont* remplace un nom. Il permet de réunir deux phrases.

Je connais la ville. Le prince de la ville est un enfant. → *Je connais la ville **dont** le prince est un enfant.*

Tu as vu le film ? Je t'ai parlé de ce film. → *Tu as vu le film **dont** je t'ai parlé ?*

Dont est complément d'un verbe + **de**	*Je **parle de** ce film.* → *C'est le film dont je parle.*
	*Je **m'occupe de** cet enfant.* → *Voici l'enfant dont je m'occupe.*

Exemples de verbes construits avec **de** : *avoir besoin de, avoir envie de, avoir peur de, faire partie de, manquer de, se méfier de, parler de, s'occuper de, se servir de, se charger de, se souvenir de, se séparer de…*

Dont est complément d'un adjectif + **de**	*Je suis **proche de** ce collègue.* → *C'est un collègue dont je suis proche.*
	*Je suis **responsable de** ce dossier.* → *C'est le dossier dont je suis responsable.*

Exemples d'adjectifs construits avec **de** : *amoureux de, content de, enchanté de, fier de, heureux/malheureux de, proche de, responsable de, satisfait de, sûr de…*

Dont est complément d'un nom + **de**	*J'ai un collègue. **La femme de** ce collègue est actrice.* → *J'ai un collègue dont la femme est actrice.*
	*C'est un document. **Le contenu du** document est confidentiel.* → *C'est un document dont le contenu est confidentiel.*

⚠ On ne peut pas utiliser l'adjectif possessif après *dont*.

J'ai un collègue ; sa femme est actrice. → *J'ai un collègue dont ~~sa~~ la femme est actrice.*

EXERCICES

1 **Terminez les phrases comme dans l'exemple.**

Conseils

Commande l'appareil photo *dont tu m'as parlé* ! (tu m'as parlé de cet appareil photo)

1 Prends l'argent .... ! (tu as besoin de cet argent)

2 Achetez les meubles .... ! (vous avez envie de ces meubles)

3 Réservez le voyage .... ! (vous rêvez de ce voyage)

4 Ne gardez pas les appareils .... ! (vous ne vous servez plus de ces appareils)

5 N'utilise pas les produits .... ! (tu te méfies de ces produits)

6 Étudie bien le projet .... ! (tu t'occupes de ce projet)

🎧 182 **2** **Mettez les mots dans l'ordre pour faire des phrases. Écoutez pour vérifier.**

programme / dont / Voici / je / chargé / suis / le

➜ *Voici le programme dont je suis chargé.*

1 sommes / C'est / nous / un / fiers / contrat / dont

➜ ....

2 sûrs / une / C'est / n' / information / dont / on / pas / est

➜ ....

3 Voilà / dont / contents / travail / nous / un / sommes

➜ ....

4 Ce sont / collaborateurs / proche / suis / je / des / dont

➜ ....

5 Voilà / dont / ne / pas / une / informé / suis / décision / je

➜ ....

6 n' / satisfait / explication / dont / il / C'est / une / pas / est

➜ ....

3 **Faites des phrases avec *dont* comme dans l'exemple.**

Environnement professionnel

C'est ma collègue Léa. Son mari est informaticien.

➜ *C'est ma collègue Léa dont le mari est informaticien.*

1 C'est Pierre. Son bureau est en face du mien.

➜ ....

2 Je connais une entreprise. Ses employés sont tous actionnaires.

➜ ....

3 Je te présente Claire. Sa fille travaille avec nous.

➜ ....

4 C'est une petite société. Son siège est en Autriche.

➜ ....

4 **À vous ! Vous avez une nouvelle activité, vous la présentez en utilisant *dont*.**

Je me suis inscrit(e) à la nouvelle activité dont je t'ai parlé ....

....

Le château **dans lequel** le comte de Méreux s'est marié date du XVIIe siècle.

1 Utilisation

Les pronoms relatifs composés remplacent un nom de chose ou un nom de personne. Ils permettent de réunir deux phrases.

Le comte de Méreux s'est marié dans un château. Ce château date du XVIIe siècle.

→ *Le château **dans lequel** le comte de Méreux s'est marié date du XVIIe siècle.*

2 Formes

● Le pronom relatif composé est formé d'une préposition + *lequel* / *laquelle* / *lesquels* / *lesquelles*. La forme du pronom dépend du nom qu'il remplace.

> *Le château **dans lequel** il s'est marié date du XVIIe siècle.*
>
> *La mairie **dans laquelle** il s'est marié est très moderne.*
>
> *Les invités **avec lesquels** ils ont fêté leur mariage étaient très nombreux.*
>
> *Les amies **avec lesquelles** elle a préparé le mariage étaient un peu jalouses.*

⚠ Attention aux formes contractées avec *à* et *de* (prépositions composées *près de*, *à côté de*, *au sujet de...*) !

à lequel → *auquel*	*de lequel* → *duquel*
à laquelle → *à laquelle*	*de laquelle* → *de laquelle*
à lesquels → *auxquels*	*de lesquels* → *desquels*
à lesquelles → *auxquelles*	*de lesquelles* → *desquelles*

*C'est un mariage **auquel** les journalistes étaient invités et **au sujet duquel** la presse a beaucoup écrit.*

● Les formes *duquel*, *de laquelle*, *desquels* et *desquelles* sont seulement utilisées après une préposition composée. *C'est un mariage **au sujet duquel** la presse a beaucoup écrit* (écrire au sujet de). Après la préposition *de* utilisée seule, on utilise *dont*. *C'est un mariage **dont** la presse a parlé* (parler de).

● Quand le pronom relatif composé remplace une personne, *lequel* est souvent remplacé par *qui* dans la langue courante.

*La femme **avec laquelle** il se marie est très riche. = La femme **avec qui** il se marie est très riche.*

EXERCICES

1 Associez. Deux réponses sont parfois possibles.

La chanson

1 Les musiciens
2 Le film
3 Les deux actrices
4 Le journaliste
5 L'émission
6 Les tableaux

auquel
à laquelle
auxquels
auxquelles
à qui

je pense.

2 Choisissez et complétez les phrases comme dans l'exemple. Deux réponses sont parfois possibles.

Souvenirs d'enfance

on jouait à ces jeux / on pêchait près du lac / on discutait pendant les soirées / on se cachait derrière les arbres / on allait goûter chez Mme Pomi / ~~on passait les vacances avec eux~~

Je me rappelle

les copains *avec qui / avec lesquels on passait des vacances.*

1 le lac ....
2 les arbres ....
3 madame Pomi ....
4 les jeux ....
5 toutes les soirées ....

3 Complétez avec un pronom relatif composé. Utilisez la préposition entre parenthèses et écoutez pour vérifier.

Mangez le chocolat Miam *grâce auquel* on reste en forme. (grâce à)

1 Voici le stylo PLUME .... vous ne ferez plus de fautes. (avec)
2 Conduisez la voiture BAP .... vous vous sentirez comme dans un fauteuil. (dans)
3 Voici la valise VOYA .... on ne peut plus voyager. (sans)
4 Écoutez la radio LibreAir .... vous apprendrez plein de choses. (grâce à)

4 À vous ! Comme dans l'exercice 3, imaginez des slogans publicitaires pour des objets. Utilisez des pronoms relatifs composés. ....

5 Mettez les mots dans l'ordre pour faire des phrases.

le / projet / lequel / C'est / on / pour / fait / des / recherches → *C'est le projet pour lequel on fait des recherches.*

1 lequel / C'est / je / le réalisateur / avec / travaille
→ ....
2 un sujet / C'est / les écrivains / s'intéressent / auquel
→ ....
3 C'est / le spectacle / a lieu / laquelle / à / la date
→ ....
4 jouer / lequel / le théâtre / dans / va / on / C'est
→ ....

1 Complétez avec un pronom tonique. Unité 52

– Ce n'est pas Brad Pitt, là ? – Si, c'est *lui* ! Incroyable !

1 – Tiens, ma chérie, voilà un petit cadeau pour .... !
   – .... aussi, j'ai quelque chose pour .... !
2 – J'ai invité Léa chez .... ce soir. – .... aussi, on est invités ? !
3 – Vous êtes ensemble ? – Non, je ne suis pas avec .... ; cette dame est devant ....
4 – Madame, ce foulard n'est pas à .... ? – Oh, si, merci !

2 Soulignez le pronom correct. Unités 52 et 53

Mes amis espagnols

Je *leur* / *les* retrouve à 13 h.

1 Je *les* / *leur* donne rendez-vous ici.
2 Je *leur* / *les* emmène au restaurant.
3 Ensuite ils *m'* / *les* invitent au cinéma.
4 Viens avec *vous* / *nous*, tu ne *leur* / *les* connais pas, mais tu *les* / *la* trouveras sympas !
5 Ça *me* / *vous* fait plaisir de *t'* / *leur* inviter avec *eux* / *toi*.
6 Mais si tu n'es pas libre, préviens-*moi* / *me* !

3 Transformez selon le modèle. Unité 53

J'attends ma responsable. (demander) → *Je l'attends et je lui demande.*

1 Il accompagne ses clients. (expliquer) → ....
2 Vous conduisez ces messieurs. (parler italien) → ....
3 Nous prévenons le gardien. (indiquer le changement) → ....
4 J'appelle le comptable. (envoyer un mail) → ....
5 Vous réunissez vos collègues. (faire la proposition) → ....

4 Mettez les mots dans l'ordre et choisissez le mot remplacé par le pronom. Unité 53

les dirigeants   le formulaire   à l'employée   ~~mon billet~~   aux responsables   les chèques   mes place

trop / réserver / Il / tôt / est / pour / le → *Il est trop tôt pour le réserver : mon billet.*

1 On / les / accepte / plus / ne → ....
2 le / Je / remplir / sur / vais / Internet → ....
3 ne / On / peut / écrire / leur / pas → ....
4 Vous / n' / pas / joindre / facilement / les / allez → ....
5 J' / de / les / ai / échanger / essayé → ....
6 va / falloir / Il / expliquer / lui → ....

5 Répondez avec *en*. Rétablissez l'apostrophe si nécessaire. Unité 54

– Il y a des questions ? – Non, il *n'y en a pas !*

1 – Vous avez un dossier ? – Oui, je ....
2 – Il a un blog ? – Non, ...
3 – Tu vas avoir une réponse ? – Oui, ...
4 – Vous n'avez pas de stylo ? – Si, je ....
5 – Il y a eu beaucoup d'explications ? – Oui, ...
6 – Il a eu un programme ? – Non, il ....
7 – Vous n'avez pas d'invitation ? – Si, je ...., la voilà !

6 **Complétez avec *le*, *la*, *les* ou *en*. Rétablissez l'apostrophe si nécessaire.** Unités 53 et 54

1   Le journal, je *l'*achète tous les jours, parfois je .... (1) lis en entier, parfois je ....
(2) lis seulement quelques pages. Mais les pages « Actualités internationales », je ....
(3) regarde en priorité !

2   Tu sais, la télévision, tu .... (4) regardes beaucoup ! Il y a des émissions intéressantes,
mais il y .... (5) a beaucoup qui sont stupides !

3   On adore la radio. À la maison, on .... (6) écoute tout le temps, on .... a (7) une
dans chaque pièce !

7 **Répondez avec *y* ou *en*. Soulignez les liaisons nécessaires. Plusieurs réponses sont
possibles.** Unité 55

– Quand est-ce que vous allez au Brésil ? – *On y va / Nous y allons en juin*.

1   – Depuis combien de temps ils habitent à Nice ? – .... depuis longtemps.

2   – Ils reviennent du bureau à pied ? – Oui, ... tous les jours à pied.

3   – Combien de temps elle reste à Naples ? – .... trois jours.

4   – Avec qui vous retournez à Londres ? – .... avec nos enfants.

5   – Comment ils sont partis à l'aéroport ? – .... en taxi.

6   – Vous sortez d'où, de la réunion ?! – Oui, ... juste à l'instant !

7   – Quand est-ce qu'il va aller en stage ? – .... l'an prochain.

8 **Transformez avec *y*, *en* ou un pronom tonique.** Unité 56

Je ne m'habitue pas à cet homme politique. → *Je ne m'habitue pas à lui.*

1   Il pense trop à sa carrière. → ....

2   Tout le monde parle de cette candidate. → ....

3   On discute trop de questions financières. → ....

4   Il faut s'occuper des jeunes. → ....

5   Il faut vraiment s'intéresser aux problèmes. → ....

6   Il est important de penser aux gens. → ....

7   On devrait plus se préoccuper de questions sociales. → ....

9 **Mettez les mots dans l'ordre pour faire des phrases puis associez.** Unité 57

1   peux / Je / emprunter / en / vous / un / ?

....

2   Il / ne / pas / montrés / a / me / les

....

3   lui / réglée / la / Je / ai

....

4   ne / pas / le / te / prêter / peux / Je

....

5   On / de / réparer / vient / la / vous

....

6   Vous / le / transférer / pouvez / ? / me

....

7   commandé / Je / en / plusieurs / leur / ai

....

a   mon ordinateur
b   le mail
c   des classeurs
d   la facture
e   l'imprimante
f   un stylo
g   les documents

184 10 **Complétez le dialogue avec un double pronom. Écoutez pour vérifier.** Unité 57

Au bureau

– Marine, vous pouvez apporter ce dossier à Marc ? Il le signe et il *vous le* redonne tout de suite, c'est urgent.

– D'accord, je .... (1) apporte immédiatement.

– Vous avez réservé un hôtel pour nos clients ?

– Oui, je .... (2) ai réservé un, tout près de la foire internationale, on .... (3) a conseillé, c'étaient les deux dernières chambres.

– Bien. Vous pourrez .... (4) conduire ce soir et aller .... (5) chercher demain matin ? Moi, j'irai sur notre stand directement et je .... (6) attendrai vers 10 h. N'oubliez pas d'apporter des albums, on pourra .... (7) offrir. Et bien sûr, si vous avez un problème, dites-................ (8).

185 11 **Complétez avec un pronom démonstratif. Écoutez pour vérifier.** Unité 58

Au magasin de cadeaux

| celui | celle | celles-là | ça | ceux | celle-ci | ~~celui-ci~~ |

– Pardon, je peux voir le foulard en vitrine ?

– Bien sûr, *celui-ci* ?

– Oui merci, il est vraiment magnifique. Et les lunettes de soleil aussi. Oui, j'aime beaucoup .... (1).

– Vous désirez autre chose ?

– Oui, une bague… ou un collier… Les bijoux, ... (2) fait toujours plaisir !

– Oui, et .... (3) qui sont ici sont à – 30 % !

– Ah, parfait ! Alors, je vais prendre ce collier, ... (4) que vous tenez. Et puis cette bague en argent ou .... (5) en or, j'hésite ! Non, ... (6) ! Je préfère.

12 **Soulignez les pronoms possessifs et les pronoms démonstratifs corrects.** Unités 58 et 59

Allez, on range !

– Elle est à qui, cette écharpe ?

– Ce n'est pas *la sienne* / *la mienne* !

– Elle est à Louise ?

– Non, ce n'est pas *la leur* / *la sienne* (1), je crois que c'est *celui* / *celle* (2) d'Olivia.

– Et ces livres, là, ils sont à elle aussi ?

– Non, ce ne sont pas *les siens* / *les nôtres* (3), ce sont *celui* / *ceux* (4) d'Armelle.

– Tiens, des lunettes de soleil ! Ce sont *les tiennes* / *le leur* (5) ?

– Il y a ton portable qui sonne, tu réponds ?

– Ce n'est pas *le mien* / *la mienne* (6), c'est *celle* / *celui* (7) d'Olivia !

13 **Complétez avec un pronom indéfini ci-dessous.** Unité 60

| le même | quelques-uns | tout le monde | ~~tous~~ | tous | personne | d'autres |

J'ai fait le marathon de New York avec des étudiants de mon université. Je ne les connaissais pas *tous*, bien sûr, mais .... (1) portait le maillot bleu et rouge de notre école. Nous sommes .... (2) partis ensemble. Il faisait très chaud et malheureusement, ... (3) ont vite abandonné, moi j'ai continué avec .... (4), malgré la chaleur ! Mais finalement .... (5) de notre club n'a passé la ligne d'arrivée !! Et qui a été champion ? Toujours .... (6). C'est énervant !!!

14 Retrouvez les deux phrases comme dans les exemples. Unités 62 et 54

> Je connais cette société dont le siège est en Italie. → *Je connais cette société. Son siège est en Italie.*
>
> C'est le projet dont je parle à tout le monde. → *C'est le projet, j'en parle à tout le monde.*

1   On prépare une réunion dont la date n'est pas encore fixée.

→ ....

2   C'est un dossier difficile dont je suis responsable.

→ ....

3   C'est le nouveau programme dont je m'occupe.

→ ....

4   On signe un contrat dont les termes sont complexes.

→ ....

5   C'est un petit appareil dont je me sers beaucoup.

→ ....

15 Complétez les phrases avec les pronoms relatifs. Unités 61 et 63

> auxquels   à qui   ~~auquel~~   sur laquelle   avec laquelle   dans lesquels   qui

Voici, si vous êtes d'accord, le programme *auquel* nous avons pensé, regardez les photos : voici la rivière .... (1) vous ferez une promenade en bateau, les parcs .... (2) nous nous promènerons, l'artisan .... (3) vous expliquera comment on fait le verre. Vous verrez aussi deux châteaux .... (4) plusieurs écrivains se sont intéressés. Et là, voici la photo de Lucie, notre guide .... (5) vous allez passer cette belle journée et .... (6) vous pourrez poser plein de questions !

16 Soulignez le pronom correct. Unités 52 à 63

À l'agence immobilière
– Bonjour, je reviens pour l'appartement *que / qui* j'ai visité la semaine dernière, *celle / celui* (1) *qui / que* (2) se trouve sur le quai de la Bastille.
– Ah oui, celui *dont / auquel* (3) vous parlez, je crois qu'il est vendu… Attendez, ah non, excusez-*moi / vous* (4), il est encore disponible ! Vous voulez *le / lui* (5) revoir ? Je peux *vous y / vous en* (6) emmener maintenant si vous voulez.
– Si c'est possible, oui.
– Oui, je *nous / vous* (7) demande juste une petite minute… Alors, voilà les clés, je *les / l'* (8) ai *toutes / tous* (9), on *en / y* (10) va !
– Vous avez d'autres appartements à vendre dans ce quartier ?
– Oui on *en / y* (11) a *plusieurs / aucun* (12). Je pourrai *vous y / vous en* (13) montrer *un autre / le même* (14), très bien aussi, juste à côté de *celle / celui* (15) *qui / qu'* (16) on va voir tout de suite.
À l'agence, on regardera les plans, et je vous *en / les* (17) donnerai une copie si ça *vous / les* (18) intéresse. Mais on peut même essayer de visiter maintenant, si les propriétaires sont chez *moi / eux* (19), je *leur / lui* (20) téléphone, attendez…
– Merci.

64 Les adverbes d'intensité, de quantité

1 Utilisation et formes

- Les adverbes modifient le sens d'un verbe, d'un adjectif ou d'un autre adverbe. Ils sont invariables.
- Les adverbes expriment :
– l'intensité ou la qualité : *assez, très, presque, un peu, bien, mal, tout*. *Il joue au basket* **assez/très** *souvent. Il joue* **bien/mal**.
– la quantité : *assez, beaucoup, trop, un peu*. *Il voyage* **beaucoup/un peu**. *Il court* **trop** *vite*.

Tu as vu Jonathan ? Il joue **bien** ! On voit qu'il s'est **beaucoup** entraîné !

⚠ **Beaucoup** est seulement utilisé avec un verbe. *Très* est seulement utilisé avec un adjectif et un adverbe.
On mange **beaucoup**. *C'est* **très** *bon*.

⚠ *Très, trop* ont un sens différent. *Trop* exprime généralement une appréciation négative.
Il est **très** *bavard*. (= il parle beaucoup) ≠ *Il est* **trop** *bavard*. (= il doit parler moins)

⚠ Dans les expressions *avoir faim/soif/envie/peur/chaud/froid/mal* ou *faire attention*, on emploie **très** ou **un peu** pour marquer l'intensité. *Fais* **un peu** *attention ! J'ai* **très** *soif*.

⚠ Quelques combinaisons d'adverbes sont possibles :
– *très bien, très mal, assez bien, assez mal ;*
– *beaucoup trop, un peu trop, presque trop.*
Il a couru **beaucoup trop** *vite, il est tombé et il a* **vraiment très** *mal !*

2 Place des adverbes

- Quand l'adverbe modifie un adjectif ou un autre adverbe, il est placé devant ce mot :
Cette course est très **longue**. *Il court* très **vite**.
- Quand l'adverbe modifie un verbe, sa place dépend du type de conjugaison :
– avec un temps simple : l'adverbe est placé derrière le verbe. *Il* **s'entraîne** *beaucoup*.
– avec un temps composé : l'adverbe est placé généralement entre l'auxiliaire et le participe passé. *Il* **s'est** *beaucoup* **entraîné**.
– avec un semi-auxiliaire : l'adverbe est généralement placé devant l'infinitif : *Il va beaucoup* **s'entraîner**.

3 Prononciation

- On fait la liaison avec *bien* et *très* devant un adjectif ou un autre adverbe qui commencent avec une voyelle ou un *h* muet : *Il s'est bien entraîné ! Ce jeu est très intéressant.*
- On fait la liaison avec *beaucoup* et *trop* au niveau formel : *Ce match m'a beaucoup impressionné mais il était presque trop intense !*

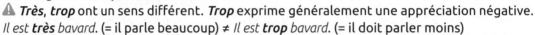

EXERCICES

1   Soulignez la forme correcte.

Tu as eu *beaucoup* / *très* froid.

1   J'ai *assez* / *beaucoup* chaud.

2   On a *très* / *mal* envie de rester.

3   On a *très* / *beaucoup* pleuré.

4   Vous allez avoir *un peu* / *beaucoup* peur.

5   Elle a trouvé le film *beaucoup* / *très* mauvais.

6   On a *très* / *beaucoup* faim.

7   Ils ont *bien* / *trop* compris.

2   Associez.

Je suis trop fatiguée.

1   Je suis très fatiguée.

2   Ce paquet est trop lourd.

3   Ce paquet est très lourd.

4   Cette voiture est trop chère pour moi.

5   Cette voiture est très chère.

6   Cet endroit est trop éloigné.

7   Cet endroit est très éloigné.

a   Je voudrais me reposer.

      Je ne peux plus marcher.

b   Je le porte difficilement.

c   Il est impossible à porter.

d   Le prix est élevé.

e   Je ne suis pas assez riche pour l'acheter.

f   Je ne peux pas y aller.

g   Je dois marcher longtemps pour y aller.

3   Transformez les phrases avec l'adverbe entre parenthèses.

Tu t'intéresses à la compétition (beaucoup) ? → *Tu t'intéresses beaucoup à la compétition ?*

1   Tu t'es entraîné pour les sélections ? (assez) → ....

2   Vous devez suivre un régime équilibré. (très) → ....

3   Tu as suivi les conseils du capitaine ? (bien) → ....

4   Les gens connaissent cette discipline. (mal) → ....

5   On pratique ce sport en France ? (beaucoup) → ....

6   Il a amélioré son record. (un peu) → ....

7   Ce joueur a été souvent blessé. (trop) → ....

4   À vous ! Vous posez des questions à un ami sur son loisir préféré en utilisant des adverbes d'intensité ou de quantité.

Tu joues bien du violon ? Tu répètes beaucoup ?

5   Complétez les phrases avec les expressions qui conviennent. Écoutez pour vérifier.

beaucoup	presque	très	trop

1   – Tu te plains *beaucoup*. Tu as vraiment .... (1) mal ?

      – Oui, je ne peux .... (2) plus plier ma jambe !

      – Mais tu es .... (3) lourd, je ne peux pas te porter !

pas trop	un peu trop	très	un peu

2   Vous êtes prêts ? Avancez .... (4), mais .... (5). Comme ça ! Euh, non, c'est .... (6). Reculez maintenant ! Stop ! Parfait ! Ça fait une photo vraiment .... (7) originale !

trop	tout	beaucoup

3   Tu es .... (8) rouge ! Fais attention, tu restes .... (9) .... (10) au soleil !

65 | Les adverbes en –*ment*

> Voici les conseils de la Sécurité routière : sur l'autoroute, roulez **prudemment** et n'oubliez pas de vous arrêter **régulièrement** !

1 Utilisation

● L'adverbe en –*ment* indique souvent la manière de faire une action.
Roulez prudemment. (= Roulez avec prudence.)
● Il modifie le sens :
– d'un adjectif : *Ils sont généralement* **prudents**.
– d'une expression : *Elle est fréquemment* **en retard**.
● L'adverbe de manière peut être précédé d'un adverbe d'intensité : *Il roule* **très** *prudemment*.

2 Formation des adverbes

● **Cas général**
Pour former l'adverbe, on ajoute –*ment* à l'adjectif féminin.
douce → *douce**ment** ; longue* → *longue**ment***
● **Cas particuliers**
– Avec les adjectifs masculins terminés par une voyelle, on ajoute –*ment* à la forme du masculin. *poli* → *poli**ment** ; absolu* → *absolu**ment** ; passionné* → *passionné**ment** ; vrai* → *vrai**ment***
⚠ *gai* → *gai**e**ment*
– Avec les adjectifs terminés par –*ant* ou –*ent*, on transforme ces finales en –*amment* ou –*emment*. *courant* → *cour**amment** ; patient* → *pati**emment***
⚠ *lent* → *lent**ement***
– Pour quelques adjectifs, la formation de l'adverbe est irrégulière.
précis (précise) → *précisément ; bref (brève)* → *brièvement ; gentil (gentille)* → *gentiment*

3 Place

● Quand il modifie un adjectif ou une expression, l'adverbe en –*ment* est placé devant.
Ils sont généralement **prudents**. *Elle est complètement* **d'accord**.
● Quand il modifie un verbe, il est généralement placé derrière.
Il **parle** *rapidement. Il a* **parlé** *rapidement.*

4 Prononciation

 Les deux suffixes –*amment* et –*emment* se prononcent de la même façon « amment » : *On parle chinois* **couramment** *et assez* **fréquemment**.

1 Complétez avec l'adverbe à partir de l'adjectif proposé.

Recettes de cuisine

1 Tu mélanges *doucement* (doux) le sucre et les œufs. Tu laisses reposer une demi-heure, puis tu ajoutes la crème .... (1) (progressif) et .... (2) (délicat).

2 Vous coupez .... (fin) (3) les oignons et la viande, vous les faites revenir .... (4) (rapide) dans du beurre, vous remuez .... (5) (énergique) et vous continuez la cuisson .... (6) (lent) à feu doux.

2 Mettez les mots dans l'ordre pour faire des phrases.

en / généralement / fait / juin / Il / beau → *Il fait généralement beau en juin*.

1 année / excessivement / eu / a / froid / On / cette → ....

2 a / vraiment / On / soleil / besoin / de → ....

3 pleut / l'été / pendant / rarement / Il → ....

4 Il / neigé / brièvement / a / nuit / la / dernière → ....

5 fait / dernier / dimanche / Il / mauvais / horriblement / a → ....

6 vacances / On / chaud / extrêmement / eu / a / en → ....

3 Transformez comme dans l'exemple.

Attitudes (1)

Elle explique de façon très claire. → Elle explique très *clairement*.

1 Il parle de manière assez discrète. → ....

2 Elle me répond de façon polie. → ....

3 Elles réagissent de façon trop brutale. → ....

4 Il écoute de manière attentive. → ....

5 Ils se comportent de manière agressive. → ....

6 On s'adresse aux gens de manière gentille. → ....

7 Il me regarde de façon très curieuse. → ....

 189

4 Écoutez et complétez.

Attitudes (2)

Il a agi *intelligemment*.

1 Elle a claqué la porte ....

2 On a attendu ....

3 Vous êtes .... impoli.

4 Elle a réagi très ....

5 Ils ne sont pas .... généreux.

6 Vous devez conduire ....

7 Ils sont .... révoltés.

5 À vous ! Complétez les phrases avec des adverbes.

J'apprécie les gens qui parlent et agissent *gentiment*, ...

Je n'aime pas les personnes qui parlent et agissent ....

66 Les mots de liaison

1 Utilisation

Pour organiser un discours de manière logique, on utilise des mots de liaison qui permettent de rendre plus clair ou plus compréhensible un récit ou une argumentation.

2 Formes

On peut classer les mots de liaison suivant leur usage :
- Montrer les étapes successives du discours
1 *D'abord, tout d'abord, premièrement, pour commencer*
2 *Puis, ensuite, deuxièmement*
3 *Enfin*

Psychologie **Mag** | dossier _____

Jeux de société : quels avantages ?

D'abord, on partage un moment avec ses amis. **Puis**, on apprend à suivre des règles et à prendre des risques sans danger.
De plus, on entraîne son cerveau et, **pour finir**, on se déconnecte des écrans et des réseaux en ligne !

- Expliquer ou ajouter un autre élément
Par ailleurs, mais, de plus, d'autre part, d'un autre côté, en effet, en fait, en réalité
⚠ *D'une part, d'autre part* et *d'un côté, d'un autre côté* sont généralement utilisés dans le même discours.

- Illustrer = donner un exemple pour soutenir l'argument
Par exemple, ainsi

- Reformuler, reprendre et exprimer ce qui a été dit d'une autre manière
Autrement dit, en d'autres termes, c'est-à-dire

- Conclure : résumer le discours
C'est pourquoi, donc, en résumé, en conclusion, pour finir, par conséquent, pour toutes ces raisons

EXERCICES

1 Associez les mots ou expressions de même sens.

d'une part

1 c'est-à-dire   a puis
2 ensuite   b en conclusion
3 en réalité   c en fait
4 en résumé   *d'un côté*
                        d autrement dit

2 Est-ce que ces mots de liaisons introduisent (i) ou concluent (c)?

par conséquent : *c*   4 donc : ....
1 enfin : ....   5 pour toutes ces raisons : ....
2 d'abord : ....   6 pour finir : ....
3 pour commencer : ....   7 premièrement : ....

3 Numérotez les phrases pour mettre chaque texte dans l'ordre. Écoutez pour vérifier.

Texte 1
Je ne sais pas si ce sera possible
1 d'abord, j'ai beaucoup de travail,
.... alors ce n'est pas sûr du tout
.... et puis j'ai mal à la tête

Texte 3
Je te demande de m'aider s'il te plaît :
.... pour terminer, tu t'occuperas un peu du jardin
.... ensuite, tu prépares le repas
.... pour commencer, tu vas faire les courses

Texte 2
J'hésite à quitter mon poste dans ma société :
.... d'un autre côté, j'habite vraiment loin
.... en fait, je n'arrive pas à me décider
.... d'un côté, je le trouve intéressant

Texte 4
J'ai pu m'inscrire à la formation
.... d'une part, elle est intéressante
.... autrement dit, j'ai de la chance
.... de plus, elle est gratuite

4 Soulignez le mot de liaison qui convient.

Protéger l'environnement est un objectif de notre municipalité. Nous voulons *d'abord* / *ensuite* interdire les sacs en plastique : *d'une part* / *enfin* (1) ils peuvent être dangereux, *d'autre part* / *en résumé* (2) ils dégradent l'environnement ; *en effet* / *c'est-à-dire* (3) on trouve beaucoup de sacs en plastique dans les rues et les jardins publics, c'est inadmissible ! *Ensuite* / *Premièrement* (4), nous souhaitons limiter la circulation des voitures au centre-ville. À certaines heures, l'air est très pollué, *c'est pourquoi* / *par exemple* (5) il est nécessaire de prendre des mesures. *Enfin* / *D'abord* (6) nous demandons à tous de respecter les lieux publics. Nous ferons *ainsi* / *par exemple* (7) tout pour que notre ville reste propre.

5 À vous ! Pour ou contre ? Proposez des arguments en utilisant des mots de liaison.

L'interdiction de fumer dans les endroits publics : *à mon avis, c'est une bonne décision ; d'abord, ça permet de respecter les autres, ensuite, de protéger la santé de tous et enfin, de faire des économies !*

1 La publicité à la télévision
2 Le vote obligatoire
3 L'ouverture des magasins en ville jusqu'à 22 h

1 Barrez la forme incorrecte. Unité 64

On a ~~beaucoup~~ / *très* peur.
1 Ils ont *beaucoup* / *très* cherché.
2 J'ai *un peu* / *mal* soif.
3 Vous n'avez pas *assez* / *presque* essayé.
4 Tu avais *très* / *beaucoup* mal ?
5 C'était *assez* / *beaucoup* intéressant.
6 J'ai *trop* / *très* insisté.
7 Vous avez *beaucoup* / *très* froid ?

2 Complétez avec une combinaison de deux adverbes. Plusieurs réponses sont possibles.
Unité 64

beaucoup très trop bien mal tôt tard assez un peu

Tu as *très mal* écrit ! Je ne peux pas te lire !
1 Il a des résultats excellents, il travaille ....
2 Je ne monterai plus dans sa voiture, il conduit ....
3 Je reste encore au lit, il est ....pour se lever !
4 Vite, dépêche-toi, il est .... ! Les magasins vont fermer !
5 Il n'y a plus de place, j'ai attendu ....longtemps pour réserver.
6 22 h ! Il est .... mais je peux encore lui téléphoner, elle ne dort pas à cette heure-là !

3 Numérotez les phrases de la plus positive (1) à la moins positive. Unité 64

a J'aime bien (....), beaucoup (*1*), un peu (....) la peinture impressionniste.
b Il peint mal (....), assez mal (....), très bien (....), bien (....).
c Ils ont un peu de talent (....), beaucoup de talent (....), pas assez de talent (....).
d Elle chante assez bien (....), très mal (....), mal (....), bien (....).

4 Transformez avec un adverbe. Unité 65

Il est poli. Il répond *poliment*.
1 Elle n'est pas honnête. Elle ne parle pas ....
2 Ils sont aimables. Ils nous renseignent ....
3 Ils ont été gentils avec toi. Ils t'ont parlé ....
4 J'ai été violente. J'ai répondu ....
5 Vous êtes calme. Vous vous exprimez toujours ....
6 Il est un peu bizarre. Il rit quelquefois ....
7 Tu n'as pas été précis. Tu n'as pas expliqué ....

  5 Soulignez la forme correcte. Écoutez pour vérifier.

Préparation à un entretien d'embauche
Bonjour. Pour conclure notre matinée de formation, je vous rappelle quelques conseils sur l'entretien d'embauche. *D'abord* / *Puis*, soyez à l'heure. *Ensuite* / *Mais* (1) portez des vêtements corrects. *Par exemple* / *Enfin* (2), ne choisissez pas des couleurs trop vives. *Par ailleurs* / *C'est-à-dire* (3), soyez souriant, *en effet* / *c'est pourquoi* (4) on pense souvent qu'il faut être très sérieux, *en réalité* / *ainsi* (5) les employeurs aiment les attitudes naturelles. *En résumé* / *Pour commencer* (6), ne soyez pas trop stressé, *autrement dit* / *de plus* (7), restez vous-même.

les mots de liaison

6 **Complétez les mots croisés avec des adverbes.** Unités 64 et 65

Mots croisés

Horizontal
1 adverbe de *curieux*
2 adverbe de *récent*
3 contraire de *beaucoup*
4 synonyme de *suffisamment*
5 contraire de *mal*
6 synonyme de *complètement*

Vertical
A contraire de *tôt*
B adverbe de *correct*
C contraire de *pas assez*
D contraire de *rarement*
E synonyme de *rapidement*
F synonyme de *en grande quantité*
G adverbe de *fréquent*

7 **Barrez la forme incorrecte.**

Le « Gym club » est un centre sportif que je vous conseille. *En réalité* / *Pour commencer*, la salle est très grande, claire et agréable. *Puis* / *Premièrement* (1) les tarifs sont très raisonnables. *C'est pourquoi* / *Enfin* (2) l'accueil est sympathique et les professeurs compétents. *Mais* / *Pour commencer* (3) il y a quelques points négatifs : *d'une part* / *pour finir* (4) les douches ne sont pas nombreuses et *ainsi* / *d'autre part* (5) le centre ferme à 21 heures. *Donc* / *C'est-à-dire* (6) le soir, il faut prévoir d'arriver tôt ! *En fait* / *Par exemple* (7), il faut y aller à la sortie du travail, *d'abord* / *ainsi* (8) on oublie le stress de la journée. *En d'autres termes* / *D'un côté* (9), si vous avez du temps et envie de détente, n'hésitez pas !

L'impératif

> Bonsoir, **entrez**, **soyez** les bienvenus. **Asseyez-vous** où vous voulez mais **éteignez** vos téléphones portables. Bon spectacle !

1 Utilisation

On utilise l'impératif pour exprimer :
- un ordre, une consigne : *Ne faites pas de bruit ! Éteignez vos portables !*
- un conseil : *Restons ici, c'est mieux !*
- un souhait : *Passe une bonne soirée !*

2 Conjugaison

- À l'impératif, il y a seulement trois personnes : *tu*, *nous*, *vous*. On utilise le présent sans le pronom sujet. *Entre ! Entrons ! Entrez !*
- Pour les verbes en *–er*, à la 2ᵉ personne, on supprime le *s* de la terminaison du présent sauf quand l'impératif est suivi des pronoms *en* ou *y*.
*Réserve des places ! Réserve**s**-en trois. Va à l'opéra ! Va**s**-y, c'est magnifique !*
- Trois verbes ont une conjugaison irrégulière :
– *être* : *sois, soyons, soyez*
– *avoir* : *aie, ayons, ayez*
– *savoir* : *sache, sachons, sachez*
- Le verbe *vouloir* n'a qu'une seule forme à l'impératif : *Veuillez*. C'est une forme de politesse : *Veuillez vous asseoir, monsieur.* Cette forme est souvent utilisée à l'écrit dans la correspondance officielle : *Veuillez agréer mes salutations distinguées.*

⚠ À l'écrit, il y a un point d'exclamation à la fin de la phrase. *Asseyez-vous !*

3 Impératif et pronoms compléments

À la forme affirmative, les pronoms compléments sont placés derrière le verbe. Il y a un trait d'union entre le verbe et le pronom. À la forme négative, ils sont placés devant.

Forme affirmative	Forme négative
*Regarde-**moi** ! Téléphone-**moi** !*	*Ne **me** regarde pas ! Ne **me** téléphone pas !*
*Assieds-**toi** !*	*Ne **t'**assieds pas !*
*Faisons-**le** ! Parle-**lui** !*	*Ne **le** faisons pas ! Ne **lui** parle pas !*
*Attends-**nous** !*	*Ne **nous** attends pas !*
*Taisez-**vous** !*	*Ne **vous** taisez pas !*
*Appelez-**les** ! Écrivez-**leur** !*	*Ne **les** appelez pas ! Ne **leur** écrivez pas !*

⚠ À la forme affirmative, aux première et deuxième personnes du singulier, les pronoms sont toujours *moi* et *toi*.

4 Intonation

 Les phrases impératives ont une intonation particulière selon ce qu'elles expriment :
– un ordre : *Taisez-vous !*
– une consigne : *Ne faites pas de bruit !*
– un conseil : *Restons ici, c'est mieux !*
– un souhait : *Passe une bonne soirée !*

EXERCICES

EXERCICES

1 Transformez les phrases.

Pour rester en forme

Arrêtez de fumer ! (nous) → *Arrêtons* de fumer !

1 Fais des activités physiques ! (vous) → .... des activités physiques !

2 Ne restons pas assis trop longtemps ! (tu) → .... assis trop longtemps !

3 Monte les escaliers à pied ! (nous) → .... les escaliers à pied !

4 Ne prenons pas l'ascenseur ! (tu) → .... l'ascenseur !

5 Mangez à des heures régulières ! (nous) → .... à des heures régulières !

6 Dors 7 heures par nuit ! (vous) → .... 7 heures par nuit !

2 Complétez à l'impératif.

(se réveiller – tu) → *Réveille-toi*, il est 7 heures !

1 (ne pas s'arrêter – tu) → .... , on est pressés !

2 (se dépêcher – vous) → .... , il est tard !

3 (se lever – nous) → .... , c'est l'heure !

4 (se préparer – tu) → .... rapidement !

5 (s'habiller – tu) → .... vite !

6 (ne pas s'inquiéter – vous) → .... , on a le temps !

🎧 193 3 Quelle est la valeur de l'impératif ? Écoutez, cochez et répétez.

	Ordre	Conseil	Souhait
Ne restons pas au soleil !	❏	☑	❏
1	❏	❏	❏
2	❏	❏	❏
3	❏	❏	❏
4	❏	❏	❏
5	❏	❏	❏
6	❏	❏	❏
7	❏	❏	❏

4 Faites des phrases à l'impératif pour dire le contraire.

Penser aux autres

Tu ne lui écris pas. → *Écris-lui !*

1 Vous ne me parlez pas. → .... !

2 Tu me téléphones la nuit. → .... la nuit !

3 Tu ne m'aides pas. → .... !

4 Tu ne la regardes jamais. → .... un peu !

5 Vous les oubliez tout le temps. → .... plus !

6 Tu ne les écoutes pas. → .... !

7 Tu n'en parles jamais. → .... !

5 À vous ! Quels conseils donnez-vous à une personne étrangère qui vient dans votre pays ?

En France : Soyez souriants ! Essayez de parler notre langue ! ....

68 La forme passive

Le viaduc de Millau **a été construit** entre 2002 et 2004.

1 Utilisation

La forme active et la forme passive expriment deux points de vue différents d'une même action.

- *L'entreprise Eiffage a construit le viaduc de Millau entre 2002 et 2004.* → Avec la forme active, l'information donnée porte sur le sujet de l'action : l'entreprise qui a construit le viaduc.
- *Le viaduc de Millau **a été construit** entre 2002 et 2004 par l'entreprise Eiffage.* → Avec la forme passive, on ne s'intéresse pas prioritairement au sujet de l'action. C'est le viaduc de Millau qui est plus important.

2 Formes

Le passif est formé de l'auxiliaire *être* suivi du participe passé. Le passif existe à tous les temps. C'est l'auxiliaire *être* qui indique le temps du verbe.

Présent	*Le viaduc **est** construit*
Passé composé	*Le viaduc **a été** construit*
Imparfait	*Le viaduc **était** construit*
Futur simple	*Le viaduc **sera** construit*
Futur proche	*Le viaduc **va être** construit*
Passé récent	*Le viaduc **vient d'être** construit*

⚠ Pour donner une information sur le sujet du verbe (l'agent), on utilise généralement la préposition *par* :
*Le viaduc de Millau a été construit **par** l'entreprise Eiffage.*
Généralement, on n'utilise pas de pronom personnel après *par* :
Le viaduc a été construit ~~par elle~~.
⚠ Seuls les verbes qui ont un complément direct peuvent être à la forme passive. On ne peut pas dire : ~~J'ai été téléphoné cette nuit~~ car le verbe *téléphoner* a une construction indirecte.
⚠ Le verbe *être* et les verbes pronominaux n'ont pas de forme passive.

3 Orthographe

Le participe passé s'accorde avec le sujet du verbe : *La tour Eiffel a été construit**e** pour l'Exposition universelle de Paris de 1889.*

1 Les phrases sont-elles à la forme active ou à la forme passive ? Cochez.

	Forme active	Forme passive
Toutes les chambres de l'hôtel sont réservées.	❏	☑
1 Les touristes ont été reçus par le directeur.	❏	❏
2 Ils sont arrivés en autocar.	❏	❏
3 Une fête est donnée ce soir.	❏	❏
4 Les jeunes enfants seront accompagnés par des baby-sitters.	❏	❏
5 Le dîner va être servi sur la terrasse.	❏	❏

2 À quels temps sont conjugués les verbes ? Associez.

Bonnes vacances !

Les billets sont pris.
1 Les réservations ont été faites.   a présent
2 Les chèques voyage étaient commandés.   b passé composé
3 Des visites vont être organisées.   c imparfait
4 Les baignades sont interdites.   d futur proche
5 Plusieurs sorties seront annulées.   e futur simple

3 Cochez les phrases qui peuvent être à la forme passive et transformez quand c'est possible comme dans l'exemple.

Tout le monde pense à moi !
On m'a réveillé.   ☑   *J'ai été réveillé.*
On m'a téléphoné. ❏
1 On m'a appelé. ❏ ....
2 On me recevra. ❏ ....
3 On m'a invité. ❏ ....
4 On m'a souri. ❏ ....
5 On m'écrira. ❏ ....
6 On m'écoutait. ❏ ....

4 À vous ! Imaginez que vous voulez être élu maire de votre ville une deuxième fois. Préparez ce que vous voulez dire aux habitants.

Un stade vient d'être construit. Un supermarché va être ouvert. ....
....

5 Transformez comme dans l'exemple. Attention à l'accord des participes passés ! Écoutez pour vérifier. (194)

Retard du train
On annonce un retard d'une heure. → *Un retard d'une heure est annoncé.*
1 On a changé les horaires. → ....
2 On va servir des boissons. → ....
3 On invite les passagers à patienter. → ....
4 On vient d'annuler deux trains. → ....
5 On va rembourser les billets. → ....

69 Le gérondif

Ils maigrissent **en faisant** du sport.

1 Utilisation

On utilise le gérondif pour indiquer que deux actions sont faites en même temps par un même sujet.

Le gérondif peut apporter une précision :

● de temps : *Il mange **en lisant**.* (= il mange et il lit en même temps.)

● de manière : *J'ai maigri en **faisant** un régime et du sport.* (j'explique comment j'ai maigri.)

● de condition : ***En conduisant** moins vite, on a moins d'accidents.* (= si on conduit moins vite, on a moins d'accidents.)

2 Forme

● Le gérondif est formé de la préposition *en* suivie du participe présent du verbe.

● Le participe présent est formé sur le même radical que le présent avec *nous*.

	présent	participe présent	gérondif
lire	*nous lisons*	*lisant*	*en lisant*
faire	*nous faisons*	*faisant*	*en faisant*
avancer	*nous avançons*	*avançant*	*en avançant*
manger	*nous mangeons*	*mangeant*	*en mangeant*

● Il y a trois exceptions : *avoir* ; *être* ; *savoir*.

	participe présent	gérondif
avoir	*ayant*	*en ayant*
être	*étant*	*en étant*
savoir	*sachant*	*en sachant*

● Le gérondif est une forme verbale invariable. Le sujet du gérondif est le même que celui du verbe principal. *Il écoute de la musique et il court.* → *Il écoute de la musique **en courant**.*

⚠ Attention à l'ordre des mots dans la phrase négative !

*On a moins d'accidents en **ne** conduisant **pas** vite.*

EXERCICES

1 **Soulignez l'infinitif qui correspond au participe présent.**

réussissant : réunir – *réussir*
1 entendant : éteindre – entendre
2 prévoyant : prévenir – prévoir
3 perdant : perdre – prendre
4 mentant : mentir – mettre
5 reprenant : répondre – reprendre
6 voyant : vivre – voir
7 criant : crier – croire

195 **2** **Transformez comme dans l'exemple. Écoutez pour vérifier.**

On rêve et on dort. → *On rêve en dormant.*
1 Il chantait et il se rasait. → ....
2 Ils discutent et ils boivent un café. → ....
3 Elle dit au revoir et elle sourit. → ....
4 Je vais réviser et je vais écrire les corrections. → ....
5 Elles écoutent de la musique et elles courent. → ....

3 **Mettez les verbes au gérondif.**

Comment ont-ils fait pour réussir leur examen ?
1 Il a réussi *en étant* (être) très clair, ... (avoir) (1) confiance, ... (écrire) (2) bien,
.... (réfléchir) (3) avant de répondre, ... (se poser) (4) les bonnes questions : bravo !
2 Elle a réussi .... (travailler) (5) régulièrement, ... (ne pas être) (6) paresseuse,
.... (lire) (7) d'abord toutes les questions, ... (prendre) (8) son temps : bravo !

4 **Transformez les phrases comme dans l'exemple.**

Comment faire ?
Nous éviterons de polluer. (ne pas prendre la voiture) → *En ne prenant pas la voiture, nous*
éviterons de polluer.
1 Tu baisseras ta facture de chauffage. (chauffer moins)
→ ....
2 Vous respectez l'environnement. (ne pas jeter les papiers par terre)
→ ....
3 J'économise de l'eau. (prendre des douches)
→ ....
4 Nous consommons moins d'électricité. (éteindre les appareils)
→ ....
5 On préserve la planète. (faire attention)
→ ....
6 Vous sauvez les océans. (trier les déchets)
→ ....
7 On produit moins de gaz carbonique. (se déplacer à vélo)
→ ....

5 **À vous ! Comment faites-vous pour protéger l'environnement ?**

Je baisse ma consommation d'eau en arrosant peu le jardin. ....
....

70 Le subjonctif présent

> J'ai appelé le consulat. Il faut que nous **prenions** un permis de conduire international mais j'étais surpris qu'aucun vaccin ne **soit** nécessaire.

1 Utilisation

Le subjonctif est un mode verbal souvent utilisé après un verbe ou une expression verbale + *que*. Ces expressions indiquent une subjectivité de la part du locuteur.

Aucun vaccin n'est nécessaire. C'est un fait, une réalité. → Le verbe *être* est à l'indicatif.

Je suis surpris qu'aucun vaccin ne soit nécessaire. C'est une réaction subjective. → Le verbe *être* est au subjonctif.

2 Formation régulière

- Pour former le subjonctif présent, on utilise le radical de la 3ᵉ personne du pluriel du présent de l'indicatif (ils) et on ajoute les terminaisons *e, es, e, ions, iez, ent*.
- Quand les verbes ont un radical différent à l'indicatif avec *nous* et *vous*, ils gardent ce radical au subjonctif pour ces deux personnes. Ces verbes ont donc deux radicaux au subjonctif.

Indicatif présent	Subjonctif présent		Indicatif présent	Subjonctif présent
Ils parlent	Il faut	*que je parle* *que tu parles* *qu'il/qu'elle/qu'on parle* *que nous parlions* *que vous parliez* *qu'ils/qu'elles parlent*	*Ils prennent*	Il faut	*que je prenne* *que tu prennes* *qu'il/qu'elle/qu'on prenne* *qu'ils/qu'elles prennent*
			Nous prenons		*que nous prenions* *que vous preniez*

3 Conjugaisons irrégulières

		être	avoir	aller	faire	pouvoir	vouloir	savoir
que qu'	je/j'	sois	aie	aille	fasse	puisse	veuille	sache
	tu	sois	aies	ailles	fasses	puisses	veuilles	saches
	il/elle/on	soit	ait	aille	fasse	puisse	veuille	sache
	nous	soyons	ayons	allions	fassions	puissions	voulions	sachions
	vous	soyez	ayez	alliez	fassiez	puissiez	vouliez	sachiez
	ils/elles	soient	aient	aillent	fassent	puissent	veuillent	sachent

4 Prononciation

⚠ Il ne faut pas confondre le subjonctif des verbes *avoir* et *aller*.

Avoir : *Il faut que tu **aies** un visa (que nous **ayons** un visa ; qu'ils **aient** un visa).*

Aller : *Il faut que tu **ailles** au consulat (que nous **allions** au consulat ; qu'ils **aillent** au consulat).*

EXERCICES

1 **Complétez avec le présent de l'indicatif, puis le présent du subjonctif.**

répondre → ils *répondent* → Il faut que tu *répondes*.

1   attendre → ils .... → Il faut que nous ....

2   se taire → ils .... → Il faut qu'ils ....

3   réussir → ils .... → Il faut que tu ....

4   passer → ils .... → Il faut que nous ....

5   finir → ils .... → Il faut que je ....

6   arrêter → ils .... → Il faut qu'elle ....

2 **Soulignez la (les) forme(s) verbale(s) au subjonctif. Écrivez l'infinitif du verbe.**

tenons – tiens – *tiennent* → *tenir*

1   mets – mette – mettez → ....

2   comprend – comprenions – comprennent → ....

3   vient – venions – venez → ....

4   boive – boit – buviez → ....

5   voies – voyons – voient → ....

6   doit – doive – doivent → ....

7   recevions – reçoive – reçoivent → ....

3 **Conjuguez au subjonctif présent.**

Voyage à l'étranger

que vous *fassiez* des économies. (faire)

1   qu'on .... une carte bancaire. (avoir)

2   qu'elles .... peu de bagages. (prévoir)

3   que tu .... quelques mots courants. (savoir)

Il faut   4   que nous .... les expressions de politesse. (apprendre)

5   que je .... une bonne assurance. (choisir)

6   qu'elle .... les guides touristiques. (lire)

7   qu'il .... avec un groupe. (partir)

4 **À vous ! Donnez des conseils à un ami qui va partir en voyage.**

Il faut que tu connaisses un peu les habitudes des habitants.

5 **Transformez comme dans l'exemple. Rétablissez l'apostrophe si nécessaire. Écoutez pour vérifier.**

Pour rester en bonne santé

Vous devez arrêter de fumer. → *Il faut que vous arrêtiez de fumer.*

1   Tu dois faire une prise de sang. → ....

2   On doit suivre un traitement. → ....

3   Je dois aller chez le dentiste régulièrement. → ....

4   Nous devons boire beaucoup d'eau. → ....

5   Elle doit être plus dynamique. → ....

6   Ils doivent perdre un peu de poids. → ....

5 Des utilisations du subjonctif

Les expressions qui « commandent » l'utilisation du subjonctif indiquent :

une nécessité, une obligation	*Il faut que nous **prenions** contact avec des entreprises de déménagement.* *Il est nécessaire que les objets fragiles **soient** bien protégés.*
un sentiment	*Je suis heureux que nous **déménagions**.* *Il est désolé que tu **partes** loin.* *C'est dommage que vous ne **puissiez** pas venir avec nous.* *Il est surpris qu'elle **veuille** s'installer dans un petit village.* *Nous avons peur qu'elle se **sente** un peu seule.* *Cela m'ennuie qu'elle **aille** aussi loin.*
un jugement, une appréciation	*C'est bien qu'il **ait** une promotion.* *Je trouve incroyable qu'il **prenne** sa décision si rapidement.* *Cela me choque que vous ne **consultiez** pas vos collègues.*
une volonté, un souhait	*Je veux que tout **soit** prêt quand les déménageurs arriveront.* *J'exige que cette décision **soit** prise après consultation du personnel.* *J'aimerais que vous **soyez** présents à notre fête.*
une possibilité	*Il est possible que nous **ayons** une petite augmentation de salaire.* *Il se peut qu'elle ne veuille pas.*

⚠ On n'utilise pas le subjonctif après le verbe *espérer*.
***J'espère** que vous aimez votre nouvel appartement.*

⚠ On utilise le subjonctif lorsque les deux actions sont faites par des sujets différents.
Lorsque les sujets sont identiques, on utilise l'infinitif. → *Unité 73*
***Je** souhaite que je parte.* → *Je souhaite partir.*

⚠ On utilise aussi le subjonctif présent après certaines conjonctions. → *Unités 78, 79, 80*
*Je l'appelle avant qu'il **parte**.*

6   Soulignez les verbes au subjonctif et dites ce que ces phrases expriment : associez.

Je suis heureux que nous *déménagions*.
1   On trouve normal que le loyer soit plus cher.
2   Il est possible que les voisins nous aident.
3   L'agence veut que nous signions rapidement.
4   Il n'est pas certain que vous vous sentiez bien là-bas.
5   Tu n'aimes pas qu'elle prenne une colocation.
6   Nous souhaitons que tu te plaises là-bas.
7   C'est bien qu'ils aient un petit jardin.

a   volonté, ordre, souhait
b   sentiment
c   jugement
d   possibilité

7   Complétez les phrases comme dans l'exemple.

Il ne me parle plus. Je suis triste *qu'il ne me parle plus*.
1   Nous sommes invités à leur mariage. Tu es heureuse ....
2   On réunit les copains. Ça me fait plaisir ....
3   Elle n'est pas heureuse. Il a peur ....
4   Tu ne réponds jamais. On est furieux ....
5   Vous ne nous téléphonez pas souvent. Nous sommes étonnés ....
6   Je connais tous les voisins. Ils ont envie ....
7   On vit ensemble. Elle préfère ....

8   Soulignez les structures qui demandent le subjonctif et conjuguez les verbes.

Revendications !

Nous voulons que vous *respectiez* (respecter) notre contrat. Nous refusons que nos camarades
ne .... (être) (1) pas consultés. Vous exigez que nous .... (faire) (2) des
heures supplémentaires ; alors, nous demandons que tout le personnel .... (avoir)
(3) une augmentation et .... (pouvoir) (4) prendre plus de vacances. Nous souhaitons aussi que vous .... (organiser) (5) plus de formations. Nous ne
voulons pas que l'entreprise .... (fermer) (6) et nous sommes déterminés !

 **9   Mettez les mots dans l'ordre pour faire des phrases. Écoutez pour vérifier. Rétablissez
l'apostrophe si nécessaire.**

nous se réunir / régulièrement → Je trouve bien que *nous nous réunissions régulièrement*.
1   travailler / le 1er mai / vous → Il n'est pas normal que ....
2   accepter / leurs conditions / le directeur → Ils aimeraient que ....
3   avoir / des stages / les jeunes → Nous trouvons important que ....
4   finir / plus tard / on → Elle exige que ....
5   faire / la grève / on → Il n'est pas bon que ....

**10   À vous ! Quels sont vos sentiments, vos souhaits, vos jugements en ce qui concerne vos
conditions de travail et celles de la population de votre pays ?**

*Personnellement, je suis heureux que mon salaire soit assez élevé, mais je voudrais qu'il y ait
moins de réunions.* ....
....

SportS

N° 3785

2 €

tous les sports pour tous

UNIQUE 3 pour 1 !
Un coureur de génie !

  Dossier spécial

Vos réactions page 3.

▌ **Lorenzo, Turin :** « Exploit ! Je suis content qu'il **ait gagné** les trois courses ! »

▌ **Matteo, Rome :** « Nous sommes tous fiers qu'il **soit monté** trois fois sur le podium.

1 Utilisation

On utilise le subjonctif passé après les mêmes expressions que pour le subjonctif présent. → *Unité 70*

● Le subjonctif passé est utilisé quand l'action du verbe secondaire (verbe 2) s'est déroulée avant l'action du verbe principal (verbe 1).

Je suis content qu'il ait gagné les trois courses.

  verbe 1   verbe 2

Quand les deux verbes ont le même sujet, on utilise l'infinitif. → *Unité 73*

***Nous** sommes tous fiers qu'**il** soit monté trois fois sur le podium.*

Nous sommes fiers ~~que nous soyons montés sur le podium~~. → *Nous sommes fiers d'**être montés** sur le podium.*

⚠ On utilise aussi le subjonctif passé après certaines conjonctions. → *Unités 78, 79, 80*

2 Conjugaison

● Le subjonctif passé est un temps composé. Il est formé de l'auxiliaire **avoir** ou **être** au subjonctif présent et du participe passé. Pour le choix de l'auxiliaire et pour l'accord du participe passé. → *Unités 37, 38 et 43*

*Je trouve incroyable qu'il **ait gagné** trois fois.*

*Je suis triste qu'elle **soit arrivée** la dernière.*

*C'est dommage que tu **te sois inscrit** trop tard.*

EXERCICES

🎧199 **1 Entendez-vous le subjonctif présent ou le subjonctif passé ? Cochez.**

	Subjonctif présent	Subjonctif passé
C'est super qu'il ait gagné la course.	❏	☑
1	❏	❏
2	❏	❏
3	❏	❏
4	❏	❏
5	❏	❏
6	❏	❏

2 Complétez les phrases avec le subjonctif passé.

Loisirs

Ce n'est pas raisonnable que tu *aies lu* (lire) toute la nuit.

1 C'est incroyable qu'il .... à jouer aux échecs si jeune ! (apprendre)

2 Ça nous a surpris qu'elle .... la danse ! (ne pas choisir)

3 Il était déçu qu'on .... à son anniversaire. (ne pas s'amuser)

4 Elle trouve bien que je .... à des cours de dessin. (s'inscrire)

5 C'est dommage que nous .... au concert. (ne pas aller)

🎧200 **3 Transformez avec le subjonctif passé. Écoutez pour vérifier.**

Séparations et retrouvailles

Il est désolé que ses amis partent habiter si loin. → *Il est désolé que ses amis soient partis habiter si loin.*

1 C'est dommage que tu ne puisses pas rester avec nous. → ....

2 Je suis heureuse mes parents viennent me voir. → ....

3 C'est bizarre que tu quittes ton travail. → ....

4 Ça me fait plaisir que vous vous installiez à côté de chez moi. → ....

5 Je suis contente que nous nous retrouvions. → ....

4 Faites des phrases avec le subjonctif passé.

Suppositions

1 Mon ami n'est pas encore arrivé. Pourquoi ? Il a oublié notre rendez-vous ? Il a eu un empê-chement ? Il s'est perdu ?

   Il est possible qu'il *ait oublié notre rendez-vous*, qu'il .... ou qu'il

   ....

2 Je ne vois plus mes voisins. Pourquoi ? Ils ont déménagé ? Ils sont partis en vacances ? Ils ont décidé de m'éviter ?

   Il se peut qu'ils ....

5 À vous ! Cherchez une explication aux situations suivantes. Utilisez le subjonctif passé.

1 L'avion n'a pas encore atterri. Pourquoi ? Il est possible qu'*il ait décollé en retard*, que ....

   ....

2 Mes amis ne sont pas venus à mon anniversaire. Pourquoi ? Il se peut que ....

   ....

Je crois qu'ils **sont entrés** par la fenêtre ; regardez, le carreau est cassé.

Non, je ne crois pas qu'ils **soient passés** par l'extérieur. Il n'y a aucune trace.

1 Utilisation

Après un verbe ou une expression + *que*, l'utilisation du subjonctif ou de l'indicatif dépend du verbe principal.

Si le verbe principal exprime :
- une déclaration, une constatation, une réalité : on utilise l'indicatif.
Je vous assure qu'un cambrioleur est entré chez moi. On voit qu'il n'y a pas de trace.
- une appréciation, un sentiment : on utilise le subjonctif.
C'est incroyable qu'il soit passé par la fenêtre ! → **Unité 70**

2 Expression de l'opinion : certitude ou doute ?

Les verbes *penser, trouver* et *croire*, les expressions qui expriment une certitude (*être sûr, être convaincu*) peuvent être suivis de l'indicatif ou du subjonctif.

- À la forme affirmative, ils sont toujours suivis de l'indicatif.
*Je pense qu'il y **avait** un seul cambrioleur. Je suis convaincu que la police **va** l'arrêter.*

- À la forme négative, ces verbes ou expressions peuvent être suivis des deux modes. Le choix du mode informe sur l'opinion du locuteur, pas sur le fait lui-même.
– avec l'indicatif, ces verbes ou expressions indiquent une quasi certitude de la part de la personne qui parle.
*Je ne pense pas qu'il **est entré** par la fenêtre.* (= je suis presque sûr qu'il n'est pas entré par la fenêtre)
– avec le subjonctif, ils indiquent un doute.
*Je ne crois pas qu'il **soit entré** par la fenêtre.* (= je doute qu'il soit entré par la fenêtre)

- À la forme interrogative, seule la question avec inversion peut être suivie du subjonctif.
*Pensez-vous que les voleurs **sont / soient passés** par là ?*

EXERCICES

1 **Ces verbes sont-ils suivis de l'indicatif ou du subjonctif ? Associez.**

Tu racontes que...
1 Nous trouvons que...
2 Ce n'est pas normal que...
3 C'est bizarre que...
4 Il est certain que...
5 Elle est convaincue que...
6 Je trouve étrange que...

+ indicatif
+ subjonctif

2 **Soulignez la forme qui convient. Écoutez pour vérifier.**

201

Tout est bien qui finit bien
On croit que le groupe de randonneurs *n'est pas* / *ne soit pas* loin du refuge.
1 Il est possible qu'il y *a eu* / *ait eu* un orage.
2 Vous n'êtes pas sûr qu'ils *peuvent* / *puissent* téléphoner.
3 Je pense qu'ils *ont pris* / *aient pris* des risques.
4 Elle estime que la météo *a été* / *ait été* trop mauvaise.
5 Il n'est pas évident que les secours *sont arrivés* / *soient arrivés* assez vite.
6 Nous apprenons que le groupe *vient* / *vienne* de rentrer à l'hôtel.

3 **Transformez en disant le contraire comme dans l'exemple.**

Je crois que les touristes sont imprudents.
→ *Je ne crois pas que les touristes soient imprudents.*
1 Il n'est pas sûr que les automobilistes soient raisonnables.
→ ....
2 On n'est pas certains qu'ils aient conduit trop vite.
→ ....
3 Nous pensons que les secours sont trop lents.
→ ....
4 Vous trouvez que les gens sont impatients.
→ ....

4 **Terminez les phrases. Rétablissez l'apostrophe si nécessaire.**

Inspecteur Gadget
Le voleur a remarqué l'alarme. → Je pense *que le voleur a remarqué l'alarme.*
1 Elles ont entendu du bruit. → Il n'est pas évident ....
2 Il avait des gants. → Je suis persuadé ....
3 Ils ont vu la caméra. → On doute ....
4 Le cambriolage a duré seulement 10 minutes. → Il est possible ....
5 Elle a un complice. → Il ne fait aucun doute ....
6 Ils sont très malins. → Il est sûr et certain ....

5 **À vous ! Donnez votre opinion (positive et négative) sur les comportements des gens en ville, sur les routes, dans des lieux touristiques, etc.**

Généralement, je pense que les gens ne sont pas assez prudents.

Subjonctif ou infinitif ?

> Je voudrais **aller** à la piscine dimanche, tu es d'accord ?

> Non, moi, je voudrais qu'on **aille** à la piscine samedi !

1 Utilisation

● Certaines expressions demandent l'emploi du subjonctif. → *Unités 70 et 72*

● Le subjonctif est seulement utilisé si les sujets des deux verbes sont différents.

*Je voudrais qu'on **aille** à la piscine samedi.*

*Nous sommes contents que vous **soyez** venus.*

● Quand les deux verbes ont le même sujet, on utilise l'infinitif.

Je voudrais ~~que j'aille~~ à la piscine dimanche. → *Je voudrais **aller** à la piscine dimanche.*

Nous sommes contents ~~que nous soyons venus~~. → *Nous sommes contents d'**être** venus.*

2 Remarques

● L'infinitif a deux formes :

– l'infinitif présent. *Je suis heureux de **partir** en vacances.*

– l'infinitif passé. *Je suis heureux d'**être allé** au Portugal.*

● L'infinitif passé est une forme verbale composée de l'auxiliaire ***être*** ou ***avoir*** à l'infinitif présent + le participe passé. *Avoir donné. Être allé. S'être trompé.*

● Le choix de l'auxiliaire (→ *Unités 37 et 38*) et l'accord du participe passé suivent les mêmes règles que pour le passé composé. → *Unités 38, 39 et 43*

⚠ Attention aux pronoms pour l'infinitif des verbes pronominaux !

Nous *sommes contents de **vous** revoir bientôt.*

Je *suis vraiment furieuse de **m**'être trompée.*

⚠ Attention à l'ordre des mots avec l'infinitif négatif !

*Il a peur de **ne pas** réussir. Je regrette de **ne pas** avoir participé.*

● L'infinitif peut être précédé de la préposition ***de/d'*** :

– après les adjectifs. *Je suis contente d'**aller** au stade. Elle est heureuse d'**avoir remporté** la course.*

– après certains verbes ou formes verbales. *Il a peur de **perdre**. Il regrette d'**avoir perdu**.*

Pour une liste des verbes qui se construisent avec *de.* → *Annexe n°14*

EXERCICES

1 Corrigez les fins des phrases incorrectes.

Je regrette ~~que je sois absent.~~ →Je regrette *d'être absent*.

1 Nous voudrions que nous ~~partions~~ avec vous. → ....

2 Tu refuses que tu ~~restes seule.~~ → ....

3 Elles ont peur qu'elles ~~so perdent.~~ → ....

4 Je suis triste que j'~~aie perdu.~~ → ....

5 On préfère qu'on ~~rentre tôt.~~ → ....

6 Tu as envie que ~~tu fasses~~ un beau voyage. → ....

2 Complétez avec *que* + subjonctif présent ou avec l'infinitif présent.

(tu – venir) Je voudrais *que tu viennes* tout de suite.

1 (vous – prendre) Nous préférons .... le temps.

2 (je – comprendre) Elle aimerait .... rapidement.

3 (on – réfléchir) On veut .... plus longtemps.

4 (nous – attendre) Elles désirent .... calmement.

5 (tu – recevoir) Tu veux .... une réponse.

6 (je – ne pas être) Ils souhaitent .... impatient.

3 Transformez avec *que* + subjonctif passé ou *de* + infinitif passé.

Je suis furieux parce que j'ai oublié le code. →*Je suis furieux d'avoir oublié le code.*

1 Nous sommes soulagés parce que nous sommes arrivés à l'heure.

   → ....

2 Elle est déçue parce qu'ils ne sont pas venus. → ....

3 Ils sont tristes parce qu'ils ont raté la soirée.

   → ....

4 Je ne suis pas surprise parce que nous nous sommes trompés de chemin !

   → ....

5 On est énervés parce qu'on a dû faire demi-tour. → ....

4 Mettez les fins de phrases dans l'ordre. Écoutez pour vérifier.

Elle est vexée de .... ne / être / aimée / pas ! Elle est vexée de *ne pas être aimée.*

1 Je regrette de .... m' / pas / entendre / avec cette personne / ne .

2 Elle est satisfaite de .... disputée / ne / être / avec lui / pas / s'.

3 Il n'est pas content de .... pas / ne / gardé / avoir / son calme.

4 Ça m'agace de .... pas / avoir / ne / compris.

5 Ils sont désolés de........................... pas / être / s'/ excusés / ne.

5 À vous ! Quels sont vos sentiments, vos souhaits, vos peurs quand vous préparez des vacances, un voyage, seul ou avec des amis ?

Quand je voyage seul, *j'adore choisir la destination ; je n'aime pas que* ....

Quand je voyage avec des amis, *je préfère* ....

Le conditionnel présent

Vous **pourriez** m'apporter de l'eau, s'il vous plaît ?

Oui, une carafe ?

Non, je **préférerais** une bouteille d'eau minérale.

1 Utilisation

On utilise souvent le conditionnel pour :

● demander un service poliment.

Je **voudrais** deux baguettes, s'il vous plaît. Vous **pourriez** m'apporter de l'eau, s'il vous plaît ?
Auriez-vous l'heure ? **Sauriez**-vous comment on va à Giverny ?

● exprimer un souhait, un désir.

On **voudrait** déménager. Tu **aimerais** aller où ? Je **préférerais** une bouteille d'eau minérale.
Vous **souhaiteriez** vivre au bord de la mer ?

● faire une suggestion.

Ce soir, si tu veux, on **pourrait** aller au cinéma.

● donner un conseil.

Tu **devrais** te renseigner avant de décider.
Si j'étais toi / À ta place, je **me renseignerais**.

2 Conjugaison

 ● Pour former le conditionnel, on utilise le radical du futur simple (→ *Unité 45*) et on ajoute les terminaisons de l'imparfait (→ *Unité 39*).

J'	aimer	**ais**	aller au cinéma.
Tu	préférer	**ais**	rester à la maison.
Il/Elle/On	souhaiter	**ait**	aller chez des amis.
Nous	aimer	**ions**	faire la fête.
Vous	préférer	**iez**	vous coucher tôt.
Ils/Elles	souhaiter	**aient**	rentrer de bonne heure.

● Les verbes irréguliers au futur simple sont également irréguliers au conditionnel.
À ta place, j'**irais** chez le médecin. À ma place, vous **feriez** quoi ?

1 Entendez-vous le conditionnel présent ? Cochez.

☑ Je partirais
1 ☐ ....
2 ☐ ....
3 ☐ ....
4 ☐ ....
5 ☐ ....
6 ☐ ....
7 ☐ ....

2 Écrivez la terminaison correcte du conditionnel présent.

Je commencer*ais*
1 Il continuer............
2 Nous arrêter............
3 Vous finir............
4 Elles entrer............
5 Tu sortir............
6 On passer............
7 Nous monter............
8 J'achèter............
9 Ils vendr............
10 Elle louer............
11 Vous habiter............

3 Transformez les phrases avec le conditionnel présent.

Hôtel

Je veux réserver une chambre. → Je *voudrais* réserver une chambre.

1 Pouvez-vous me réveiller à 5 heures ? → ....-vous me réveiller à 5 heures ?
2 Vous avez une chambre plus grande ? → Vous .... une chambre plus grande ?
3 Je souhaite prendre le petit déjeuner à 7 heures. → Je .... prendre le petit déjeuner à 7 heures.
4 Nous voulons une chambre au dernier étage. → Nous .... une chambre au dernier étage.
5 On préfère des lits jumeaux. → On .... des lits jumeaux.
6 Est-ce que je peux avoir le code pour le wifi ? → Est-ce que je .... avoir le code pour le wifi ?
7 Est-il possible d'avoir une serviette de toilette supplémentaire ? → ....il possible d'avoir une serviette de toilette supplémentaire ?

4 Conjuguez les verbes au conditionnel présent.

Un bon conseil

À ta place, je *repeindrais* toute la maison. (repeindre)

1 À votre place, nous .... une alarme. (poser)
2 Si j'étais lui, je .... le quartier. (quitter)
3 À ta place, on .... des radiateurs électriques. (mettre)
4 Si elle était toi, elle .... une colocation. (prendre)
5 À ma place, ils .... là. (ne pas rester)
6 À ma place, tu .... si cher. (ne pas payer)
7 À leur place, je .... toute la maison. (refaire)

5 À vous ! Quels conseils donneriez-vous à un(e) ami(e) qui veut changer de logement ?

Tu devrais contacter plusieurs agences. À ta place, je mettrais une petite annonce dans le journal.

75 Le conditionnel passé

Pourquoi tu ne m'as pas téléphoné ?
Tu **aurais dû** me prévenir !

1 Utilisation

● On utilise souvent le conditionnel passé pour exprimer :
– un regret (avec les verbes *aimer, préférer, souhaiter, vouloir*). *J'**aurais voulu** t'appeler mais je n'avais pas de téléphone.*
– un reproche (avec les verbes *devoir, pouvoir* et *falloir*). *Tu **aurais dû** me prévenir.*
⚠ Autre manière d'exprimer un reproche : ***À ta place**, j'aurais téléphoné.*

● Le conditionnel passé s'utilise aussi dans les phrases hypothétiques. → *Unité 81*

2 Conjugaison

Le conditionnel passé est un temps composé. Il est formé de l'auxiliaire ***avoir*** ou ***être*** au conditionnel présent et du participe passé. Pour le choix de l'auxiliaire et pour l'accord du participe passé → *Unités 37, 38 et 43.*
*Tu **aurais dû** me prévenir.*
*À ta place, je **serais arrivé** plus tôt.*
*À votre place, nous **nous serions inquiétés**.*

⚠ Attention à l'ordre des mots à la forme négative !
*Vous **n'**auriez **pas** dû arriver si tard !*

1 **Écoutez et dites si vous entendez le conditionnel passé. Cochez.**

205

	Conditionnel passé
J'aurais voulu partir.	☑
1	❑
2	❑
3	❑
4	❑
5	❑
6	❑
7	❑

2 **Soulignez les formes au conditionnel passé.**

Changement de programme

   J'aurais annulé. / J'avais annulé.

1   Vous n'aviez pas prévenu. / Vous auriez prévenu.
2   Tu n'aurais pas réservé. / Tu n'auras pas réservé.
3   On s'était trompé. / On se serait trompé.
4   Ils ne se sont pas inscrits. / Ils se seraient inscrits.
5   Nous nous serions amusés. / Nous nous sommes amusés.
6   Elles auraient été ensemble. / Elles seraient ensemble.

3 **Mettez les mots dans l'ordre pour faire des phrases. Rétablissez l'apostrophe si nécessaire.**

   pas / aurait / Il / rougi / ne → *Il n'aurait pas rougi.*

1   en colère / mis / se / ne / serait / pas / On → ....
2   Je / pas / pris / autant de temps / aurais / ne → ....
3   rien / aurions / Nous / ne / dit → ....
4   serait / se / pas / Elle / ne / fâchée → ....
5   répondu / Ils / auraient / ne / pas / de cette façon / lui → ....

4 **Conjuguez les verbes au conditionnel passé et dites si les phrases expriment un regret ou un reproche. Écoutez pour vérifier.**

206

Mauvaise communication

	Regret	Reproche
J'*aurais dû* réagir plus vite. (devoir)	☑	❑
1 Vous .... me prévenir du changement d'horaire ! (pouvoir)	❑	❑
2 On .... lui parler mais il n'a pas voulu. (souhaiter)	❑	❑
3 Il .... mieux s'exprimer pour être plus clair ! (falloir)	❑	❑
4 Tu .... lui répondre si sèchement ! (ne pas devoir)	❑	❑
5 Nous .... rester plus longtemps mais ce n'était pas possible ! (aimer)	❑	❑
6 Elle .... s'excuser mais elle n'a pas trouvé les mots. (vouloir)	❑	❑

5 **À vous ! Quels reproches feriez-vous ?**

À un ami qui arrive en retard à un rendez-vous : *Tu aurais dû me téléphoner !* ....
À des voisins qui ont fait du bruit la nuit dernière : ....

1 **Complétez avec la forme verbale à l'impératif et le pronom personnel (si nécessaire) qui conviennent.** Unité 67

– *Entrez* monsieur, ... , je préviens madame Durin. (entrer / s'asseoir) (1)
– Merci, je ne suis pas pressé, ... que je peux attendre ! (lui – dire) (2)

– S'il te plaît, ... un verre d'eau ! (moi – apporter) (3)
– Voilà ! Et ton médicament ? Ne .... pas ! (le – oublier) (4)

2 **Écrivez le verbe à la forme passive et au temps demandé.** Unité 68

Une femme *a été bousculée*. (bousculer) – (passé composé)
1   Le conducteur .... (attaquer) – (passé récent)
2   Des voleurs .... (apercevoir) – (passé composé)
3   Un passager .... (blesser) – (présent)
4   L'homme .... (hospitaliser) – (futur proche)
5   Les policiers .... (prévenir) – (imparfait)

3 **Mettez les verbes au gérondif et dites quelle précision ils apportent (temps, manière ou condition).** Unité 69

En arrêtant de fumer, tu iras mieux. (arrêter) → *condition*.
1   Il écoute son MP3 .... du jogging. (faire) → ....
2   .... aller trop vite, elle est tombée. (vouloir) → ....
3   .... de l'eau avant de manger, on a moins faim. (boire) → ....
4   Ils se reposent .... les journaux. (lire) → ....
5   Je fais la gymnastique .... bien les consignes. (suivre) → ....
6   .... plus tôt, tu serais moins fatigué ! (se coucher) → ....

4 **Mettez les verbes au subjonctif présent et dites ce que les phrases expriment (jugement, nécessité, possibilité, sentiment, souhait). Rétablissez l'apostrophe si nécessaire.** Unité 70

Une grande fête
C'est normal que vous *invitiez* vos parents. (inviter) → *jugement*
1   Il faut que je .... votre nouvelle adresse. (écrire) → ....
2   J'aimerais bien qu'on .... tous réunis. (être) → ....
3   C'est incoyable que Marielle ne .... pas venir. (vouloir) → ....
4   C'est possible que je .... avec Léo ? (venir) → ....
5   Je suis contente que vous .... cette fête. (faire) → ....
6   Il est possible que tu .... une grande surprise. (avoir) → ....

5 **Mettez dans l'ordre pour faire des phrases.** Unité 71

téléphoné / que ma voisine / Ce n'est pas / ne / pas / normal / ait / m'
→ *Ce n'est pas normal que ma voisine ne m'ait pas téléphoné.*
1   C'est / voir / venue / ne / pas / me / étrange / qu'elle / soit
→ ....
2   possible / pris / qu'elle / C'est / ait / des congés
→ ....
3   qu'elle / rien / m' / dit / ne / je / étonnée / suis / ait / Mais
→ ....

4   que sa maison / curieux / C'est / fermée / restée / soit

→ ....

5   un problème de santé / peur / J' / qu'elle / eu / ait / ai

→ ....

6   Soulignez la forme correcte. Unité 72

En France

Je trouve intéressant qu'il y *ait* / *a* le « tu » et le « vous » en français.

1   C'est amusant que les gens *se font* / *se fassent* la bise.

2   Je trouve que les hommes *soient* / *sont* polis avec les femmes !

3   Je crois qu'on *peut* / *puisse* trouver partout un certain art de vivre.

4   C'est important que vous *avez voulu* / *ayez voulu* protéger votre culture.

5   C'est une bonne chose que les Français *savent* / *sachent* faire la fête.

6   Je crois que les gens *aient* / *ont* beaucoup de chance de vivre ici !

207

7   Transformez avec *que* + subjonctif passé ou *de* + infinitif passé. Unité 73

La pièce a été annulée, je regrette. → *Je regrette que la pièce ait été annulée.*

1   On a vu cet opéra, on est ravis. → ....

2   Ce film t'a plu, je suis surprise. → ....

3   Ils ont manqué ce spectacle, ils sont déçus. → ....

4   Je n'ai pas réservé les places, je suis stupide. → ....

5   Cette exposition n'a pas eu de succès, c'est bizarre. → ....

6   L'émission n'a pas été rediffusée, c'est dommage. → ....

8   Conjuguez les verbes au conditionnel présent. Unité 74

Nous *pourrions* commander maintenant ? (pouvoir)

1   Je .... le plat du jour. (vouloir)

2   Vous .... un menu pour enfants ? (avoir)

3   Tu .... faire une crème caramel ? (pouvoir)

4   Il .... réserver une table pour dimanche. (falloir)

5   Ils .... proposer des repas végétariens. (devoir)

9   Transformez comme dans les exemples. Unité 75

Tu n'as pas réagi. → À ta place, moi, *j'aurais réagi*.

Tu as ri. → À ta place, moi, *je n'aurais pas ri*.

1   Il n'a pas protesté. → À sa place, toi, ...

2   Elle est partie. → À sa place, moi, ...

3   Tu as claqué la porte. → À ta place, moi, ...

4   Ils ne se sont pas excusés. → À leur place, nous, ...

5   Il a été vexé. → À sa place, vous, ...

L'expression de la cause

> Je suis fatigué...

> Arrête-toi ! **Puisque** tu es fatigué, pourquoi tu ne te reposes pas un peu ?

> **Parce que** je veux absolument finir ce soir !

1 Utilisation

Les expressions de cause sont utilisées pour donner des explications sur des faits réels ; elles présentent ces explications comme certaines.

2 Formes et structure de la phrase

parce que	répond à la question *pourquoi*. *Je ne vais pas me reposer maintenant **parce que** je veux finir ce soir !* Excepté en réponse directe à la question *pourquoi ?*, *parce que* n'est pas au début de la phrase. *Excusez-moi, je ne suis pas venu hier **parce que** j'étais malade.* *– Pourquoi tu n'es pas venu hier ? – **Parce que** j'étais malade.*
comme	indique la relation entre la cause et la conséquence. ***Comme** je veux finir ce soir, je ne peux pas m'arrêter maintenant.* *Comme* est toujours au début de la phrase.
puisque	insiste sur la relation évidente entre la cause et la conséquence. Généralement la cause est connue. ***Puisque** tu es fatigué, va te reposer ! = Va te reposer **puisque** tu es fatigué !* *Puisque* a deux places possibles.

⚠ Avec *comme* et *puisque* placés en premier, on met une virgule après l'explication.
***Comme** je ne peux pas finir ce soir, ... **Puisque** tu es fatigué, ...*
⚠ Quand il y a deux causes, on utilise *que* devant la seconde cause.
*Je vais me coucher **parce que** je suis fatigué et **que** je dois me lever tôt demain.*

à cause de + nom ou pronom tonique	exprime une cause négative. *Je suis arrivé en retard **à cause de** toi et du mauvais temps !*
grâce à + nom ou pronom tonique	exprime une cause positive. *Je vais finir ce travail plus vite **grâce à** toi et à tes conseils.*
en raison de + nom	donne une raison officielle. *La route est fermée **en raison du** mauvais temps.*

⚠ Attention à la forme contractée des articles avec les prépositions !
***À cause du** mauvais temps... / **Grâce au** soleil... / **En raison des** pluies violentes...*

EXERCICES

 208

1 Soulignez la cause et faites des phrases avec *parce que*. Écoutez pour vérifier.

<u>Je me suis fait mal au genou</u>. Je boite. → *Je boite parce que je me suis fait mal au genou.*

1 Il a mal. Une guêpe l'a piqué.

→ ....

2 Elle est tombée de l'échelle. Elle a mal à une jambe.

→ ....

3 Elle est à l'hôpital. Elle a eu malaise.

→ ....

4 Tu n'as pas fait attention. Tu t'es brûlé.

→ ....

5 Il s'est coupé. Il saigne un peu.

→ ....

6 Ils n'ont plus de voiture. Ils ont eu un accident.

→ ....

7 Je me suis tordu la cheville. J'ai glissé dans l'escalier.

→ ....

2 Complétez avec *comme, parce que (qu'), puisque* ou *que*.

Comme la vidéoconférence est reportée, profitons-en pour nous réunir maintenant, ... (1) vous êtes là. Il faut aussi convoquer le personnel .... (2) chacun doit pouvoir donner son avis. .... (3) la remise du dossier est prévue pour la fin du mois, et .... (4) le temps passe vite, voyons si nous sommes d'accord. Vous connaissez le projet .... (5) vous avez reçu le document initial. Mais .... (6) notre architecte nous a envoyé de nouveaux plans, réagissons rapidement .... (7) il nous demande un délai de plusieurs jours. Allons-y !...

3 Complétez avec *à cause de, grâce à* ou *en raison de*. Attention aux articles contractés !

Camping évacué *en raison des* fortes pluies.

1 Ils ont perdu la course à la voile .... vent contraire.

2 Personne n'a pu skier .... risques d'avalanches.

3 Il s'est dirigé .... étoiles.

4 Elles ont retrouvé leur chemin .... leur GPS !

5 Alerte maintenue .... intempéries.

6 Ils se sont perdus .... brouillard.

7 Route bloquée .... passage du Tour de France.

4 À vous. Complétez les phrases pour expliquer les causes des situations.

On a appelé les pompiers à cause d'un début d'incendie, parce qu'il y a eu un accident, ...

1 On a peur d'une inondation ....

2 .... , il faut prendre un autre chemin.

3 .... , beaucoup d'habitants ont pu être sauvés.

L'expression de la conséquence

Vous ne supportez pas la forte chaleur ?
Alors, restez chez vous !

Canicule !

Il a fait **si** chaud **que** les piscines sont restées ouvertes jusqu'à minuit !

1 Utilisation

Les expressions de conséquence sont utilisées pour indiquer le résultat d'un fait ou d'une action ; elles présentent ces résultats comme certains.

2 Formes et structure de la phrase

donc *alors* *par conséquent*	annoncent une conséquence ; *par conséquent* est plus formel. *Il a plu toute la journée **alors** je suis restée chez moi.*
si bien que + indicatif	annonce une conséquence. *Il a plu toute la journée **si bien que** je suis restée chez moi.*
c'est pourquoi *c'est la raison pour laquelle* *c'est pour ça que*	donnent une explication ; *c'est pour ça que* est plus familier. *Il fait très chaud, **c'est la raison pour laquelle** la ville distribue de l'eau gratuitement.*

tellement / si + adjectif ou adverbe + *que* verbe + *tellement* + *que* *tellement de* + nom + *que*	ajoutent une nuance d'intensité ou de quantité. *Il a fait **si** chaud **que** les piscines de la ville sont restées ouvertes jusqu'à minuit !* *Il pleut **tellement que** la rue est inondée.* *Il y a **tellement de** vent **que** je ne peux pas tenir debout.*

⚠ Avec un verbe au passé composé, *tellement* est placé entre l'auxiliaire et le participe passé.
*Il a **tellement** plu **que** la rue est inondée.*

⚠ Avec les expressions *avoir besoin, avoir chaud, avoir envie, avoir faim, avoir froid, avoir mal, avoir peur, avoir sommeil* **et** *faire attention, faire beau, faire chaud, faire froid, faire mal, faire plaisir*, on utilise *si* ou *tellement*.

EXERCICES

1 Associez.

Mauvaises vacances !

L'eau de la mer était glacée, c'est pourquoi
1 Il a beaucoup plu, c'est pourquoi…
2 Le soleil était trop fort alors…
3 La mer était dangereuse si bien que…
4 Il a neigé toute la semaine donc…
5 Il y avait du brouillard donc…

a je n'ai pas pu skier !
b les baignades ont été interdites.
c l'avion a décollé avec du retard.
d on a pris des coups de soleil.
e les routes étaient inondées.
personne ne s'est baigné !

2 Mettez les événements en ordre et faites une phrase avec les mots entre parenthèses. Écoutez pour vérifier.

– Tu peux m'expliquer pourquoi tu es en retard ?

et j'ai vu qu'il pleuvait / Je suis sortie de chez moi / je suis en retard / je suis retournée prendre un parapluie (donc / c'est pour cela que)

– *Je suis sortie de chez moi et j'ai vu qu'il pleuvait donc je suis retournée prendre un parapluie ; c'est pour cela que je suis en retard.*

1 – Tu peux me dire pourquoi tu as déménagé ?

j'ai voulu me rapprocher / J'ai obtenu un nouveau travail / j'ai déménagé / et j'habitais assez loin (alors / c'est pourquoi)

– ....

....

2 – Dis-moi pourquoi tu parles si bien le polonais.

en plus, j'ai rencontré une Polonaise / j'ai commencé à étudier la langue / je parle couramment polonais / J'ai décidé de vivre en Pologne (donc / c'est la raison pour laquelle)

– ....

....

3 À vous ! Trouvez des conséquences aux situations.

Il a changé de travail *donc il a déménagé et par conséquent il a perdu ses amis.*
Elle a eu une promotion ....
Il y a eu une grève ....

4 Soulignez la conséquence et faites des phrases *avec tellement… que* ou *tellement de… que*.

J'ai bu toute l'eau de la bouteille. J'avais soif.
→ *J'avais tellement soif que j'ai bu toute l'eau de la bouteille.*
1 J'ai mal au ventre. J'ai trop bu d'eau. → ....
2 Ce poulet est très bon. Je vais en reprendre. → ....
3 Ils ont été malades. Ils ont mangé trop de chocolat. → ....
4 Tu as mis trop de sel. Ce n'est pas mangeable ! → ....
5 J'aime beaucoup ces gâteaux. J'en achète presque tous les jours ! → ....
6 Ton dessert est vraiment bon. Tu me donneras la recette ! → ....
7 Elle est écœurante. Cette crème est très sucrée. → ....

Les conjonctions de temps

> Concernant la grève des transports :
> **au moment où** je vous parle, les négociations
> se poursuivent. Aucun syndicat ne reprendra
> le travail **jusqu'à ce qu'**un accord soit signé.

1 Utilisation

Les conjonctions de temps sont utilisées
pour situer deux événements l'un par
rapport à l'autre.

🎧210

2 Deux événements se passent en même temps

quand **lorsque** (formel) + indicatif	indiquent que deux actions se passent en même temps ou qu'une action se produit pendant le déroulement d'une autre. *Les gens marchent beaucoup **quand** il y a une grève de transports.* *Tous les employés étaient là **lorsqu'**ils se sont réunis.*
au moment où + indicatif	insiste sur un moment précis. ***Au moment où** la grève a commencé, j'étais dans le métro. Je suis sorti **au moment où** il est entré.*
pendant que + indicatif	insiste sur le déroulement de l'action ou de la situation. ***Pendant que** la négociation avait lieu, les grévistes sont entrés dans la salle.*

3 Deux événements se passent l'un après l'autre

On utilise des conjonctions différentes pour indiquer dans quel ordre se passent les deux actions.

après que + indicatif	C'est l'action 1 qui est introduite par **après que**. *La grève a été annoncée (action 2) **après qu'**ils ont pris le train (action 1).*
avant que + subjonctif	C'est l'action 2 qui est introduite par **avant que**. *Ils ont pris le train (action 1) **avant que** la grève soit annoncée (action 2).*

⚠ Quand les deux verbes ont le même sujet, on utilise *avant de* + infinitif. *Avant de partir, on n'a pas écouté la radio.*

dès que / aussitôt que + indicatif	indiquent que les deux actions se passent immédiatement l'une après l'autre. C'est l'action 1 qui est introduite par **dès que** ou **aussitôt que**. *Le trafic reprendra (action 2) **dès que** la grève prendra fin (action 1).*
jusqu'à ce que + indicatif	indique que l'action 1 va durer jusqu'au début de l'action 2. *Les négociations continueront (action 1) **jusqu'à ce qu'**un accord soit trouvé. (action 2).*

1 **Transformez en utilisant *dès que*, *pendant que* ou *au moment où*.**

Il a appelé dès son arrivée. → *Il a appelé dès qu'il est arrivé.*

1 Ils ont téléphoné pendant leur voyage au Pérou.

→ ....

2 Il m'a fait un signe au moment du départ.

→ ....

3 Nous avons envoyé un mail dès notre arrivée.

→ ....

4 Je vous préviens dès réception du paquet.

→ ....

5 Appelle-moi au moment de la réservation !

→ ....

🎧211▶ 2 **Soulignez la conjonction de temps qui convient. Puis écoutez pour vérifier.**

Premier voyage en avion !

Attache bien ta ceinture *avant que* / *dès que* tu es à ta place. Un conseil : garde-la attachée *au moment où* / *pendant que* (1) tu restes assis. Mais si tu préfères, *quand* / *avant que* (2) le signal sera éteint, tu pourras la détacher. Écoute bien *quand* / *jusqu'à ce que* (3) l'hôtesse donne les consignes. Et puis *avant que* / *au moment où* (4) l'avion décolle, n'aie pas peur ! *Quand* / *Jusqu'à ce que* (5) vous survolerez les Alpes, tu verras la neige, c'est magnifique ! Allez, bon voyage ! Téléphone-nous *dès que* / *pendant que* (6) tu seras arrivé. Et fais attention à tes affaires, n'oublie pas ton sac *avant que* / *avant de* (7) sortir de l'avion !

3 **Réunissez les deux phrases avec une proposition de temps. Attention aux modes des verbes !**

Vous entrez en ville, vous laissez votre voiture au parking. (aussitôt que)
→ *Aussitôt que vous entrez en ville, vous laissez votre voiture au parking.*

1 Vous prenez le tramway numéro 4, vous arrivez à la Poste. (jusqu'à ce que)

→ ....

2 Vous verrez votre hôtel à côté de la Poste, vous sortirez du tram. (dès que)

→ ....

3 Vous vous reposerez un peu. Vous visiterez la ville. (avant de)

→ ....

4 Vous monterez au château. Vous découvrirez un superbe paysage. (lorsque)

→ ....

5 Le soleil se couche. Là-haut, vous pourrez faire des photos. (avant que)

→ ....

4 **À vous ! Vous donnez des conseils dans un mail à quelqu'un qui vient visiter votre ville ou votre région. Vous utilisez des expressions de temps.**

Lorsque vous arriverez… ....

....

....

1   Utilisation

Les expressions de but sont utilisées pour exprimer une intention, un objectif, un résultat souhaité.

2   Formes et structure de la phrase

Pour exprimer le but, on utilise principalement :
- les prépositions *pour* et *afin de* suivies de l'infinitif ;
- les conjonctions *pour que* et *afin que* suivies du subjonctif.

Si les deux verbes ont des sujets différents	on utilise :	– *pour que* – *afin que*	+ subjonctif	*Je ferai tout mon possible pour que / afin que nous soyons tous ensemble.*
Si les deux verbes ont le même sujet	on utilise :	– *pour* – *afin de*	+ infinitif	*Je ferai tout mon possible pour / afin d'être là.*

⚠ On utilise *afin que* et *afin de* dans la langue soutenue.

⚠ Quand il y a deux buts exprimés :
– on ne répète pas *pour que* ou *afin que*, on utilise *que*.
*Je ferai tout mon possible **pour que** nous soyons tous ensemble et **que** nous fassions la fête.*
– on ne répète pas *afin de*, on utilise *de*.
*Je ferai tout mon possible **afin d'**être avec vous et **de** faire la fête.*

⚠ Les deux termes de la négation se placent devant l'infinitif.
*Je viendrai pour **ne pas** manquer cette fête.*

EXERCICES

1 **Transformez avec *pour* ou *pour que* comme dans les exemples.**

> Je vais téléphoner. Je réserve les places de train.
> → *Je vais téléphoner pour réserver les places de train.*
> Ils vont m'appeler. Je les inscris à ce voyage.
> → *Ils vont m'appeler pour que je les inscrive à ce voyage.*

1 Je leur écris. Ils m'envoient le programme. → ....

2 Tu te renseignes. On aura les meilleurs tarifs. → ....

3 On va consulter Internet. On aura les horaires. → ....

4 Vous irez à la gare. Vous prendrez les billets. → ....

5 Elle viendra à la maison. Nous partirons tous ensemble. → ....

6 Nous prendrons un taxi. Nous serons à l'heure. → ....

🎧 212 **2** **Complétez avec *afin que* ou *afin de*. Écoutez pour vérifier.**

Bonjour ! Je suis le directeur du centre et je vous souhaite la bienvenue.
Afin que ce séjour se passe le mieux possible, voici quelques consignes. Respectez-les ....
.... (1) chacun d'entre vous puisse bien se reposer.
Le petit déjeuner est servi dès 7 h .... (2) vous profitiez des soins avant midi.
Par ailleurs, ... (3) le médecin connaisse la situation de chacun, laissez votre
dossier au secrétariat. Vous pourrez aussi, ... (4) vous détendre, utiliser nos
installations 24 h/24. Le soir, évitez le bruit .... (5) garantir la tranquillité de
tous. Bonne installation à tous !

3 **Mettez les mots dans l'ordre pour faire des phrases. Rétablissez l'apostrophe si nécessaire.**

Avant le départ

> Je vérifie mon billet pour / avion / pas / manquer / ne / mon / !
> → *Je vérifie mon billet pour ne pas manquer mon avion !*

1 Je regarde l'heure du vol / ne / l'aéroport / attendre / pas trop / afin de / à

→ ....

2 Je prends un médicament / ne / malade / être / pas / voyage / le / pendant / pour

→ ....

3 Je contrôle mon passeport / de problème / pour / douane / à / la / avoir / pas / ne

→ ....

4 **Transformez les phrases pour écrire des publicités.**

Portez les lunettes VUZ et votre regard sera plus séduisant. → *Portez les lunettes VUZ pour que votre regard soit plus séduisant.*

1 Choisissez le shampoing ROO et vos cheveux auront un bel éclat.

→ .... !

2 Voyagez avec AIRBIZ et vous ne perdrez pas de temps.

→ .... !

3 Réservez votre taxi VROUM et vous ne serez pas stressé.

→ .... !

4 Achetez le stylo BUC et vous ne ferez pas de fautes.

→ .... !

80 L'expression de l'opposition et de la concession

1 Utilisation

● Les expressions d'opposition soulignent la différence entre deux faits.
*On travaille le samedi **mais** pas le dimanche.*
● Les expressions de concession indiquent qu'une cause n'a pas le résultat attendu.
*Les salaires n'ont pas augmenté **pourtant** l'entreprise a fait des bénéfices !*

Travail dominical
Les employés ont accepté de faire des heures supplémentaires **mais** ils refusent toujours de travailler le dimanche.

Salaires/Profits
Les salaires n'ont pas augmenté **pourtant** l'entreprise a fait des bénéfices !

2 Expression de l'opposition

mais	oppose deux mots ou deux propositions. *J'aime mon travail **mais** je n'aime pas mes collègues.*
par contre (courant) = ***en revanche*** (formel)	expriment une opposition plus forte. *Cette entreprise fait des bénéfices, **en revanche**, l'autre perd de l'argent.*
alors que + indicatif	ajoute une idée de comparaison. *Je travaille 8 heures par jour **alors que** tu ne travailles que 6 heures.*
au lieu de + infinitif	signifie « faire une chose à la place d'une autre chose ». *Travaille **au lieu de** discuter !*
en fait	signifie « mais en réalité », oppose une idée à une réalité. *On pense que ce patron est égoïste, **en fait**, il est très généreux.*

3 Expression de la concession

mais = *pourtant* = *cependant* (formel)	*Je travaille beaucoup **mais** je ne gagne pas beaucoup d'argent.* *Mon entreprise fait des bénéfices **pourtant** les salaires baissent.*

⚠ Pour renforcer la concession, on peut ajouter *quand même* (placé après le verbe).
*C'est la crise, **pourtant** mon entreprise fait **quand même** des bénéfices.*

malgré + nom	*Malgré la crise, mon entreprise fait des bénéfices.* *L'entreprise fait des bénéfices **malgré** la crise.*

bien que + subjonctif	*Bien que la situation soit difficile, il faut rester optimistes.*
même si + indicatif	*Même si la situation est difficile, il faut rester optimistes.*
avoir beau + infinitif	est très utilisé dans la langue orale et est toujours placé en tête de phrase. *La situation **a beau** être difficile, il faut rester optimistes.*

⚠ Les phrases avec *bien que*, *même si* et *avoir beau* ont souvent le même sens.
⚠ Quand les conjonctions *bien que* et *même si* sont suivies de deux propositions, on ne les répète pas, on utilise *que*.
*Bien qu'on ait des problèmes et **que** la situation soit difficile, on reste optimistes.*

EXERCICES

1 **Faites des phrases avec les éléments donnés.**

Il y a (4 saisons en Europe ≠ 2 saisons en Bolivie) (alors que)

→ *Il y a 4 saisons en Europe alors qu'il y a 2 saisons en Bolivie.*

1 En France, il fait (doux dans le sud ≠ frais dans le nord) (par contre)

→ ....

2 On dîne (vers 18 h en Allemagne ≠ vers 22 h en Espagne) (mais)

→ ....

3 Il y a (18 États dans la zone euro ≠ 28 États dans l'UE) (en revanche)

→ ....

4 On roule (à gauche au Royaume-Uni ≠ à droite en France) (alors que)

→ ....

2 **À vous. Exprimez des différences entre des régions de votre pays, ou entre votre pays et les pays voisins. Utilisez *mais*, *par contre*, *alors que*, *en revanche*.**

🎧213 **3** **Écoutez et complétez.**

Bien que je ne *sois* pas du quartier, je le connais bien.

1 J'habite assez loin, ... j'y .... souvent.

2 J'aime beaucoup cet endroit, ... il .... très bruyant.

3 Il y a beaucoup de jolies maisons, ... ce .... un quartier ancien.

4 Les rues sont étroites, ... elles .... très fréquentées.

5 On y rencontre des touristes, ... il n'y .... pas de monuments célèbres.

6 .... il .... un peu trop fréquenté, ce quartier garde une ambiance agréable.

4 **Associez pour faire des phrases.**

L'usine reste ouverte	a	on n'évitera pas la crise.
1 Les employés protestent séparément	b	pourtant ils ne comprennent pas toujours.
2 On a beau chercher des solutions	c	malgré l'opposition des syndicats.
3 Il explique la situation aux salariés		*bien qu'il n'y ait plus de travail.*
4 Le personnel veut manifester	d	au lieu de s'unir.
5 Les syndicats organisent une réunion	e	mais personne n'accepte d'y participer.

5 **Faites des phrases en utilisant l'expression *avoir beau*.**

Il fait des propositions. ≠ Personne ne l'écoute.

→ *Il a beau faire des propositions, personne ne l'écoute.*

1 Je suis motivé. ≠ Je ne réussis pas.

→ ....

2 Ils avaient des compétences. ≠ Ils étaient mal payés.

→ ....

3 Tu as travaillé pendant longtemps. ≠ On ne t'a pas donné de contrat.

→ ....

4 Ils assistent à toutes les réunions. ≠ Ils ne comprennent pas les décisions.

→ ....

81 L'expression de l'hypothèse avec *si* et de la condition

1 Utilisation

● Exprimer une hypothèse, c'est imaginer des possibilités dans le futur ou une autre réalité que celles du présent ou du passé.
Si j'avais le temps en ce moment, je ferais plus de choses. (= en réalité, je n'ai pas le temps en ce moment)
● Exprimer une condition, c'est dire qu'un événement doit se produire pour qu'un autre se réalise. *Je viendrai* **à condition que** *tu m'appelles.*

Si j'avais le temps, je t'aiderais avec plaisir !

2 L'expression de l'hypothèse avec *si*

Quand on exprime une hypothèse, on exprime généralement aussi la conséquence de cette hypothèse.

Si + présent → futur simple	Une possibilité dans le futur est imaginée. *Si un jour j'ai beaucoup d'argent, je partirai loin d'ici.* (= un jour peut-être, j'aurai beaucoup d'argent, mais je ne sais pas aujourd'hui).

⚠ On utilise aussi la structure *si* + verbe au présent → verbe à l'impératif.
Si vous avez un problème, prévenez-moi.

Si + imparfait → conditionnel présent	Une autre réalité présente est imaginée. *Si j'avais le temps, je ferais plus de choses.* (= malheureusement, je n'ai pas le temps donc je ne peux pas faire beaucoup de choses).
Si + plus-que-parfait → conditionnel présent ou passé	Une autre réalité passée est imaginée. *S'il était parti plus tôt, il serait arrivé à l'heure.* (= malheureusement il est parti tard donc il n'est pas arrivé à l'heure).

⚠ On dit pas ~~s'il / s'ils~~, mais s'il / s'ils.
⚠ On ne met jamais le futur ni le conditionnel dans la subordonnée introduite par *si*.
⚠ La subordonnée introduite par *si* peut être remplacée par **en cas de** + nom.
Je t'appelle **en cas de** *problème.* (= si j'ai un problème, s'il y a un problème)

3 L'expression de la condition

Pour exprimer la condition, on utilise :
● *Si* **+ présent → futur simple**. *Si j'ai le temps, je viendrai. Je viendrai si j'ai le temps.*
● *À condition que* **+ subjonctif.** *J'arriverai à l'heure à condition que mon train n'ait pas de retard.*
⚠ Quand les deux verbes ont le même sujet, on peut utiliser *à condition de* + infinitif ou *à condition que* + subjonctif. *J'arriverai à l'heure à condition que je parte plus tôt.*
J'arriverai à l'heure à condition de partir plus tôt.

EXERCICES

1 Complétez avec le présent ou le futur simple.

Si on *ne fait pas* attention (ne pas faire), on *épuisera* les ressources naturelles (épuiser).

1 Si nous .... les ressources (ne pas protéger), nous .... de nourriture (manquer).

2 Si les gens .... (ne pas réagir), la situation .... dramatique (devenir).

3 Il .... de poissons (ne plus y avoir) si on ne .... pas la pêche (limiter).

4 Si on .... à couper les arbres (continuer), l'oxygène .... (diminuer).

2 Transformez les phrases suivantes avec une hypothèse à l'imparfait et le conditionnel présent.

Il ne fait pas beau. Nous ne pouvons pas pique-niquer.

→ *S'il faisait beau, nous pourrions pique-niquer.*

1 Je n'ai pas le temps. Je ne fais pas les courses.

→ ....

2 Ils ne viennent pas à la fête. Ils ne sont pas libres.

→ ....

3 Elle n'a pas envie de sortir. Elle ne vient pas avec nous.

→ ....

4 Nous n'avons pas sommeil. Nous n'allons pas nous coucher.

→ ....

3 Conjuguez au plus-que-parfait et au conditionnel passé puis associez. Rétablissez l'apostrophe si nécessaire. Écoutez pour vérifier. 🎧 214

Si nous *avions été* invités (être), ⟍

1 Si je .... des vacances (prendre),

2 Si Thomas .... un travail (trouver),

3 Si mes amis .... (venir),

4 S'il .... moins de bruit (y avoir),

5 Si elles .... (pouvoir),

6 S'ils .... (s'inscrire,)

a je ....le Portugal (visiter).

b je .... (ne pas déménager).

   nous *serions venus* avec plaisir (venir).

c elles .... plus souvent (sortir).

d on ....la fête (faire).

e ils .... ce cours (suivre).

f il .... dans ce quartier (rester).

4 À vous ! Comme dans les exercices 2 et 3, listez les activités que vous voudriez faire aujourd'hui ou celles que vous n'avez pas pu faire récemment. Notez aussi les raisons qui vous empêchent ou ont empêché de réaliser ces désirs. Puis formulez des hypothèses.

Je ne suis pas allé au concert / je n'avais pas acheté de billets → *Si j'avais acheté des billets, je serais allé au concert.* ....

5 Complétez les phrases avec *si*, *à condition de* ou *à condition que*.

Je partirai en vacances *à condition de* finir ce travail.

1 Elle ira à la conférence .... ses collègues y aillent avec elle.

2 Nous vous accompagnerons .... pouvoir nous libérer.

3 Ils décaleront leurs congés .... on les prévienne à l'avance.

4 On pourra se réunir .... tout le monde est libre.

5 Je viendrai .... pouvoir déplacer un rendez-vous.

Le discours indirect au présent

1 Utilisation

On utilise le discours indirect pour rapporter les paroles de quelqu'un.
« *Mon train a du retard.* » → *Elle dit que son train a du retard.*

> **Message aujourd'hui**
> Mon train a du retard. Ne m'attendez pas ! Bisous.

> C'est Lisa. **Elle dit que** son train a du retard. **Elle demande de** ne pas l'attendre.

2 Formes

On utilise un verbe introducteur (*dire, demander, expliquer, répondre…*) + *que* ou *de*.

Dire que	
« *Je prendrai un taxi.* » →	Elle **dit qu'**elle prendra un taxi.

⚠ On répète *que* devant chaque forme verbale. *Elle **dit qu'**elle prendra un taxi et **qu'**elle n'arrivera pas avant minuit.*

Demander si / Demander ce que / Demander où…	
« **Est-ce que** l'avion a du retard ? » →	Elle demande **si** l'avion a du retard.
« **Qu'est-ce que** vous attendez ? » « *Vous attendez* **quoi** *?* » →	Elle me demande **ce que** j'attends.
« **Où / Quand / Combien de temps /** **Pourquoi / Avec qui** *partez-vous ?* » →	Elle me demande **où** je pars. Il veut savoir **avec qui** je voyage.

⚠ On répète l'adverbe interrogatif devant chaque forme verbale.
*Je me demande **si** elle va trouver un taxi et **si** elle va arriver à l'heure.*
⚠ On ne dit pas ~~s'il~~ / ~~s'ils~~ mais *s'il* / *s'ils*.
Les questions rapportées peuvent être introduites par : *se demander, vouloir savoir. Je **voudrais savoir** si on doit t'attendre.*

Dire / Demander de	
Pour rapporter un verbe à l'impératif (→ *Unité 67*), on utilise le verbe *dire* ou *demander* + *de* + infinitif.	
« *Attendez-moi !* » →	Elle nous **demande de** l'attendre.
« *Ne m'attendez pas !* » →	Elle me **dit de** ne pas l'attendre.

⚠ On répète *de* devant chaque infinitif.
*Elle nous demande **de** ne pas l'attendre et **de** commencer à dîner sans elle.*
⚠ Attention à la place de la négation devant l'infinitif !

3 Remarques

● Dans le discours rapporté, il n'y a pas les marques de ponctuation du discours direct : points d'exclamation, points d'interrogation, guillemets.
● Quand on rapporte les paroles de quelqu'un, on doit faire attention aux pronoms personnels et aux adjectifs et pronoms possessifs.
« Tu peux me prêter ta valise ? » → ***Elle me** demande si je peux lui prêter ma valise.*

🎧 215 ▶ **1** **Dites si vous entendez le discours direct ou indirect.**

	indirect	direct
Il me demande ce que je fais.	☑	❏
1	❏	❏
2	❏	❏
3	❏	❏
4	❏	❏
5	❏	❏
6	❏	❏
7	❏	❏

2 **Barrez le mot interrogatif incorrect.**

Mes amis veulent savoir *si / ce que* je vais me marier. Ils me demandent : *qui / pourquoi* seront nos témoins (1) ; *ce que / comment* nous avons prévu (2) ; *à quelle heure / si* la date est fixée (3) ; *si / combien* je les invite tous (4) ; *quand / pourquoi* j'ai gardé le secret aussi longtemps (5) ; *ce qu' / s'*ils peuvent nous offrir (6) ; *qui / si* nous allons partir en voyage. (7)

3 **Lisez les deux mails et complétez le dialogue.**

De : **Roland Berteau**
CC : **Isabelle Boger**
Date : **Aujourd'hui**
À : **Michel Dumas**
Objet : **Le contrat**

Bonjour,
La date de la réunion approche et je n'ai pas encore reçu le contrat (1). Est-ce qu'il est possible de me l'envoyer le plus vite possible (2) ? C'est assez urgent (3) ; je ne pourrai pas venir sans ce contrat (4). Cordialement.

De : **Isabelle Boger**
CC : **Michel Dumas**
Date : **Aujourd'hui**
À : **Roland Berteau**
Objet : **Le contrat**

Bonjour Monsieur,
Excusez-nous (5). On vous l'envoie immédiatement (6) et on joint les autres documents (7).
Cordialement.

Isabelle Boger : M. Dumas, vous avez lu le mail de M. Berteau ?

Michel Dumas : Non. Qu'est ce qu'il dit ?

Isabelle : *Il écrit que la date de la réunion approche* et .... (1). Il nous demande .... (2). Il ajoute .... (3) et .... (4).

Michel Dumas : Demandez-lui .... (5). Dites-lui .... (6) et .... (7).

4 **À vous ! Quelles sont les questions que l'on vous pose souvent quand vous donnez votre nationalité ? Répondez comme dans l'exemple.**

Quand je dis que je suis française, on me demande toujours si j'aime le fromage, pourquoi il y a beaucoup de grèves en France… ....
....
....
....

1 Complétez avec la forme correcte. Rétablissez l'apostrophe si nécessaire. Unité 76

(*comme – parce que*) J'ai pris un rendez-vous chez le médecin *parce que* j'avais de la fièvre.
1 (*grâce à – en raison de*) Elles souffrent .... une grave brûlure.
2 (*puisque – à cause de*) Nous retournons travailler .... nous allons mieux.
3 (*à cause de – comme*) On arrête le traitement .... une allergie.
4 (*à cause de – grâce à*) Il se repose .... un arrêt maladie.
5 (*comme – à cause de*) .... tu te soignes, tu as moins mal.
6 (*grâce à – puisque*) .... elle est en forme, elle a recommencé le sport.

2 Faites des phrases. Rétablissez l'apostrophe si nécessaire. Unité 77

Scénario catastrophe

Nous devons faire attention. La Terre est en danger. (c'est pourquoi)
→ *La Terre est en danger, c'est pourquoi nous devons faire attention.*
1 Il y a des inondations. Les pluies sont très fortes. (c'est pour ça que)
→ ....
2 Les rivières sont très polluées. Les poissons meurent. (donc)
→ ....
3 Il est difficile de respirer. L'air est pollué. (alors)
→ ....
4 Les maisons sont abîmées. Les vents ont été violents. (c'est pourquoi)
→ ....
5 Les routes sont fermées. Il a beaucoup neigé. (par conséquent)
→ ....
6 Les catastrophes naturelles vont augmenter. Le climat se réchauffe. (tellement que)
→ ....

3 Complétez avec les formes qui conviennent. Rétablissez l'apostrophe si nécessaire. Unité 78

| pendant que | au moment où | avant que | avant de | ~~dès que~~ | lorsque | jusqu'à ce que | aussitôt que |

On allume l'ordinateur *dès qu*'on arrive. On vérifie les courriels .... (1) commencer la réunion, on répond tout de suite .... (2) c'est urgent et souvent on continue
.... (3) notre assistant fait une présentation du travail qui reste. Après, on retourne
à notre bureau .... (4) ce soit l'heure du déjeuner et .... (5) on a fini, on
recommence à travailler. Souvent, ... (6) on est prêt à partir, le téléphone sonne et
on ne peut pas arrêter .... (7) tout soit réglé ! C'est un rythme fatigant !

4 Transformez avec *pour* ou *pour que* (1), *afin de* ou *afin que* (2). Unité 79

Tu fais du feu et on aura moins froid. (2) → *Tu fais du feu afin qu'on ait moins froid.*
1 Elle a téléphoné et elle nous a rassurés. (1)
→ Elle a téléphoné ....
2 Je retire mes chaussures et je ne salis pas la maison. (2)
→ Je retire mes chaussures ....
3 Il télécharge le film et nous le regardons ensemble. (1)
→ Il télécharge le film ....
4 On ne fait pas de bruit et les voisins ne sont pas dérangés. (2)
→ On ne fait pas de bruit ....
5 Je t'attends et tu ne seras pas tout seul. (1)
→ Je t'attends ....

complexe

5 Complétez le dialogue. Écoutez pour vérifier. Unité 80

Une librairie en danger

~~mais~~   malgré   alors qu'   au lieu de   ont beau

– Tu as vu ? La librairie à côté de chez toi est ouverte *mais* elle va peut-être fermer !
– Oui, je sais ; ils .... (1) avoir des promotions, ils perdent des lecteurs ....
.... (2) au supermarché, le rayon librairie marche bien !
– Il pense quoi, le patron ?
– C'est difficile pour lui parce que, ... (3) tous ses efforts, les résultats sont
mauvais. Et il sait aussi que, ... (4) de venir au magasin, les gens achètent sur
Internet. Il ne peut rien faire !

6 Transformez les phrases comme dans les exemples. Unité 81

On trouve un grand appartement. On déménage. (à condition)
→ On déménage *à condition de trouver un grand appartement.*
Il y a un ascenseur. Je m'installe au dernier étage. (si)
→ S'il y a un ascenseur, *je m'installe au dernier étage.*

1 Il prendra ce studio. Le propriétaire refait les peintures. (à condition)
→ Il prendra ce studio ....
2 Une nouvelle école est construite. Nous ne changerons pas de quartier. (si)
→ Nous ne changerons pas de quartier ....
3 Vous paierez moins. Vous partagez votre logement. (à condition)
→ Vous paierez moins ....
4 Elle reste dans ce logement. Le loyer baisse. (si)
.... elle reste dans ce logement.

7 Complétez avec la forme correcte. Rétablissez l'apostrophe si nécessaire. Unité 81

Covoiturage

– Ce *serait* plus facile pour toi si tu avais ton permis de conduire, non ?
– C'est vrai, mais si ça coûtait moins cher, je le .... (passer) (1) et je ....
(s'acheter) (2) une voiture. Je ne .... (être) (3) pas encore obligé de te demander
de m'accompagner.
– Oui, en fait, je te comprends. Moi, si je .... (pouvoir) (4), je prendrais le métro,
ça .... (coûter) (5) moins cher. Et si tu .... (avoir) (6) un vélo ?
– Je .... (avoir) (7) peur d'avoir un accident. Mais tu as raison, c'est ce que je
.... (faire) (8) si ce .... (être) (9) moins dangereux !

8 Transformez les phrases selon les modèles comme dans les exemples. Unité 82

« Tu vas voyager seule ? » → *Il me demande si je vais voyager seule.*
« Je pars avec mon frère. » → *Elle dit qu'elle part avec son frère.*

1 « Vous vous arrêterez combien de fois ? »
→ Il se demande ....
2 « Qu'est-ce qu'elle veut découvrir ? »
→ Nous voudrions savoir ....
3 « Est-ce qu'il a obtenu un visa ? »
→ Dis-moi ....
4 « Fais-toi vacciner ! »
→ Elle me répète ....

Notes

Test diagnostic

Choisissez la bonne réponse puis vérifiez page 288.

Chapitre 1 | Les verbes au présent de l'indicatif

Unité 1

- Vous ... étudiant ?
  - ❏ A : est
  - ❏ B : êtes
  - ❏ C : es
  - ❏ D : sont
  10

Unité 2

- Nous ... des amis belges.
  - ❏ A : avons
  - ❏ B : ont
  - ❏ C : a
  - ❏ D : avez
  12

Unités 1 et 2

- Ils ... 26 ans.
  - ❏ A : sont
  - ❏ B : ont
  - ❏ C : avez
  - ❏ D : avons
  10

- On ... très faim !
  - ❏ A : avons
  - ❏ B : est
  - ❏ C : a
  - ❏ D : sommes
  12

Unité 3

- Regarde, sur la photo, ... Paul. ... mon ami.
  - ❏ A : il est / Il est
  - ❏ B : c'est / C'est
  - ❏ C : elle est / Il y a
  - ❏ D : c'est / Il est
  14

- Dans ma ville, ... beaucoup de monuments.
  - ❏ A : il y a
  - ❏ B : ce sont
  - ❏ C : ils sont
  - ❏ D : c'est
  14

Unité 4

- Tous les jours, on ... à 8 heures.
  - ❏ A : arrivons
  - ❏ B : arrive
  - ❏ C : arrivent
  - ❏ D : arrivez
  16

- ... habitent à Rome.
  - ❏ A : Vous
  - ❏ B : Elles
  - ❏ C : Je
  - ❏ D : On
  16

Unité 5

- ... couchez à quelle heure ?
  - ❏ A : Vous se
  - ❏ B : Vous vous
  - ❏ C : On se
  - ❏ D : Vous
  18

- Nous ... aimons mais nous ne voulons pas ... marier !
  - ❏ A : (rien) / se
  - ❏ : B s' / se
  - ❏ C : nous / nous
  - ❏ D : nous / (rien)
  18

Unité 6

- On ... payer pour entrer.
  - ❏ A : doivent
  - ❏ B : devons
  - ❏ C : doit
  - ❏ D : faut
  20

- Silence ! Elle veut ... !
  - ❏ A : se reposer
  - ❏ B : se reposée
  - ❏ C : me reposez
  - ❏ D : se reposé
  20

- On est en retard. ... faut se dépêcher !
  - ❏ A : Tu
  - ❏ B : Il
  - ❏ C : Nous
  - ❏ D : On
  20

Unité 7

● Nous ... en Italie et toi, tu ... où ?
❏ A : allons / va   ❏ B : vont / vas   ❏ C : vont / allé   ❏ D : allons / vas   22

● Elle préf...re le cinéma !
❏ A : é   ❏ B : e   ❏ C : è   ❏ D : ê   22

Unité 8

● Ils ... avec nous.
❏ A : vient   ❏ B : viennent   ❏ C : viens   ❏ D : venons   26

● Je ... bien la nuit.
❏ A : dorme   ❏ B : dors   ❏ C : dort   ❏ D : dormi   26

Unité 9

● ... dites quoi ?
❏ A : Tu   ❏ B : Vous   ❏ C : Nous   ❏ D : On   30

● On ... du judo.
❏ A : faites   ❏ B : fais   ❏ C : fait   ❏ D : faisons   30

● Nous connai... bien la France.
❏ A : ttons   ❏ B : ssons   ❏ C : sons   ❏ D : tons   30

● Ils écri...ent un mail.
❏ A : v   ❏ B : t   ❏ C : s   ❏ D : r   30

Unité 10

● « Je suis en train de manger » signifie ... .
❏ A : j'ai mangé   ❏ B : je vais manger   ❏ C : je mange   ❏ D : je veux manger   34

Chapitres 2 et 4 ▌ Le nom et les déterminants

Unités 11 et 21

● J'ai une ... .
❏ A : ami cuisinière   ❏ B : amie cuisinier   ❏ C : amie cuisinière   38

● Peintre, journaliste, Suisse sont des noms ... .
❏ A : féminins   ❏ B : masculins et féminins   ❏ C : masculins   64

Unités 12 et 21

● ... livre, ... dictionnaire, ... bureau, ... table.
❏ A : Un, une, un, un   ❏ B : Une, une, un, une   ❏ C : Un, un, un, une   42, 64

Unités 13 et 21

● Sur la table, il y a des bonbon..., des gâteau... et des jus... de fruit.
❏ A : s, s, s   ❏ B : x, x, (rien)   ❏ C : s, x, (rien)   44, 64

Unités 14 et 21

● Un porte-monnaie, des porte...- monnaie...
❏ A : s, s   ❏ B : s, (rien)   ❏ C : (rien), (rien)   46, 64

Page

Chapitre 3 ▮ L'adjectif qualificatif

Unité 15
- Cette place est … .
  - ❏ A : large et carrée
  - ❏ B : petit et ronde
  - ❏ C : moderne et clair   50

Unité 16
- Cet homme est … .
  - ❏ A : vieille et fou
  - ❏ B : vieux et fol
  - ❏ C : vieux et fou
  - ❏ D : vieil et fou   52
- Cette voiture est … .
  - ❏ A : belle et chère
  - ❏ B : ancienne et cher
  - ❏ C : blanc et chère

Unité 17
- Ces vestes sont … .
  - ❏ A : originaux
  - ❏ B : originales
  - ❏ C : original   54

Unité 18
- Ce sac coûte … euros.
  - ❏ A : quatre-vingt
  - ❏ B : cent quatre-vingts
  - ❏ C : cents quatre   56

Unité 19
- J'habite dans un … .
  - ❏ A : appartement beau
  - ❏ B : bel appartement   58
  - ❏ C : beau appartement
  - ❏ D : belle appartement

Unité 20
- « Je suis retourné dans mon ancienne ville » signifie … .
  - ❏ A : cette ville est très vieille   60
  - ❏ B : je n'habite plus dans cette ville
  - ❏ C : cette ville n'existe plus

Chapitre 4 ▮ Les déterminants

Unité 21
- J'ai acheté … costume , … cravate et … chaussures noires.
  - ❏ A : le, la, des
  - ❏ B : le, une, les
  - ❏ C : un, une, des   64

Unité 22
- Ils jouent … piano.
  - ❏ A : du
  - ❏ B : au
  - ❏ C : de la
  - ❏ D : rien   66

Unité 23
- – Tu veux … sucre ? – Non, merci, je ne prends pas … sucre.
  - ❏ A : de / du
  - ❏ B : du / de
  - ❏ C : du / du
  - ❏ D : du / (rien)   68

Unité 24
- Je voudrais … eau, s'il vous plaît.
  - ❏ A : un peu de l'
  - ❏ B : (rien)
  - ❏ C : un verre d'
  - ❏ B : une bouteille du   70

Unité 25
- … film est passionnant et j'aime beaucoup … réalisateur.
  - ❏ A : Ce / ce
  - ❏ B : Cette / cet
  - ❏ C : Ce / cette
  - ❏ D : Cet / cet   72

Unité 26

● Michel et Rémi ont invité ... famille à déjeuner.

❑ A : leur ❑ B : ses ❑ C : leurs ❑ D : sa 74

● ... amie est chauffeur de taxi.

❑ A : mon ❑ B : ma ❑ C : m'

Unité 27

● Je connais ... villes françaises.

❑ A : aucune ❑ B : quelques ❑ C : chaque ❑ D : toutes 76

● « Je travaille tous les jours » signifie ... .

❑ A : toute la journée ❑ B : chaque jour ❑ C : le jour mais pas la nuit

Chapitre 5 ▌ La structure de la phrase

Unité 28

● ... ils aiment ce fromage ?

❑ A : Qu'est-ce qu' ❑ B : Est-ce que ❑ C : Est-ce qu' ❑ D : Qu' 82

Unité 29

● Vous regardez ... ?

❑ A : quoi ❑ B : quel ❑ C : que 84

● ... est votre prénom ?

❑ A : Laquelle ❑ B : Quel ❑ C : Qu'est-ce qu' ❑ D : quoi

Unité 30

● Tu mets ... pour venir ici ?

❑ A : combien ❑ B : comment ❑ C : quoi ❑ D : combien de temps 86

Unité 31

● On ... a ... amis dans cette ville.

❑ A : n' / pas des ❑ B : ne / pas d' ❑ C : n' / pas d' 88

Unité 32

● – Vous habitez toujours ici ? – Non, ... ici.

❑ A : je n'habite pas encore ❑ B : je n'habite plus ❑ C : je n'ai jamais habité 90

● – Tu as vu quelqu'un en mon absence ?

❑ A : – Non, il n'y a personne.

❑ B : – Non, je n'ai vu personne.

❑ C : – Non, personne n'est venu.

Unité 33

● Qu'... ?

❑ A : aimez-vous ❑ B : est-ce qu'aime-t-il ❑ C : ils aiment-ils 92

Unité 34

● ... information terrible !

❑ A : Comme ❑ B : Quelle ❑ C : Laquelle ❑ D : Rien 94

Test diagnostic

Test diagnostic Choisissez la bonne réponse puis vérifiez page 288.

Page

Chapitre 6 ❙ L'expression du lieu

Unité 35

● Il va … Italie.
❑ A : à ❑ B : en ❑ C : sur l' ❑ D : à l' 98

Unité 36

● Mon frère habite à … moi.
❑ A : côté de chez ❑ B : chez moi ❑ C : dans 100

Chapitre 7 ❙ Les verbes au passé de l'indicatif

Unité 37

● Je n'ai rien compr… !
❑ A : is ❑ B : endu ❑ C : it 106

Unités 37 et 38

● Il … à 7 heures.
❑ A : a parti ❑ B : est parti ❑ C : êtes parti 106, 110

Unité 38

● Ils … au restaurant et … au cinéma.
❑ A : ont dinés / sont allés ❑ B : ont dîné / sont allés ❑ C : ont dîné / sont allées 110

● Elle … les clés de sa poche.
❑ A : est sortie ❑ B : a sortie ❑ C : a sorti ❑ D : s'est sorti

● Je … très tard.
❑ A : m'ai levé ❑ B : me suis levé ❑ C : suis levé

Unité 39

● Quand on … jeunes, on … souvent en bus.
❑ A : était / voyageaient ❑ B : étions / voyagions ❑ C : était / voyageait 114

Unité 40

● « Le train vient de partir » signifie … .
❑ A : le train part ❑ B : le train va partir ❑ C : le train est parti 116

Unité 41

● On … trois ans en Australie.
❑ A : vivait ❑ B : a vécu ❑ C : vit 118

● J'… longtemps devant le cinéma. Il y … beaucoup de monde.
❑ A : ai attendu / a eu ❑ B : ai attendu / avait ❑ C : attendais / avait

Unité 42

● Quand je suis arrivé, mon père … .
❑ A : est juste parti ❑ B : avait déjà parti ❑ C : était déjà parti ❑ D : était juste parti 122

● Je me suis douché quand … .
❑ A : je suis rentré ❑ B : j'étais rentré ❑ C : je rentrais ❑ D : je venais de rentrer

Unité 43

- Elles sont … en Espagne et ont … l'Andalousie.
  ❏ A : allées / visitées   ❏ B : allées / visité   ❏ C : allée / visité   124

- Regarde toutes les photos qu'ils ont … !
  ❏ A : fait   ❏ B : faites   ❏ C : faits

Chapitre 8 ❙ Les verbes au futur de l'indicatif

Unité 44

- « Le président va faire un discours » signifie … .
  ❏ A : le président a parlé   ❏ B : le président parle   ❏ C : le président n'a pas parlé   130

- Vous … … dépêcher !
  ❏ A : allons / vous   ❏ B : allez / vous   ❏ C : vont / vous

Unité 45

- J'… à la montagne à Noël. J'attends ce moment avec impatience.
  ❏ A : irons   ❏ B : allait   ❏ C : irai   132

- Nous nous … demain soir.
  ❏ A : verrons   ❏ B : voient   ❏ C : verront   ❏ D : allons voir

Unités 45 et 46

- Je … quand je … .
  ❏ A : téléphonera / serai arrivé   132, 136
  ❏ B : téléphonerai / serai arrivé
  ❏ C : téléphonerai / seras arrivé

Unités 45 et 46

- On … aux cartes quand vous … .
  ❏ A : jouerons / aurez dîné   ❏ B : jouera / aurez dîné   ❏ C : jouera / aurons dîné   132, 136

Chapitre 9 ❙ La comparaison

Unité 47

- C'est … intéressant et … fatigant !
  ❏ A : mieux / moins   ❏ B : plus / moins   ❏ C : aussi / mieux   138

- Il peint … bien que toi !
  ❏ A : autant   ❏ B : aussi   ❏ C : meilleur   ❏ D : pire

- Ce vin est bon mais j'aime … l'autre, il est … .
  ❏ A : moins / meilleur   ❏ B : mieux / moins bon   ❏ C : mieux / meilleur

Unité 48

- Tu ne travailles pas … que moi mais tu travailles … que moi, c'est vrai !
  ❏ A : plus / autant   ❏ B : aussi / moins   ❏ C : plus / aussi   140

- Elle a … chance que vous !
  ❏ A : beaucoup plus de   ❏ B : autant   ❏ C : moins   ❏ D : aussi de

Test diagnostic

Choisissez la bonne réponse puis vérifiez page 288.

Unité 49

● C'est ... petit État ... continent.
  ❏ A : le plus / de la   ❏ B : le plus / du   ❏ C : le moins / de la   142

● Cette chanteuse est ... , c'est elle qui chante ... .
  ❏ A : le meilleur / le mieux   ❏ B : la meilleure / la mieux   ❏ C : la meilleure / le mieux

Chapitre 10 ▐ L'expression du temps

Unité 50

● ... été je vais travailler ... samedi.
  ❏ A : En / (rien)   ❏ B : En / le   ❏ C : Au / le   146

● ... mardi, j'ai rendez-vous chez le dentiste ... 15 h.
  ❏ A : Le / à   ❏ B : (rien) / à   ❏ C : à / (rien)

● Je prends généralement des vacances ... printemps et ... hiver.
  ❏ A : au / au   ❏ B : en / au   ❏ C : en / en   ❏ D : au / en

● Il est né ... 29 mai 2013.
  ❏ A : à   ❏ B : sur   ❏ C : le

Unité 51

● Je travaille ici ... longtemps.
  ❏ A : dans   ❏ B : il y a   ❏ C : depuis   ❏ D : rien   148

● On est arrivés ... cinq semaines et on reste ... lundi.
  ❏ A : pendant / à partir de   ❏ B : dans / jusqu'à   ❏ C : il y a / jusqu'à   ❏ D : depuis / jusqu'à

Chapitre 11 ▐ Les pronoms

Unité 52

● – Ce sont tes parents ? – Oui, j'habite chez ... .
  ❏ A : elles   ❏ B : ils   ❏ C : eux   ❏ D : lui   152

Unité 53

● Tu as vu ta mère ? Tu ... as parlé de notre projet ?
  ❏ A : la   ❏ B : l'   ❏ C : elle   ❏ D : lui

● J'aime ces chaussures. Je ... .
  ❏ A : les vais acheter   ❏ B : vais les acheter   ❏ C : vais acheter les

Unités 53 et 54

● – Tu as une voiture ? – Oui, ...
  ❏ A : j'ai une   ❏ B : j'en ai une   ❏ C : je l'ai   154, 158

Unité 55

● – Vous êtes à la gare ? – Non, nous ... sortons.
  ❏ A : y   ❏ B : en   ❏ C : la   160

Unité 56

● – Tu t'occupes des courses ? – Oui, je … occupe, ne t'inquiète pas.

❏ A : me   ❏ B : m'y   ❏ C : m'en   ❏ D : les   162

● Donne-lui ce stylo, elle … a besoin.

❏ A : en   ❏ B : y   ❏ C : l'   ❏ D : lui

● La politique ? Je ne … !

❏ A : m'intéresse pas à elle   ❏ B : m'y intéresse pas   ❏ C : m'intéresse pas

Unité 57

● Mon frère m'a emprunté ma voiture. Il doit … rendre ce soir.

❏ A : la me   ❏ B : me la   ❏ C : me l'a   ❏ D : m'en   164

● – Il t'a parlé de son nouveau travail ? – Non, il va … parler demain.

❏ A : me le   ❏ B : m'y   ❏ C : m'en   ❏ D : le lui

Unité 58

● – Ce sac est à toi ? – Non c'est … de Brigitte.

❏ A : celui-ci   ❏ B : celle   ❏ C : celui   ❏ D : celle-ci   166

● J'aime beaucoup … que vous avez acheté.

❏ A : cela   ❏ B : ça   ❏ C : ce   ❏ D : ceci

Unité 59

● – Cette veste est à lui ? – Oui, c'est … .

❏ A : la leur   ❏ B : sienne   ❏ C : la sienne   ❏ D : sa   168

Unité 60

● – Tu as préparé tes affaires ? – Oui, … là.

❏ A : tous sont   ❏ B : tout est   ❏ C : toutes sont   170

● – Est-ce que quelqu'un est venu ce matin ?

❏ A : – Non rien n'est venu.

❏ B : – Non, aucun n'est venu.

❏ C : – Non, personne n'est venu.

● … de nos amis sont venus à la fête.

❏ A : Quelques   ❏ B : Quelques-uns   ❏ C : Quelqu'un   ❏ B : Chacun

Unité 61

● C'est une ville … tout le monde connaît et … attire beaucoup de touristes.

❏ A : que / où   ❏ B : qui / qu'   ❏ C : que / qui   ❏ D : qui / où   174

Unités 61 et 62

● Je suis assistante maternelle. Voici les enfants … je m'occupe et … j'aime beaucoup.

❏ A : que / que   ❏ B : dont / qui   ❏ C : dont / que   ❏ D : que / dont   174, 176

Unité 63

● Ce sont des personnes … il est facile de travailler.

❏ A : auxquelles   ❏ B : avec lesquelles   ❏ C : desquelles   178

Test diagnostic

Test diagnostic   Choisissez la bonne réponse puis vérifiez page 288.

▌Page

Chapitre 12 ▌ Les adverbes et les mots de liaison

Unité 64
- Il fait ... froid au Canada en hiver.
  - ❏ A : beaucoup
  - ❏ B : très
  - ❏ C : tout
  184

Unité 65
- Elle est sortie ... de la pièce.
  - ❏ A : bruyante
  - ❏ B : bruyant
  - ❏ C : bruyamment
  186

Unité 66
- Ce travail ne sera pas terminé à temps : il faut ... plus de temps pour faire les recherches et ... trouver une autre approche.
  - ❏ A : ensuite / donc
  - ❏ B : en effet / en fait
  - ❏ C : d'abord / finalement
  - ❏ D : alors / puis
  188

Chapitre 13 ▌ Autres modes et aspects du verbe

Unité 67
- ... ici et ... !
  - ❏ A : Reste / repose-toi
  - ❏ B : Restes / te reposes
  - ❏ C : Reste / repose
  192

Unité 68
- Ce pont ... construit au 18e siècle.
  - ❏ A : est
  - ❏ B : vient d'être
  - ❏ C : était
  - ❏ D : a été
  194

Unité 69
- Elle court ... de la musique.
  - ❏ A : écoutant
  - ❏ B : écoutante
  - ❏ C : en écoutant
  196

Unité 70
- Je suis perdu. Il faut vraiment que je ... joindre mes amis.
  - ❏ A : pourrais
  - ❏ B : peux
  - ❏ C : puisse
  - ❏ D : pourrai
  198
- J'espère que vous ... bonne route !
  - ❏ A : fassiez
  - ❏ B : faites
  - ❏ C : ayez fait
  - ❏ D : ferez

Unités 70 et 71
- Nous sommes très déçus que vous ... hier sans nous dire au revoir.
  - ❏ A : êtes partis
  - ❏ B : partiez
  - ❏ C : soyez partis
  - ❏ D : étiez partis
  198, 202

Unités 70 et 72
- Il est possible qu'ils ... .
  - ❏ A : viennent
  - ❏ B : viendront
  - ❏ C : vont venir
  - ❏ D : sont venus
  198, 204
- On pense qu'ils ... présents à la conférence de la semaine prochaine.
  - ❏ A : ne sont pas
  - ❏ B : ne soient pas
  - ❏ C : n'aient pas
  - ❏ D : ne seront pas

Unité 73
- J'aimerais ... au cinéma ce soir.
  - ❏ A : d'aller
  - ❏ B : aller
  - ❏ C : que j'aille
  - ❏ D : que je vais
  206

● Je regrette … venir vous voir.
- ❑ A : que je n'ai pas pu
- ❑ B : ne pas avoir pu
- ❑ C : de ne pas avoir pu
- ❑ D : que je n'aie pas pu

206

Unité 74

● …– vous quel train je dois prendre pour aller à Lille ?
- ❑ A : Seriez
- ❑ B : Sauraient
- ❑ C : Sauriez
- ❑ D : Seraient

208

Unité 75

● Pourquoi tu as dit ça ? Tu … te taire !
- ❑ A : aurais dû
- ❑ B : devras
- ❑ C : auras dû
- ❑ D : devrait

210

Chapitre 14 ▌ La phrase complexe

Unité 76

● … il fait trop froid, je ne sortirai pas.
- ❑ A : Car
- ❑ B : Parce qu'
- ❑ C : Comme
- ❑ D : À cause d'

● Il y a eu un grave accident … brouillard.
- ❑ A : à cause du
- ❑ B : grâce au
- ❑ C : parce que le
- ❑ D : puisque le

214

Unité 77

● Le pont était totalement inondé … son accès a été interdit.
- ❑ A : alors que
- ❑ B : pour ça que
- ❑ C : si bien que
- ❑ D : que

● Ils ont … crié … ils étaient aphones le lendemain.
- ❑ A : beaucoup / qu'
- ❑ B : si / qu'
- ❑ C : tellement / qu'
- ❑ D : tant de / qu'

216

Unité 78

● Nous habiterons à l'hôtel … l'appartement soit prêt.
- ❑ A : pendant que
- ❑ B : après que
- ❑ C : jusqu'à ce que
- ❑ D : pendant que

218

Unité 79

● Ils nous ont écrit afin … .
- ❑ A : qu'ils nous invitent
- ❑ B : qu'ils nous invitions
- ❑ C : nous inviter
- ❑ D : de nous inviter

220

Unité 80

● On terminera ce travail … il faut y passer la nuit.
- ❑ A : au lieu de
- ❑ B : même si
- ❑ C : bien que
- ❑ D : malgré

222

Unité 81

● Si tu … à Bordeaux, tu … passer me voir.
- ❑ A : iras / pourras
- ❑ B : iras / peux
- ❑ C : vas / pourras

224

Unité 82

● Il voudrait savoir … nous faisons ici et … nous restons longtemps.
- ❑ A : que / que
- ❑ B : ce que / si
- ❑ C : si / si
- ❑ D : ce que / que

● Il me demande … .
- ❑ A : que je vienne
- ❑ B : de venir
- ❑ C : d'être venu
- ❑ D : que je suis venu

226

Test diagnostic

Notes

Prononciation

🎧217 I La prononciation des sons
(API Alphabet Phonétique International)

Voyelles/Sons vocaliques

- [a] malade
- [ɑ] pâte
- [ə] je, genou
- [e] présenter, nez, musée
- [ɛ] examen, restaurant, vrai, être, chèque, complet, appelle, adresse, nette
- [i] timide, synonyme, pays
- [o] beau, faux, moto, diplôme
- [ɔ] fort
- [y] légume, rue
- [u] cou
- [ø] vieux, jeu
- [œ] jeune, acteur
- [ɑ̃] enfant, emporter, chambre, moment
- [õ] rond, tomber
- [ɛ̃] ceinture, ancien, vingt, copain, faim, sympathique
- [œ̃] brun, parfum, un

Consonnes/Sons consonantique

- [b] bon
- [s] salé, ici, adresse, ça, natation
- [d] dos
- [f] fermer, difficile, photographe
- [g] garçon, langue
- [ʒ] joli, genou
- [k] coq, octobre, qui, ski
- [l] lumière, ballon
- [m]   marcher, gramme
- [n] nom, anniversaire
- [ɲ] magnifique
- [p] parler, développe
- [r] partir, arriver
- [t] habiter, battre
- [ʃ] château, réfléchir
- [v] vert
- [z] télévision, douze

Semi-voyelles

- [j] travail, réveil, grille, essayer
- [w] boire, jouer
- [ɥ] nuit

2

🎧 218 I Les consonnes finales

Généralement, on ne prononce pas les consonnes finales écrites. Le dernier son entendu est un son vocalique. *un billet, la maison, les cheveux, beaucoup, mais.*

N'oubliez pas :

→ Le mot singulier et le mot pluriel ont la même prononciation.

livre/livres; beau/beaux.

→ Dans les conjugaisons, on ne prononce pas les consonnes finales des terminaisons.
Tu chantes. Ils dansent. Je sais. On fait. Tu veux. Elle prend.

→ On ne prononce pas le *r* des infinitifs en *ER*.
préparer; *manger.*

Quelques consonnes finales sont parfois prononcées : *c, f, l, r* et *s.*
Par exemple : *avec, chef, mal, par, bus.*

Les dictionnaires indiquent la prononciation des mots.

🎧219 | La liaison

La liaison fait entendre la consonne finale d'un mot qui ne se prononce pas normalement quand le mot qui suit commence par une voyelle ou un *h* muet.

Mon ami est ici. Vous aimez cet hôtel ?
  [n]   [t]

Il y a des liaisons obligatoires, des liaisons interdites et des liaisons facultatives.

Les liaisons obligatoires

– entre les pronoms sujets *on, nous, vous, ils* et *elles* et le verbe.
On arrive. Nous avons fini. Vous êtes partis. Ils aiment parler. Elles habitent ici.
– entre le verbe *avoir* ou *être* à la 3ᵉ personne (*est, sont, ont*) et le mot qui suit.
Il est intelligent. C'est une voiture. Elles sont intéressantes. Ils ont un ami.
– entre les pronoms compléments *en, y, les, nous* et *vous* et le verbe :
J'en ai. Ils y habitent. On les invite. Ils vous attendent.
– entre le déterminant et le nom (ou l'adjectif).
Mes amis. Cet immense bâtiment. Un euro.
– entre l'adjectif et le nom si l'adjectif est devant le nom : *Un grand hôpital.*
De hauts immeubles. Un petit homme. Les nouveaux appartements. Quelques artistes.
– entre l'adverbe et l'adjectif :
C'est très intéressant. C'est plus agréable. Il est moins intéressant.
– entre la préposition et le mot suivant :
Chez elle. Il parle aux étudiants. En hiver.
– dans les noms composés, les groupes fixes : *États-Unis. De moins en moins. Tout à l'heure.*
– entre la conjonction *quand* et un pronom sujet ou un déterminant :
Quand il fait beau… Quand un avion part…

Les liaisons interdites

- entre le nom sujet et le verbe : *Les gens entrent dans la salle*
- entre *et* et le mot qui suit : *Ils sont nombreux et intéressés*
- devant un mot qui commence avec *h* aspiré : *en haut, aux Halles*
- entre les interrogatifs *quand* et *comment* : *Quand / Comment est-il entré ?*
sauf « *Comment allez-vous ?* »
              [t]

Les liaisons facultatives

Si on fait une liaison qui n'est pas obligatoire, le niveau de langue est plus formel.

Formel	Familier
Ce n'est pas important.	*Ce n'est pas important.*
Nous avons écrit.	*Nous avons écrit.*

Annexe 4

🎧 220 I Les enchaînements

À l'oral, on ne s'arrête pas entre chaque mot. On fait des enchaînements.

Les enchaînements consonantiques

On enchaine le son consonantique de la fin d'un mot et le son vocalique du début du mot suivant.
– entre un mot qui finit par une consonne prononcée et la voyelle initiale du mot qui suit
Je travaille avec eux. Il vote pour elle. Le mur est haut.

– entre un mot qui finit par un son consonantique et un mot qui commence par un son vocalique.
Une artiste, au deuxième étage, une peinture originale
Ils chantent ensemble. Cela ne sert à rien.

Les enchaînements vocaliques

On enchaine le son vocalique de la fin d'un mot et le son vocalique du début du mot suivant.
Tu as habité ici et à Amsterdam.
Cet étudiant a été admis à un concours

Dans une phrase, les liaisons et les enchainements sont souvent très nombreux.
J'ai étudié aux Antilles avec Hélène.
On arrive ensemble à huit heures.
Tu as oublié un anniversaire important.

 **221** I **Le e muet**

La lettre *e* est une voyelle généralement non prononcée. Cela dépend de sa position dans le mot.

À la fin d'un mot

– Quand il est derrière une voyelle, le *e* n'est pas prononcé.
La rue. Je vous remercie. Elle est mariée.

– Quand il est derrière une consonne, le *e* permet de prononcer la consonne et donc de faire la différence entre le masculin et le féminin : *étudiant/étudiante, brun/brune*

Au milieu d'un mot

le *e* est prononcé après deux consonnes prononcées : *vendredi*
le *e* n'est pas toujours prononcé entre 2 consonnes. *samedi, chantera, demander*

⚠ Dans certaines régions, on ne prononce pas toujours le *e* de *je, me, te, se, ne, de, ce* :
Je me couche. Je me lève. On ne part pas. Beaucoup de monde. Il n'a pas de chance. Il vient de partir. Ce pays.

Annexe 6

🎧 222 I Les nombres

La prononciation des chiffres de 1 à 10 varie selon leur place.

Utilisé seul	devant une voyelle	devant une consonne
Un [-]	Un euro [n]	Un million [-]
Deux [-]	Deux [z] : deux euros	Deux [-] mille
Trois [-]	Trois [z] : trois euros	Trois [-] mille
Quatre [ʀ]	Quatre : quatre euros	Quatre mille
Cinq [k]	Cinq [k] : cinq euros	Cinq [-] mille / Cinq [k] mille
Six [s]	Six [z] : six euros	Six [-] mille
Sept [t]	Sept [t] : sept euros	Sept [t] mille
Huit [t]	Huit [t] : huit euros	Huit [-] mille
Neuf [f]	Neuf [f] : neuf euros // [v] heures/ans	Neuf [f] mille
Dix [s]	Dix [z] : dix euros	Dix [-] mille

– Avec *un*, *vingt* et *cent*, on fait la liaison avec le nom qui suit.
Un euro. Vingt euros. Vingt et un euros. Cent euros. Quatre-vingts euros. Trois cents euros.
On ne fait pas la liaison avec le nombre qui suit.
Quatre-vingt-un, quatre-vingt-onze, cent un, cent onze.

– Avec *trente*, *quarante*, *cinquante*, *soixante*, on fait l'enchainement avec le mot qui suit.
Trente et un. Quarante étudiants. Cinquante-trois/Cinquante trois. Soixante-dix/ Soixante-dix

– Avec *mille*, on fait l'enchainement avec le mot qui suit.
Mille euros. Deux mille étudiants.

🎧 223 I *Tout* et *tous*

- Quand *tout* est adjectif :
  – on ne prononce pas la consonne finale : *Tout le monde. Tous les jours. Toutes les filles.*
  – on fait l'enchaînement : *Toute une journée.*
  – on fait la liaison : *Tout un pays.*

- Quand *tout* est pronom :
  – on ne prononce pas la consonne finale : *Tout va bien. J'aime tout.*
  – on fait la liaison : *Tout est bien.*
  – on prononce la consonne finale de *tous* : *Mes amis sont tous là.*

- Quand tout est adverbe :
  – on ne prononce pas le *t* final devant une consonne : *Tout doucement.*
  – on fait la liaison : *Tout à fait.*

Annexe 8

 I *Plus*

Le *s* final de plus peut se prononcer [s], [z] ou ne pas se prononcer.

Dans la phrase comparative

– On ne prononce pas le *s* devant un adjectif qui commence par une consonne.
Ma maison est plus grande.

– On fait la liaison devant un adjectif qui commence par une voyelle [z].
La ville est plus agréable.

– On prononce le *s* avec un nom et un verbe.
J'ai plus d'espace. On travaille plus.

Dans la phrase négative

– On ne prononce jamais le *s* quand plus termine la phrase.
Moi non plus. Je n'en veux plus.

– On peut faire la liaison entre *plus* et le mot qui suit.
Il ne va plus à l'Opéra. C'est du français formel.

En langage mathématique, on prononce le *s* de *plus*.　　*12 + 3 = 15*

🎧225 I Les mots qui commencent par *h*

En français, le *h* ne correspond pas à un son particulier mais sa présence en début de mot a une conséquence sur la prononciation de ce mot.

Il y a le *h* «muet». On fait l'élision et la liaison.
L'hiver. C'est horrible. Je m'habille. Deux heures.

Il y a le *h* "aspiré". On ne fait pas l'élision ni la liaison.
La haine. C'est honteux. Je hais les dimanches. Regarde là-haut !

On ne peut pas deviner si le *h* est muet ou aspiré.

Dans les dictionnaires, le *h* aspiré est souvent représenté par une apostrophe devant la prononciation du mot en code API.

Avec un *h* muet		Avec un *h* aspiré
un habit	un hôtel	la haine
l'habitat	l'huile	le hall
une HLM	les huîtres	les Halles, aux Halles
une habitude	l'humidité	le hasard
l'herbe	l'humeur	Haïti
l'heure	l'humour	la hausse
l'histoire	l'hygiène	la hauteur
l'hiver	un hypermarché	le Havre
un homme	une hypothèse	un héros, une héroïne
l'honnêteté		la Hollande
l'hôpital		la Hongrie
l'horaire		le Honduras
l'horreur		la honte
		les hors-d'œuvre
il est heureux		
c'est humain		en haut
c'est horrible		c'est honteux
s'habiller		On vous hait (haïr)
on habite		
elle s'est habituée		les huit personnes
Ils sont hospitalisés		
avant-hier		

Orthographe et grammaire

L'élision et l'apostrophe

L'élision, c'est la disparition de la voyelle finale d'un mot devant un autre mot qui commence par une voyelle (*a, e, i, o, u, y* ou un *h* muet). Cette voyelle finale est remplacée par une apostrophe (').

ce	*Ce n'est pas ma serviette.* *Ce sont mes ciseaux.*	**c'**	*C'est mon couteau.*
de	*Il vient de partir.* *Je connais le cousin de Marie.*	**d'**	*Je viens d'arriver.* *Je ne connais pas le cousin d'Eva.*
je	*Je travaille en ville.*	**j'**	*J'habite en banlieue.*
le, la	*Vous prenez le métro.* *Tu aimes la confiture.*	**l'**	*Ils préfèrent l'autobus.* *Elle déteste l'huile d'olive.*
me	*Je me lève tôt.* *Elle me téléphone souvent.*	**m'**	*Je m'habille vite.* *Tu m'envoies des textos.*
ne	*Vous ne comprenez pas.*	**n'**	*Vous n'écoutez pas.*
que	*Je sais que tu es malade.* *C'est le film que nous préférons.*	**qu'**	*Vous savez qu'elle est malade ?* *C'est le film qu'on préfère.*
se	*Il se douche.*	**s'**	*Ils s'habillent.*
te	*Tu te dépêches.* *Il te déteste.*	**t'**	*Tu t'es brossé les dents ?* *Je t'adore !*

⚠ Il y a une élision et une apostrophe avec *si* devant le pronom sujet *il(s)* :
S'il *a le temps.* **S'ils ont** *le temps.*

⚠ Il n'y a pas d'élision avec *si* + *elle* : **Si elle** *a le temps.* **Si elles** *ont le temps.*

⚠ Il n'y a pas d'élision avec *cela* ou *ça* : **Cela** *est incroyable.* **Ça** *arrive.*

Annexe 11 | Les accents

1 Quels sont les accents ?

- En français, on utilise 3 accents sur les voyelles *a, e, i, o, u*.
  - l'accent grave : *à, où, è* : *Il vit à Paris. Où es-tu ? Ma mère est belge.*
  - l'accent aigu : *é* : *J'aime l'été.*
  - l'accent circonflexe : *â, ê, ô, î* : *J'adore les pâtes. C'est la fête ! Nous sommes à l'hôtel. Je voudrais connaître le monde entier. Il habite sur une île.*
- L'accent grave ne change pas la prononciation des voyelles *a* et *u* : *La patiente est déjà là. Voilà ! Où êtes-vous ?*
- L'accent aigu change la prononciation du *e* : *Le métro.*
- L'accent grave change la prononciation du *e* : *Mon père.*
- *é* et *è* n'ont pas la même prononciation. → *Annexe 1*
- L'accent circonflexe, qui remplace un *s* disparu :
  - ne change pas la prononciation de *i* et de *u* : *Une île. Il a dû prendre du pain. Le goût.*
  - change la prononciation de *a, o, e* : *Une pâte* [pɑt]. *Le nôtre* [notʀ]. *Allô !* [alo] *La fête* [fɛt].

⚠ Il existe un autre signe, le tréma, formé de deux points qui se placent sur les voyelles *e, i, u*, pour indiquer que la voyelle qui précède est prononcée : *maïs, Noël...* → *Annexe 1*

2 Quand est-il nécessaire de mettre un accent sur la lettre e ?

- La lettre *e* peut se prononcer [e] ou [ɛ] mais n'a pas toujours d'accent.

- Il n'y a pas d'accent sur le *e* mais le *e* est prononcé *è* [ɛ] devant :
  - deux consonnes identiques : *belle, terre, chienne, promesse, fillette...*
  - une consonne prononcée à la fin d'un mot : *gel, pollen, sel, fer, amen, bec...*
  - la lettre *x* : *exposition, exercice, examen...*
  - deux consonnes différentes qui font partie de deux syllabes différentes : *es/poir, fes/tival, ter/minal, moder/ne...*

- Il y a :
  - un accent aigu sur le *e* (*é*) qui est prononcé [e] quand la syllabe suivante est prononcée : *préparer, étude, décider, étrange, déclarer.*
  - un accent grave sur le *e* (*è*) qui est prononcé [ɛ] quand la syllabe suivante a un *e* muet : *mère, j'espère, dernière, infirmière.*

⚠ Cette règle explique les particularités de certaines conjugaisons : *espérer/j'espère.*
  - un accent grave ou circonflexe à la fin d'un mot devant un *s* ou un *t* qui ne sont pas prononcés : *près, très, exprès, arrêt.*

Les signes de ponctuation et les caractères informatiques

Signe	Qu'est-ce que c'est ?	Expressions utilisées quand on dicte
.	Un point	« Point à la ligne » « Point final »
?	Un point d'interrogation	« Point d'interrogation »
!	Un point d'exclamation	« Point d'exclamation»
;	Un point-virgule	« Point virgule »
,	Une virgule	« Virgule »
:	Les deux points	« Deux points »
...	Des points de suspension (toujours par 3)	« Points de suspension »
(...)	Une parenthèse Des parenthèses	« Ouvrez / Fermez la parenthèse » « Écrivez ce mot entre parenthèses »
[...]	Un crochet Des crochets	« Écrivez ce mot entre crochets »
« »	Un guillemet Des guillemets	« Ouvrez / Fermez les guillemets » « Écrivez ce mot entre guillemets »
-	Un tiret Un trait d'union	« Tiret » « Trait d'union»
/	Une barre oblique	« Slash »

Caractères informatiques	Nom
@	une arobase ou at
#	un dièse ou hashtag
*	une étoile ou un astérisque

Annexe 13

I Les homophones grammaticaux

- **A** ou **à** ?
Elle **a** un train **à** quelle heure ?

- **Ou** ou **où** ?
Elle va **où** ? En Provence **ou** à Toulouse ?

- **La** ou **là** ?
La gare est **là** !

- **Sur** ou **sûr(e)(s)** ?
Le numéro est écrit **sur** le billet, j'en suis **sûre** !

- **Son** ou **sont** ?
Voilà **son** train ! Ses amis **sont** là aussi.

- **On** ou **ont** ?
On part ce soir. Ils **ont** leurs places.

- **Et** ou **est** ?
Il **est** huit heures **et** demie.

- **C'est, s'est, ces, ses** ?
C'est dommage, elle **s'est** trompée, **ces** places ne sont pas celles de **ses** amis !

- **Quel(le)(s)** ou **qu'elle(s)** ?
Quelle erreur ! Je crois **qu'elle** ne partira pas.

- **Si** ou **s'y** ?
Si c'est compliqué, il ne **s'y** intéresse pas.

14

ᵢ Les constructions verbales

La construction verbale d'un verbe indique si ce verbe est utilisé ou non avec une préposition quand il est suivi d'un complément. Le complément est souvent un nom (quelqu'un/quelque chose = qqn/qqch) ou un autre verbe à l'infinitif (= v. inf.)

Accepter qqn/qqch   *Ils acceptent les moins de 18 ans. On accepte la carte bancaire.*
Accepter de faire (v. inf.)   *Tu acceptes de travailler la nuit ?*

Il y a des verbes qui n'ont pas de complément d'objet.
Pleuvoir. *Il pleut.* Rire. *On rit beaucoup.*

Ces verbes peuvent être suivis d'autres compléments (temps, lieu, etc.).
Il pleut au printemps. On a beaucoup ri au théâtre.

Le complément du verbe est un nom

● Les verbes peuvent être suivis de :
– compléments d'objet direct (qqn ou qqch). Ces verbes sont construits directement, sans préposition.
Chercher. *Ils cherchent une vendeuse. Ils cherchent le rayon vêtements.*
– compléments d'objet indirect (à qqn). Ces verbes sont suivis de la préposition *à*.
Téléphoner *à*. *Je téléphone à mes parents.*

● Souvent, les verbes ont une signification différente quand leur complément est une chose ou une personne.
Arrêter / Ils ont arrêté la compétition. (= ils ne continuent pas) ≠ *La police a arrêté le voleur.* (= le voleur est en prison)

● Certains verbes sont suivis de deux compléments, l'un représentant une chose, l'autre une personne.
Envoyer / Envoyer qqch à qqn. On a envoyé une lettre à notre directeur.

● Certains verbes sont suivis d'un seul complément:
– avec la préposition *à*.
Ressembler à / Elle ressemble vraiment à sa mère. Ça ressemble à un arbre.
– avec la préposition *de/d'* :
Se souvenir de / Je ne me souviens pas de mon arrière-grand-père. Tu te souviens de ton premier jour en France ?

● Le verbe peut changer de sens selon la préposition qui le suit.
Parler ≠ Parler *à* ≠ Parler *de*. *Je parle français. ≠ Il parle à ses amis. ≠ Vous parlez de vos vacances.*

Le complément du verbe est un verbe

● Certains verbes peuvent être suivis d'un verbe complément à l'infinitif.
Aimer + jouer. *Nous aimons jouer aux échecs.*

● Selon la construction du premier verbe, l'infinitif peut être précédé ou non d'une préposition (souvent *à* ou *de/d'*).
Espérer. *Nous espérons avoir assez de temps.*
Hésiter *à*. *J'hésite à partir seul.*
Décider *de*. *Il a décidé de rester chez lui.*

● L'infinitif peut se rapporter au complément du premier verbe.
J'entends mes voisins rentrer.
Aider qqn *à*. *Elle a aidé les enfants à traverser la rue.*
Remercier qqn *de*. *Il me remercie de payer pour lui.*

accepter qqn/qqch	*Ils n'acceptent pas les enfants. On accepte la carte.*
accepter de + v. inf.	*J'accepte de finir ton travail.*
acheter qqch	*Nous avons acheté des croissants.*
acheter qqch à + qqn	*Elle va acheter des boucles d'oreilles à sa sœur.*
adresser (s') à + qqn/qqch	*On va s'adresser au directeur. Adresse-toi à la mairie.*
aider qqn	*Tu peux aider la vieille dame ?*
aider qqn à + v. inf.	*Je t'aide à ranger.*
aimer qqn/qqch	*J'aime mes amis. On aime le chocolat.*
aimer + v. inf. *	*Il aime faire la cuisine.*
annoncer qqch	*Ils viennent d'annoncer leur mariage !*
annoncer qqch à + qqn	*Vous avez annoncé la bonne nouvelle à vos parents ?*
apercevoir qqn/qqch	*Nous apercevons la star. On aperçoit une lumière.*
apercevoir (s') de + qqch	*Il s'est aperçu de son erreur.*
appartenir à + qqn	*La maison appartient à la famille Legrand.*
apporter qqch	*Nous apportons les desserts.*
apporter qqch à + qqn	*J'apporte ces photocopies à Mlle Mercier ?*
apprendre qqch	*Nous apprenons le chinois.*
apprendre à + v. inf.	*Elle apprend à jouer au foot.*
apprendre à + qqn + à + v. inf.	*Vous apprenez à vos enfants à nager.*
arrêter qqn/qqch	*Ils ont arrêté le voleur. Tu arrêtes ta formation ?*
arrêter de + v. inf.	*Il a arrêté de faire du sport.*
arrêter (s') de + v. inf.	*Vous devez vous arrêter de fumer.*

⏐ Les constructions verbales (suite)

arriver à + v. inf.

Il n'arrive pas à dormir.

assurer (s') de + qqch

Je vais m'assurer de la durée du voyage.

attendre qqn/qqch
attendre de + v. inf.

Vous attendez qui ? Tu attends tes résultats.
J'attends de recevoir la facture.

avouer qqch
avouer qqch à + qqn

Il a avoué ses erreurs.
Nous avons avoué notre erreur à notre directeur.

changer qqn/qqch
changer de + qqn/qqch

On ne change pas les gens. J'ai changé la recette.
Tu as changé de médecin ?

charger qqch
charger + qqn + de + v. inf.

On a chargé les bagages.
J'ai chargé ma sœur de faire les courses.

chercher qqn/qqch
chercher à + v. inf.

Je cherche ma copine. Elle cherche un appartement.
Nous cherchons à comprendre.

choisir qqn/qqch
choisir de + v. inf.

Tu choisis quel joueur ? Je choisis le menu à 30 €.
Elle choisit de faire quoi ?

commencer qqch
commencer à + v. inf.

On commence la journée à 7 heures.
Vous commencez à travailler quand ?

confirmer qqch
confirmer qqch à + qqn

Tu confirmes ton arrivée demain ?
Elle a confirmé le prix au client.

continuer qqch
continuer à/de + v. inf.

Ils continuent leurs études.
On continue à/de chercher un stage.

crier qqch
crier qqch à + qqn
crier à + qqn de + v. inf

Je crie : « bravo » !
Ils crient : « Attention ! » aux gens.
Il crie au monsieur de faire attention.

croire qqn/qqch
croire à + qqn/qqch
croire + v. inf.

Vous me croyez ? Vous croyez les médias ?
Ils croient au Père Noël ! Tu crois aux miracles ?
Tu crois savoir tout !

décider qqn/qqch
décider de + v. inf.

Il a décidé ses collègues. Ils ont décidé la grève.
Ils décident de faire grève.

déclarer qqch
déclarer qqch à + qqn

Vous allez déclarer votre accident.
On déclare nos heures de travail au directeur.

demander qqn/qqch
demander de + v. inf.

Vous demandez qui ? On demande une réponse.
On demande d'avoir une réponse très vite.

dépendre de + qqn/qqch

Ça dépend de mon copain. Ça dépend de l'heure.

détester qqn/qqch
détester + v. inf.

Je déteste ce professeur. Ils détestent le sport.
Elles détestent se maquiller.

devoir qqch	*Tu dois de l'argent ?*
devoir qqch à + qqn	*Je dois 150 € à mon frère.*
devoir + v. inf.	*On doit rembourser !*
dire qqch	*Elle dit : « oui ».*
dire qqch à + qqn	*Nous disons bonjour à nos voisins.*
dire à + qqn de + v. inf	*Je dis aux enfants de faire moins de bruit.*
donner qqch	*Ils donnent un cadeau.*
donner qqch à + qqn	*On donne des nouvelles à notre famille.*
écrire qqch	*Il a écrit son nom.*
écrire qqch à + qqn	*Elle va écrire une belle lettre à sa correspondante.*
enseigner qqch	*Vous enseignez l'arabe.*
enseigner qqch à + qqn	*J'enseigne le français aux étudiants étrangers.*
envoyer qqch	*Tu vas envoyer ton CV ?*
envoyer qqch à + qqn	*J'ai envoyé une lettre de motivation au directeur.*
espérer + qqch	*Ils espèrent le soleil !*
espérer + v. inf.	*Ils espèrent gagner !*
essayer + qqch	*Essaie ce pantalon !*
essayer de + v. inf.	*Essayez de parler plus lentement !*
excuser + qqn/qqch	*Vous m'excusez ? Excusez mon retard !*
excuser + qqn de + qqch	*Merci d'excuser mon fils de son impolitesse.*
exiger + qqch	*J'exige un remboursement complet !*
exiger + de + v. inf.	*Nous exigeons de rester ensemble.*
expliquer qqch	*Tu peux expliquer les raisons exactes ?*
expliquer qqch à + qqn	*On explique les règles de grammaire aux étudiants.*
falloir + qqn/qqch	*Il faut des professeurs. Il faut du temps.*
falloir + v. inf.	*Il faut faire attention !*
finir + qqch	*Ils ont fini leurs études.*
finir de + v. inf.	*Vous avez fini de manger ?*
habituer (s') à + qqch	*Tu t'habitues à tes nouveaux horaires ?*
hésiter à + v. inf.	*J'hésite à lui dire la vérité.*
inscrire + qqn/qqch	*Tu t'inscris quand ? Ils inscrivent leur nom.*
inscrire + qqn + à + qqch.	*Elle va inscrire son fils à des cours de cuisine.*
interdire + qqn/qqch	*On interdit les mineurs. On interdit les camions en ville.*
interdire de + v. inf.	*Ils ont interdit de se garer devant l'école.*
interdire à + qqn + de + v. inf.	*J'interdis aux enfants de jouer dans la rue.*
intéresser + qqn	*Ça n'intéresse pas tout le monde.*

Les constructions verbales (suite)

intéresser (s') à + qqn/qqch — *Tu t'intéresses à l'art moderne ?*

inviter + qqn — *J'invite tous mes copains.*
inviter + qqn à + v. inf. — *Je les invite à dîner au restaurant.*

jouer à + qqch — *Il joue aux échecs.*
jouer de + qqch — *Je joue du piano.*

lire qqch — *On a lu un roman génial.*
lire qqch à + qqn — *J'ai lu ta lettre aux enfants.*

manquer + qqch — *Nous avons manqué l'avion.*
manquer à + qqn — *Tu manques à tes parents.*
manquer de + qqch — *Je manque de temps.*

méfier (se) de + qqn/qqch — *Tu te méfies de moi ? Méfiez-vous de ce système.*

mentir à + qqn — *Ne mentez à personne !*

mettre + qqch — *Mets un anorak !*
mettre (se) à + v. inf. — *Je me suis mise à la zumba.*

moquer (se) + de + qqn — *Vous vous moquez de moi !*

montrer qqch à + qqn — *Montre tes photos à tout le monde.*

obéir à + qqn/qqch — *Il obéit à ses parents. Nous obéissons aux lois.*

occuper + qqn/qqch — *On occupe les gens. Tu occupes toute la place !*
occuper (s') de + qqn/qqch — *Je m'occupe des boissons, d'accord ?*

oublier + qqn/qqch — *Vous avez oublié une personne. J'ai oublié votre nom.*
oublier de + v. inf. — *Tu n'as pas oublié de fermer la porte ?*

parler + qqch — *On parle arabe.*
parler à + qqn — *Elle parle à son amie.*
parler de + qqn/qqch — *Ils ont parlé de leurs collègues et de leur travail.*

participer à + qqch — *Vous avez participé aux discussions ?*

penser à + qqn/qqch — *Nous pensons à vous. Ils pensent à leurs vacances.*
penser à + v. inf. — *Pense à arroser les fleurs !*
penser de + qqn/qqch — *Que pensez-vous du président et de sa politique ?*
penser + v. inf. — *Ils pensent aller en Inde.*

persuader + qqn — *Tu as persuadé tes collègues.*
persuader + qqn de + v. inf. — *Ils m'ont persuadé de ne pas déménager.*

plaire à + qqn — *Cette idée plaît aux jeunes.*

préférer + qqn/qqch — *Nous préférons l'autre acteur. Il préfère la moto.*
préférer + v. inf. * — *Je préfère prendre le train.*

préparer (se) à + qqch — *Elle se prépare à l'oral de son examen.*

préparer (se) à + v. inf.	*On se prépare à recevoir 100 personnes.*
prêter qqch à + qqn	*Je ne prête pas ma voiture à ma sœur.*
promettre + qqch	*Nous promettons une belle fête.*
promettre de + v. inf.	*Tu nous promets de ne pas être en retard ?*
raconter qqch à + qqn	*Elle raconte des histoires à ses petits-enfants.*
rappeler à + qqn de + v. inf.	*Il rappelle à ses enfants d'être prudents.*
réagir à + qqch	*Tu as réagi aux nouvelles ?*
recevoir + qqn/qqch	*Je reçois tous mes amis. On a bien reçu ta lettre.*
recevoir + qqch de qqn	*Vous avez reçu un message de vos voisins ?*
réfléchir à + qqch	*On réfléchit à une autre méthode.*
refuser + qqn/qqch	*On a refusé trois candidats. Il a refusé un autre contrat.*
refuser de + v. inf.	*Vous refusez de répondre ?*
remercier + qqn	*Ils n'ont pas remercié tout le monde.*
remercier + qqn de + v. inf.	*Je vous remercie de m'accompagner.*
répondre à + qqn/qqch	*Elle répond à l'assistant. On a répondu à ton message.*
ressembler à + qqn/qqch	*Il ressemble à son frère. Ça ressemble à un vélo.*
réussir + qqch	*Tu as réussi ton gâteau, bravo !*
réussir à + v. inf.	*Je n'ai pas réussi à réserver mes places sur Internet.*
rêver à + qqch	*Je rêve à ma vie à Londres !*
rêver de + qqn/qqch	*Vous rêvez de quelqu'un qui n'existe pas !*
rêver de + v. inf.	*On rêve de partir faire le tour du monde.*
séparer (se) de + qqn	*Il se sépare de sa femme.*
servir + qqn/qqch	*Tu sers tes parents d'abord. Je sers l'entrée ?*
servir de + qqn/qqch	*Ça me sert de bureau.*
servir à + qqn	*Ça sert à la police.*
servir à + v. inf.	*Ça sert à couper.*
sourire à + qqn	*Tu souris à qui ?*
souvenir (se) + de + qqn/qqch	*Il se souvient bien de ses copains, pas du repas.*
téléphoner à + qqn	*Je téléphone à mon frère.*
tenir + qqch	*Vous tenez quoi dans votre main ?*
tenir à + qqn/qqch	*Je tiens à mes amis. Nous tenons à cette maison.*
transmettre qqch à + qqn	*Il a transmis l'information à tous ses collègues.*

Les participes passés

Tous les verbes en **–er** ont un participe passé en **–é** : *Téléphoner : téléphoné. J'ai téléphoné à Laurent.*

⚠ *Être : été. J'ai été malade.*

⚠ *Naître : né. Je suis né à Toulouse.*

Infinitif	Participe passé	Infinitif	Participe passé
apercevoir	aperçu	écrire	écrit
apprendre	appris	élire	élu
asseoir (s')●	assis	entendre	entendu
attendre	attendu	éteindre	éteint
avoir	eu	être	été
battre	battu	faire	fait
boire	bu	falloir	fallu
bouillir	bouilli	finir	fini
choisir	choisi	grandir	grandi
comprendre	compris	guérir	guéri
conduire	conduit	inscrire	inscrit
connaître	connu	interdire	interdit
construire	construit	introduire	introduit
courir	couru	lire	lu
couvrir	couvert	maigrir	maigri
croire	cru	mentir	menti
décevoir	déçu	mettre	mis
découvrir	découvert	mourir●	mort
décrire	décrit	naître●	né
descendre●	descendu	nourrir	nourri
devoir	dû	obtenir	obtenu
dire	dit	offrir	offert
disparaître	disparu	ouvrir	ouvert
dormir	dormi		

Infinitif	Participe passé	Infinitif	Participe passé
partir●	parti	savoir	su
peindre	peint	sentir	senti
perdre	perdu	servir	servi
permettre	permis	sortir●	sorti
pleuvoir	plu	souffrir	souffert
plaire	plu	suivre	suivi
pouvoir	pu	surprendre	surpris
prendre	pris	tenir	tenu
prescrire	prescrit	traduire	traduit
prévenir	prévenu	transmettre	transmis
produire	produit	valoir	valu
promettre	promis	vendre	vendu
ralentir	ralenti	venir●	venu
recevoir	reçu	vivre	vécu
réfléchir	réfléchi	voir	vu
remplir	rempli	vouloir	voulu
rendre	rendu		
répondre	répondu		
résoudre	résolu		
réussir	réussi		
rire	ri		

● Verbes conjugués avec l'auxiliaire *être*.

Annexe 16 | Les verbes utilisés dans *Grammaire du français*

Voici une liste des verbes à l'infinitif et un renvoi à l'unité dans laquelle se trouve un modèle de conjugaison au présent de l'indicatif.

Les verbes sont indiqués selon leur niveau : police normale = A1 (accepter) – en gras = A2 (**adorer**) – en italique = B1 (*aboyer*).

a

aboyer	U7
accélérer	U7
accepter	U4
accoucher	U4
acheter	U7
admirer	U4
adopter	U4
adorer	U4
adresser (s')	U4
affirmer	U4
agir	U8
aider	U4
aimer	U4
ajouter	U4
aller	U7
allonger (s')	U4
allumer	U4
amener	U7
amuser (s')	U4
annoncer	U7
annuler	U4
apercevoir	U9
appeler (s')	U7
apporter	U4
apprécier (s')	U4
apprendre	U9
approuver	U4
arrêter (s')	U4
arriver	U4
asseoir (s')	U9
assurer (s')	U4
attacher	U4

attendre	U9
attraper	U4
avaler	U4
avancer	U7
avoir	U2
avouer	U4

b

baisser	U4
balader (se)	U4
battre	U9
bavarder	U4
blesser (se)	U4
boire	U9
bouger	U7
bouillir	U8
brancher	U4
(se) brosser	U4
bronzer	U4
brûler (se)	U4

c

calculer	U4
calmer (se)	U4
camper	U4
casser (se)	U4
changer	U7
chanter	U4
charger	U7

chercher	U4
choisir	U8
choquer	U4
cocher	U4
coiffer (se)	U4
coller	U4
commander	U4
commencer	U7
communiquer	U4
compléter	U7
composter	U4
comprendre	U9
compter	U4
conduire	U9
conclure	U9
confirmer	U4
connaître	U9
connecter (se)	U4
consommer	U4
constater	U4
continuer	U4
contrôler	U4
copier	U4
corriger	U7
coucher (se)	U4
couper (se)	U4
coûter	U4
courir	U8
crier	U4
croire	U9
cuisiner	U4

d

danser	U4
débrancher	U4
débrouiller (se)	U4
décevoir	U9
décharger	U7
décider	U4
déclarer	U4
découvrir	U8
décrire	U9
décrocher	U4
déduire	U9
dégoûter	U4
déjeuner	U4
délivrer	U4
démarrer	U4
demander	U4
déménager	U7
démonter	U4
dépanner	U4
dépasser	U4
dépenser	U4
déplacer (se)	U7
déposer (un dossier)	U4
déranger	U7
descendre	U9
déshabiller (se)	U4
dessiner	U4
détacher	U4
détester	U4
détourner (se)	U4
développer	U4
deviner	U4
devoir	U5
digérer	U4
dîner	U4
dire	U9
discuter	U4
disputer (se)	U4
distraire (se)	U9
divorcer	U7
donner	U4
doubler	U4
doucher (se)	U4
douter	U4
durer	U4

e

échanger	U7
écouter	U4
éclater	U4
écrire	U9
éduquer	U4
élever	U7
élire	U9
émigrer	U4
emménager	U7
emmener	U7
employer	U7
emporter	U4
emprunter	U4
endormir (s')	U8
énerver	U4
enlever	U7
ennuyer	U7
enregistrer	U4
enseigner	U4
entendre (s')	U9
entourer	U4
entraîner (s')	U4
entrer	U4
envelopper	U4
envoyer	U7
épeler	U7
éplucher	U4
essayer	U7
essuyer	U7
estimer	U4
éteindre	U9
éternuer	U4
étonner (s')	U4
être	U1
étudier	U4
exagérer	U4
examiner	U4
exclamer (s')	U4
exiger	U7

exister	U4
expérimenter	U4
expliquer	U4
exporter	U4
exposer	U4
exprimer (s')	U4

f

fâcher (se)	U4
faire	U9
faxer	U4
fermer	U4
fiancer (se)	U7
finir	U8
fixer	U4
fonctionner	U4
former (se)	U4
fournir	U8
freiner	U4
fumer	U4

g

gagner	U4
garder	U4
garer (se)	U4
généraliser	U4
goûter	U4
gouverner	U4
grandir	U8
griller	U4
grossir	U8
guérir	U8

h

habiller (s')	U4
habiter	U4
hospitaliser	U4

i

immigrer	U4
importer	U4
imprimer	U4
inscrire (s')	U5
installer (s')	U4
interdire	U9
intéresser (s') à	U4
interroger	U7
introduire	U9
inviter	U4

j

jeter	U7
jouer	U4
justifier	U4

l

lancer	U7
laver (se)	U4
lever (se)	U7
licencier	U4
lire	U9
loger	U7
louer	U4

m

maigrir	U8
manger	U7
manifester	U4
manquer	U4
marier (se)	U4
marcher	U4
mélanger	U7
mentir	U8

mesurer	U4
mettre (se... debout)	U9
meugler	U4
miauler	U4
monter	U4
montrer	U4
moquer (se)	U4
mourir	U8

n

nager	U7
naître	U9
négocier	U4
nettoyer	U7
nommer	U4
nourrir	U8

o

observer	U4
obtenir	U8
occuper (s') (de)	U4
opérer	U4
ordonner	U4
oublier	U4
ouvrir	U8

p

pacser (se)	U4
parfumer	U4
parler	U4
parquer (se)	U4
partir	U8
passer	U4
passer (se)	U4
passionner (se)	U4

payer	U7
pêcher	U4
peindre	U9
peler	U7
pencher (se)	U4
penser	U4
perdre	U9
peser	U7
piloter	U4
pique-niquer	U4
plaisanter	U4
pleurer	U4
poivrer	U4
porter (plainte)	U4
poser	U4
pousser	U4
pouvoir	U5
préférer	U7
prendre	U9
préparer	U4
présenter (se)	U4
prêter	U4
produire (se)	U9
promener (se)	U4
promettre	U9
prononcer	U7
protester	U4
prouver	U4
provoquer	U4
publier	U4

q

questionner	U4
quitter (se)	U4

r

raconter	U4	**rire**	U9	**tirer**	U4
ralentir	U8	rouler	U4	**tomber**	U4
ramasser	U4			toucher	U4
rappeler	U7			**tourner (se)**	U4
raser (se)	U4	## s		tousser	U4
rater	U4			traduire	U9
recevoir	U9	saisir	U8	traiter	U4
réchauffer	U4	saler	U4	transmettre	U9
réclamer	U4	**sauter**	U4	transporter	U4
rédiger	U7	sauver	U4	travailler	U4
réfléchir	U8	savoir	U5	traverser	U4
réformer	U4	secourir	U8	**trouver**	U4
refuser	U4	séduire	U9		
regarder	U4	**séparer (se)**	U4		
régler	U7	serrer	U4	## u	
relever (se)	U7	servir (à)	U8		
rembourser	U4	**signer**	U4	**utiliser**	U4
remonter	U4	signifier	U4		
remplir	U8	skier	U4		
rencontrer	U4	soigner	U4	## v	
renseigner	U4	sonner	U4		
rentrer	U4	sortir (+ *avec*)	U8	vacciner	U4
réparer	U4	souffrir	U8	valider	U4
répéter	U7	**soulever**	U7	**valoir**	U9
répondre	U9	**souligner**	U4	venir	U8
reprendre	U9	souper	U4	vérifier	U4
réserver	U4	stationner	U4	verser	U4
résider	U4	sucrer	U4	**vider**	U4
respecter	U4	suivre	U9	virer (*argent*)	U4
respirer	U4	supporter	U4	**visiter**	U4
ressembler	U4	supposer	U4	vivre	U9
ressentir	U8	surprendre	U9	voir	U9
rester	U4			voler	U4
résumer	U4			voter	U4
retirer	U4	## t		**vouloir**	U5
retourner (se)	U4			voyager	U7
retrouver	U4	taire (se)	U9		
réussir	U8	**taper**	U4		
revenir	U8	télécharger	U7		
réviser	U4	téléphoner	U4		
		tenir	U8		

Notes

Lexique, glossaire et index

Les pays et territoires du monde et leurs adjectifs

- Généralement, les noms de pays sont utilisés avec un article défini : *le, l', la* ou *les*.
- Avec les verbes *aller* et *habiter*, on utilise les prépositions et les articles contractés : *à, au, en* ou *aux*.
- Avec le verbe *venir*, on utilise la préposition *de/d'* ou les articles contractés *du* ou *des*.

A

L'**Afghanistan** (m, *en/d'*) : afghan / afghane
L'**Afrique du Sud** (f, *en/d'*) : sud-africain / sud-africaine
L'**Albanie** (f, *en/d'*) : albanais / albanaise
L'**Algérie** (f, *en/d'*) : algérien / algérienne
L'**Allemagne** (f, *en/d'*) : allemand / allemande
Andorre (f, *à/d'*) : La Principauté d'Andorre (*dans/de la*) / andorran / andorranne
L'**Angola** (m, *en/d'*) : angolais / angolaise
L'**Angleterre** (f, *en/d'*) : anglais / anglaise
Antigua et Barbuda (f, *à/d'*) : antiguais / antiguaise et babudien / barbudienne
Les **Antilles** (f, *aux/des*) : antillais / antillaise
L'**Arabie Saoudite** (f, *en/d'*) : saoudien / saoudienne
L'**Argentine** (f, *en/d'*) : argentin / argentine
L'**Arménie** (f, *en/d'*) : arménien / arménienne
L'**Australie** (f, *en/d'*) : australien / australienne
L'**Autriche** (f, *en/d'*) : autrichien / autrichienne
L'**Azerbaïdja**n (m, *en/d'*) : azerbaïdjannais / azerbaïdjannaise

B

Les **Bahamas** (f, *aux/des*) : bahamien / bahamienne
le **Bahreïn** (m, *au/du*) : bahraïenien, bahraïenienne
Le **Bangladesh** (m, *au/du*) : bangladais / bangladaise
La **Barbade** (f, *à la/de la*) : barbadien / barbadienne
La **Belgique** (f, *en/de*) : belge
Belize (m, *au/du*) : bélizien / bélizienne

Le **Bénin** (m, *au/du*) : béninoi / béninoise
Les **Bermudes** (f, *aux/des*) : bermudien / bermudienne
Le **Bhoutan** (m, *au/du*) : bhoutanais / bhoutanaise
La **Biélorussie** (f, *en/de*) : biélorusse
La **Birmanie** (f, *en/de*) : birman / birmanne
La **Bolivie** (f, *en/de*) : bolivien / bolivienne
La **Bosnie-Herzégovine** (f, *en/de)* : bosniaque
Le **Botswana** (m, *au/du*) : botswanéen / botswanéenne
Le **Brésil** (m, *au/du*) : brésilien / brésilienne
Le **Brunei** (m, *au/du*) : brunéien / brunéienne
La **Bulgarie** (f, *en/de*) : bulgare
Le **Burkina Faso** (m, *au/du*) : burkinais / burkinaise
Le **Burundi** (m, *au/du*) : burundais / burundaise

C

Le **Cambodge** (m, *au/du*) : cambodgien / cambodgienne
Le **Cameroun** (m, *au/du*) : camerounais / camerounaise
Le **Canada** (m, *au/du*) : canadien / canadienne
Cap Vert (m, *au/du)* : capverdien / capverdienne
La **Centrafrique** (f, *en/de*) : centrafricain / centrafricaine
Le **Chili** (m, *au/du*) : chilien / chilienne
La **Chine** (f, *en/de*) : chinois / chinoise
Chypre (*à/de*) : chypriote
La **Colombie** (f, *en/de*) : colombien / colombienne
Les **Comores** (f, *aux/des*) : comorien / comorienne
Le **Congo** (m, *au/du*) : congolais / congolaise

La **Corée du Nord** (f, *en/de*) : nord-coréen / nord-coréenne

La **Corée du Sud** (f, *en/de*) : sud-coréen / sud-coréenne

Le **Costa Rica** (m, *au/du*) : costa-ricain / costa-ricaine

La **Côte d'Ivoire** (f, *en/de*) : côte d'ivoirien / côte d'ivoirienne

La **Croatie** (f, *en/de*) : croate

Cuba (f, *à/de*) : cubain / cubaine

D

Le **Danemark** (m, *au/du*) : danois / danoise

Djibouti (m, *à/de*) : djiboutien / djiboutienne

Dominique (f, *à/de*), **La République dominicaine** (f, *dans/de la*) : dominicain / dominicaine

E

L'**Écosse** (f, *en/d'*) : écossais / écossaise

L'**Égypte** (f, *en/d'*) : égyptien / égyptienne

Les **Émirats Arabes Unis** (m, *dans les/des*) : émiriens / émiriennes

L'**Équateur** (m, *en/d'*) : équatorien / équatorienne

L'**Érythrée** (f, *en/d'*) : érythréen / érythréenne

L'**Espagne** (f, *en/d'*) : espagnol / espagnole

L'**Estonie** (f, *en/d'*) : estonien / estonienne

Les **États-Unis** (m, *aux/des*) : états-unien / états-unienne

L'**Éthiopie** (f, *en/d'*) : éthiopien / éthiopienne

F

Les **Îles Fidji** (f, *aux/des*) : fidjien / fidjienne

La **Finlande** (f, *en/de*) : finlandais / finlandaise

La **France** (f, *en/de*) : français / française

G

Le **Gabon** (m, *au/du*) : gabonais / gabonaise

Le **Pays de Galles** (m, *au/du*) : gallois / galloise

La **Gambie** (f, *en/de*) : gambien / gambienne

La **Géorgie** (f, *en/de*) : géorgien / géorgienne

Le **Ghana** (m, *au/du*) : ghanéen / ghanéenne

La **Grèce** (f, *en/de*) : grec / grecque

Grenade (f, *à/de*) : grenadien / grenadienne

La **Guadeloupe** (f, *en/de*) : guadeloupéen / guadeloupéenne

Le **Guatémala** (m, *au/du*) : guatémaltèque

La **Guinée** (f, *en/de*) : guinéen / guinéenne

La **Guinée Bissau** (f, *en/de*) : bissauguinéen / bissauguinéenne

La **Guinée Équatoriale** (f, *en/de*) : équatoguinéen / équatoguinéenne

La **Guyane** (f, *en/de*) : guyanais / guyanaise

H

Haïti (m, *à/d'*) : haïtien / haïtienne

Le **Honduras** (m, *au/du*) : hondurien / hondurienne

La **Hongrie** (f, *en/de*) : hongrois / hongroise

I

L'**Inde** (f, *en/d'*) : indien / indienne

L'**Indonésie** (f, *en/d'*) : indonésien / indonésienne

L'**Irak** (m, *en/d'*) : irakien / irakienne

L'**Iran** (m, *en/d'*) : iranien / iranienne

L'**Irlande** (f, *en/d'*) : irlandais / irlandaise

L'**Islande** (f, *en/d'*) : islandais / islandaise

Israël (m, *en/d'*) : israélien / israélienne

L'**Italie** (f, *en/d'*) : italien/ italienne

J

La **Jamaïque** (f, *en/de*) : jamaïcain / jamaïcaine

Le **Japon** (m, *au/du*) : japonais / japonaise

La **Jordanie** (f, *en/de*) : jordanien / jordanienne

K

Le **Kazakhstan** (m, *au/du*) : kazakh

Le **Kenya** (m, *au/du*) : kényan, kényane

Le **Kirghizistan** (m, *au/du*) : kirghize

Le **Koweit** (m, *au/du*) : koweitien /koweitienne

Les pays et territoires du monde et leurs adjectifs

L

Le **Laos** (m, *au/du*) : laotien / laotienne
Le **Lesotho** (m, *au/du*) : lesothan / lesothane
La **Lettonie** (f, *en/de*) : letton / lettonne
Le **Liban** (m, *au/du*) : libanais / libanaise
Le **Liberia** (m, *au/du*) : libérien / libérienne
La **Libye** (f, *en/de*) : libyen / libyenne
Le **Liechtenstein** (m, *au/du*) : liechtensteinois/ liechtensteinoise
La **Lituanie** (f, *en/de*) : lituanien / lituanienne
Le **Luxembourg** (m, *au/du*) : luxembourgeois / luxembourgeoise

M

La **Macédoine** (f, *en/de*) : macédonien / macédonienne
Madagascar (f, *à/de*) : malgache
La **Malaisie** (f, *en/de*) : malaisien / malaisienne
Le **Malawi** (m, *au/du*) : malawite
Les **Maldives** (f, *aux/des*) : maldivien / maldivienne
Le **Mali** (m, *au/du*) : malien / malienne
Malte (f, *à/de*) : maltais / maltaise
Le **Maroc** (m, *au/du*) : marocain / marocaine
Les **Îles Marshall** (f, *aux/des*) : marshallais / marshallaise
La **Martinique** (f, *en/de*) : martiniquais / martiniquaise
L'**Île Maurice** (f, *à/de*) : mauricien / mauricienne
La **Mauritanie** (f, *en/de*) : mauritanien / mauritanienne
Le **Mexique** (m, *au/du*) : mexicain / mexicaine
La **Moldavie** (f, *en/de*) : moldavien / moldavienne
Monaco (m, *à/de*) : monégasque
La **Mongolie** (f, *en/de*) : mongolien / mongolienne
Le **Monténégro** (m, *au/du*) : monténégrin / monténégrine
Le **Mozambique** (m, *au/du*) : mozambicain / mozambicaine

N

La **Namibie** (f, *en/de*) : namibien / namibienne
Le **Népal** (m, *au/du*) : népalais / népalaise
Le **Nicaragua** (m, *au/du*) : nicaraguéen / nicaraguéenne
Le **Niger** (m, *au/du*) : nigérien / nigérienne
Le **Nigéria** (m, *au/du*) : nigérian nigérianne
La **Norvège** (f, *en/de*) : norvégien / norvégienne
La **Nouvelle Calédonie** (f, *en/de*) : néo-calédonien / néo-calédonienne
La **Nouvelle-Zélande** (f, *en/de*) : néozélandais / néozélandaise

O

Le **Sultanat d'Oman** (m, *au/du*) : omanais / omanaise
L'**Ouganda** (m, *en/d'*) : ougandais / ougandaise
L'**Ouzbékistan** (m, *en/d'*) : ouzbek / ouzbèque

P

Le **Pakistan** (m, *au/du*) : pakistanais / pakistanaise
Le **Panama** (m, *à/de*) : panaméen / panaméenne
La **Papouasie-Nouvelle-Guinée** (f, *en/de*) : papouan néo-guinéen / papouan néo-guinéenne
Le **Paraguay** (m, *au/du*) : paraguayen / paraguayenne
Les **Pays-Bas** (m, *aux/des*) : néerlandais / néerlandaise
Le **Pérou** (m, *au/du*) : péruvien / péruvienne
Les **Philippines** (f, *aux/des*) : philippin / philippine
La **Polynésie** (f, *en/de*) : polynésien / polynésienne
La **Pologne** (f, *en/de*) : polonais / polonaise
Porto Rico (m, *à/de*) : portoricain / portoricaine
Le **Portugal** (m, *au/du*) : portugais / portugaise

Q

Qatar (m, *au/du*) : qatari

R

La **Réunion** (f, *à la/de la*) : réunionais / réunionaise
La **Roumanie** (f, *en/de*) : roumain / roumaine
Le **Royaume-Uni** (m, *au/du*) : britannique
La **Russie** (f, *en/de*) : russe
Le **Rwanda** (m, *au/du*) : rwandais / rwandaise

S

Saint-Marin (m, *à/de*) : saint-marinais / saint-marinaise
Saint Kitts et Nevis (m, *à/de*) : kittitien / kittitienne
Saint Vincent et les Grenadines (m, *à/de*) : saint-vincentais / saint-vincentaise
Sainte-Lucie (f, *à/de*) : saint-lucien / saint-lucienne
Les **Îles Salomon** (f, *aux/des*) : salomonais / salomonaise
Le **Salvador** (m, *au/du*) : salvadorien / salvadorienne
Samoa (f, *à/de*) : samoan / samoanne
Sao Tome e Principe (m, *à/de*) : santoméen / santoméenne
Le **Sénégal** (m, *au/du*) : sénégalais / sénégalaise
La **Serbie** (f, *en/de*) : serbe
Les **Seychelles** (f, *aux/des*) : seychellois / seychelloise
La **Sierra Léone** (f, *en/de*) : sierra-léonais / sierra-léonaise
Singapour (m, *à/de*) : singapourien / singapourienne
La **Slovaquie** (f, *en/de*) : slovaque
La **Slovénie** (f, *en/de*) : slovène
La **Somalie** (f, *en/de*) : somalien / somalienne
Le **Soudan** (m, *au/du*) : soudanais / soudanaise
Le **Sri Lanka** (m, *au/du*) : sri lankais / sri lankaise
La **Suède** (f, *en/de*) : suédois / suédoise
La **Suisse** (f, *en/de*) : suisse
Le **Surinam** (m, *au/du*) : surinamais / surinamaise
Le **Swaziland** (m, *au/du*) : swazi
La **Syrie** (f, *en/de*) : syrien / syrienne

T

Le **Tadjikistan** (m, *au/du*) : tadjik
La **Tanzanie** (f, *en/de*) : tanzanien / tanzanienne
Le **Tchad** (m, *au/du*) : tchadien / tchadienne
La **Tchèquie** / La **République tchèque** (f, *en/de*) : tchèque
La **Thaïlande** (f, *en/de*) : thaïlandais / thaïlandaise
Le **Togo** (m, *au/du*) : togolais / togolaise
Trinité et Tobago (f, *à/de*) : trinidadien / trinidadienne
La **Tunisie** (f, *en/de*) : tunisien / tunisienne
Le **Turkménistan** (m, *au/du*) : turkmène
La **Turquie** (f, *en/de*) : turc / turque

U

L'**Ukraine** (f, *en/d'*) : ukrainien / ukrainienne
L'**Uruguay** (m, *en/d'*) : uruguayen / uruguayenne

V

Vanuatu (m, *à/de*) : vanuatuan / vanuatuanne
Le **Vatican** (m, *au/du*) : vatican / vaticane
Le **Vénézuéla** (m, *au/du*) : vénézuélien / vénézuélienne
Le **Vietnam** (m, *au/du*) : vietnamien / vietnamienne

Y

Le **Yémen** (m, *au/du*) : yéménite

Z

Le **Zaïre** (m, *au/du*) : zaïrois / zaïroise
La **Zambie** (f, *en/de*) : zambien / zambienne
Le **Zimbabwe** (m, *au/du*) : zimbabwéen / zimbabwéenne

18 L'indication de l'heure

Il y a deux façons d'indiquer l'heure :
- en français courant, oral ;
- en français formel, officiel, écrit (gares, aéroports, documents scientifiques et techniques, médias, etc.)

	français courant, oral	français formel, officiel, écrit
00 : 00	minuit	zéro heure
00 : 05	minuit cinq	zéro heure cinq
00 : 15	minuit et quart	zéro heure quinze
00 : 20	minuit vingt	zéro heure vingt
00 : 30	minuit et demi	zéro heure trente
00 : 35	une heure moins vingt-cinq du matin	zéro heure trente-cinq
00 : 45	une heure moins le quart du matin	zéro heure quarante-cinq
00 : 50	une heure moins dix du matin	zéro heure cinquante
01 : 00	une heure du matin	une heure
02 : 00	deux heures du matin	deux heures
(…)	(…)	(…)
12 : 00	midi	douze heures
12 : 40	une heure moins vingt de l'après-midi	douze heures quarante
(…)	(…)	(…)
18 : 00	six heures de l'après-midi/du soir	dix-huit heures
19 : 00	sept heures du soir	dix-neuf heures
23 : 58	minuit moins deux	vingt-trois heures cinquante-huit

Les prépositions de lieu

À côté (de)	Au bord (de)	Autour (de)	En bas (de)
À droite (de)	Au bas (de)	Avant	En haut (de)
À gauche (de)	Au bout (de)	Contre	Entre … et…
À l'angle (de)	Au centre-ville	Dans	Jusqu'à/au
À l'extérieur (de)	Au centre (de)	Derrière	Loin (de)
À l'intérieur (de)	Au-dessous (de)	Dessous	Près (de)
Après	Au-dessus (de)	Dessus	Sur
	Au milieu (de)	Devant	Sous
		En face (de)	

▷ Glossaire grammatical

Pour comprendre et exprimer les règles de grammaire

a

accord (genre, nombre) : on fait correspondre la forme de l'adjectif avec celle du nom. Genre = masculin ou féminin. Nombre = singulier ou pluriel. *Un pantalon noir* (ms) ; *des pantalons noirs* (mp) ; *une robe noire* (fs) ; *des robes noires* (fp). → *Unités 15, 16 17, 18*

adjectif : mot qui donne des informations sur le nom. L'adjectif qualificatif précise la qualité. *Une belle ceinture. La mode actuelle.* L'adjectif numéral indique le nombre. *Quatre paires de chaussures.* → *Unités 15 à 20*

adverbe : mot invariable qui donne des précisions sur un verbe, un adjectif ou un autre adverbe. *On travaille beaucoup. Nous sommes très dynamiques. Vous parlez trop lentement.* → *Unités 64, 65*

article : mot placé devant un nom ou un adjectif. Il est masculin, féminin, singulier ou pluriel. L'article défini le, la, l', les. *C'est la première rue à droite. J'aime les fruits.* L'article indéfini *un, une, des. Il a une nouvelle voiture. Ce sont des fruits très chers.* L'article partitif *du, de la, de l', des. Je prends du beurre et de la confiture.* → *Unités 21, 23*

auxiliaire : verbe qui permet de conjuguer les autres verbes à des temps composés. Auxiliaire *avoir. On a fini de manger* (passé composé). Auxiliaire *être. Je serai parti avant 8 heures* (futur antérieur).→ *Unités 1 et 2*

c

comparatif : structure qui permet de comparer des personnes, des objets, des actions. On compare avec un adjectif, un adverbe, un nom ou un verbe. Les formes indiquent la supériorité, l'infériorité ou l'égalité. *Plus pollué. Moins vite. Autant de bruit. Travailler plus.* → *Unités 47, 48*

complément : mot ou groupe de mots qui apportent une précision sur le sens de ce mot. Il y a des compléments d'objet direct (*Je regarde la télévision*), d'objet indirect (*Il parle à ses voisins*), de lieu (*On travaille à Toulouse*), de temps (*Vous rentrez dimanche*), de manière (*Nous rentrons à pied*), de cause (*Il a réussi grâce à moi*), etc. → *Unités 35, 36, 50, 51, 53, 65, 76*

conjugaison : différentes formes d'un verbe qui changent selon le type de ce verbe. *Parler, finir, faire, être* ; le sujet : *Je parle, nous parlons, tu finis, vous finissez, on fait, ils font, elle est, nous sommes* ; le temps : *Tu parles* (présent), *tu parleras* (futur simple), *tu parlais* (imparfait), *tu as parlé* (passé composé), *tu parlerais* (conditionnel présent). → *Chapitres 1, 7, 8, 13*

consonnes : lettres de l'alphabet autres que les voyelles *a, e, i, o, u, y.* → *Annexe 1*

construction verbale : information qui permet de savoir si on doit utiliser ou non une préposition après un verbe. *Elle ne connaît pas tous mes copains. Je téléphone à ma cousine. On aime dormir. Ils commencent à comprendre. Tu demandes à tes voisins de faire moins de bruit.* → *Annexe 14*

d

déterminant : mot qui précède un nom et qui donne des précisions sur ce nom. Le déterminant peut être un article, un adjectif possessif, démonstratif ou indéfini. *Le parapluie. Mon parapluie. Ce parapluie. Chaque parapluie.* → *Chapitre 4*

discours direct : mots, paroles des gens, ce qu'ils disent ou écrivent. Il y a des signes de ponctuation : des points d'interrogation, des points d'exclamation, des guillemets. *« Tu viens ? » « C'est génial ! »*

discours rapporté : mots, formes qu'on utilise pour rapporter les paroles des gens. Il y a un verbe introducteur (*dire, demander, expliquer, répondre*), il n'y a pas de signe de ponctuation. *Il demande si tu viens. Elle dit que c'est génial.*
→ *Unité 82*

f

français familier, courant, formel : différents niveaux de langue.
- **Familier :** on s'exprime naturellement, spontanément, comme on parle, la forme n'est pas toujours correcte. *Je peux pas te répondre.*
- **Courant :** on s'exprime de manière correcte. *Je ne peux pas te répondre.*
- **Formel :** on s'exprime « comme un livre ». *Comment pourrais-je te répondre ?*

g

genre : en français, les noms, et par conséquent les adjectifs, sont masculins ou féminins. *Le pantalon* (m). *La robe* (f). Il n'y a pas de forme neutre. → *Unités 11, 12, 13, 15, 16*

groupe nominal : ensemble des mots réunis autour du nom. *Un beau pull noir en pure laine mohair.* → *Unités 19, 20*

h

homophones grammaticaux : mots qui se prononcent de la même façon mais qui ne sont pas de même nature grammaticale. *C'est* (*facile*). *Ces* (*livres*). → *Annexe 13*

i

intonation : mélodie, musique de la phrase qui donne une information, qui peut changer le sens. Par exemple, l'intonation descend pour une affirmation *Tu viens*. L'intonation monte un peu pour une question : *Tu viens ?* L'intonation monte beaucoup pour une exclamation : *Tu viens !* → *Unité 34 - Annexes 3 et 4*

invariable : un mot invariable ne change jamais d'orthographe. Les adverbes : *lentement*. Les prépositions : *avec*. Les conjonctions de coordination : *mais*. Les chiffres : *deux*.

inversion : structure généralement utilisée pour une question en français formel. Le verbe est placé avant le pronom. *À quelle heure partez-vous ?* → *Unité 33*

irrégulier : une forme irrégulière présente une ou plusieurs différences par rapport au modèle général. Les conjugaisons : *Parler* → *je parle. Aller* → *je vais*. Les formes du masculin et du féminin des noms : *un fils* → *une fille – un pull noir et blanc* → *une robe noir et blanc*. Les formes du pluriel des noms et des adjectifs : *un animal* → *des animaux – un festival* → *des festivals*.
→ *Chapitre 1, 2, 3, 7, 8*

Glossaire grammatical

liaison et enchaînement : faire une liaison, c'est prononcer la consonne finale écrite d'un mot avec le son vocalique du début du mot suivant. *Nous avons un chien.*
Faire un enchaînement, c'est ne pas s'arrêter entre chaque mot prononcé. *Je voudrais aller au cinéma.* → *Annexe 3, 4*

m

mode : catégorie de formes verbales qui informe sur « l'état d'esprit » du locuteur par rapport à ce qu'il veut exprimer. Un mode a plusieurs temps. Il y a quatre modes personnels.
- L'indicatif présente des faits réalisés ou réalisables. *Nous avons pris des vacances.*
- Le subjonctif présente des faits envisagés par la pensée. *J'aimerais que nous partions en vacances.*
- Le conditionnel présente les faits comme une éventualité. *Ce serait formidable si nous partions en vacances ensemble.*
- L'impératif présente l'information sous la forme d'un ordre. *Taisez-vous !*
Il y a deux modes impersonnels, les formes ne dépendent pas du sujet.
- L'infinitif est la forme du verbe qu'on trouve dans un dictionnaire. *Aller. Partir. Voir.*
- Le participe est la forme adjectivale d'un verbe. *Ils regardent la télévision en mangeant. On a vu un film magnifique.* → *Chapitres 1, 7, 8, 13*

n

nasale : son vocalique prononcé en faisant passer l'air par la bouche et par le nez. *Lent. Chambre. Pain. Timbre. Non. Nom.* → *Annexe 1*

nature des mots : catégorie grammaticale des mots. Le nom : *film*. Le pronom : *je*. Le déterminant : *mon*. L'adjectif : *magnifique*. L'adverbe : *beaucoup*. Le verbe : *voir*. La

préposition : *avec*. La conjonction : *où – mais*.

négation : mot ou groupe de mots qui sert à dire « non ». *Je ne sais pas.* → *Unités 31,32*

nom : mot qui désigne les personnes ou les choses. Il y a des noms propres qui sont invariables : *Marseille*. Il y a des noms communs : *voiture*. → *Chapitre 2*

nom composé : nom qui est formé de plusieurs mots. *Grand-père.* → *Unité 14*

nombre : différence entre le singulier et le pluriel des noms. *Une pomme. Des pommes.* Également notion mathématique qui indique une quantité. *Il y a 12 (douze) mois dans l'année.* → *Unité 13*

o

ordre des mots : l'ordre des mots dépend de la nature des mots, du type de phrase, du temps du verbe et de la présence ou non de pronoms compléments. *Strasbourg est une belle ville ancienne.* (déterminants et adjectifs) – *Vous allez à Strasbourg.* (sujet + verbe + complément) – *Vous n'allez pas à Lille.* (forme négative) – *Pourquoi allez-vous à Strasbourg ?* (question avec inversion) – *Vous y êtes déjà allé ou vous n'y êtes pas encore allé ?* (temps composé) – *Vous voulez y aller ?* (semi-auxiliaire) – *Allez-y mais n'y allez pas en hiver !* (impératif + pronom y) → *Chapitre 5*

orthographe : manière d'écrire un mot.

p

phrase : ensemble de mots organisés pour donner du sens. Les phrases commencent par une lettre majuscule. Il y a des phrases simples. *Je connais bien Paris.* Il y a des phrases complexes. *Les personnes que j'ai rencontrées* *pendant que j'étais en vacances sont devenues mes amis.* → *Chapitres 5, 11*

préposition : mot invariable qui informe sur le temps, le lieu, la cause, le but, etc. *Après 9 heures. Dans le réfrigérateur. Grâce à toi. Pour réussir.*

pronom : mot utilisé pour ne pas répéter un nom. *Je n'ai pas vu Sophie, je lui ai téléphoné.* → *Chapitre 11*

r

radical : partie du verbe à laquelle on ajoute les terminaisons qui indiquent la personne, le temps ou le mode. Radical *finiss* + terminaisons *-ais, -ais, -ait, -ions, -iez, -aient* = imparfait du verbe *finir*. → *Chapitres 1, 7, 8, 13*

s

son consonantique ou vocalique : un son consonantique est produit quand on utilise la langue, les dents, la gorge (*mai*) ; un son vocalique est produit par le passage de l'air dans la bouche et/ou le nez (*janvier*). → *Annexe 1*

structure de la phrase : organisation des mots dans la phrase selon le type de phrase (affirmative, négative, interrogative, exclamative). → *Chapitre 5*

sujet : mot généralement placé devant le verbe conjugué et qui indique qui fait l'action du verbe. C'est généralement un nom ou un pronom. *Ma voiture est en panne. Je prends le train.* → *Unité 1*

superlatif : structure qui permet de comparer des personnes, des objets, des actions par rapport à un ensemble complet. On utilise un adjectif, un adverbe, un nom ou un verbe. Les formes indiquent la supériorité ou l'infériorité.

La ville la plus polluée. Le moins longtemps. Ce sont elles qui mangent le moins. → *Unité 49*

t

temps : comme terme grammatical, temps a deux significations :
– les indicateurs qui permettent de situer des événements dans le temps (*Je vais à Marseille pour trois jours*).
– les conjugaisons, c'est-à-dire présent, futur, passé, etc. (*Le train arrive à 8 heures. Le train arrivera à 8 heures. Le train est arrivé à 8 heures.*) → *Chapitres 1, 7, 8, 10, 13*

terminaison : lettres finales d'un mot qui permettent d'indiquer et de reconnaître le genre : *un étudiant – une étudiante* ; le nombre : *une fleur – des fleurs* ; le temps : *il mange – il mangeait* ; le sujet : *on arrivait – nous arrivions.*

trait d'union : signe écrit utilisé pour former certains noms composés (*un ouvre-boîte*), certains pronoms (*celui-ci*), pour marquer l'ordre inhabituel des mots (*Habille-toi. Connaissez-vous Lille ?*) → *Unité 14*

v

verbe : mot qui exprime une action, un état et qui change selon :
– le sujet qui l'accompagne (*Je range mes affaires. Ils sont malades. Il fait du tennis.*).
– le temps de l'action (*Elle dort encore. Elle dormira encore.*). → *Chapitre 1, 7, 8, 13*

verbe pronominal : verbe conjugué avec un pronom personnel réfléchi : *Se souvenir* → *Je me souviens.* → *Unité 5*

voyelle : il y a six voyelles en français : *a, e, i, o, u, y.* Elles peuvent être combinées pour former un son vocalique : *ai, au, eu, ou.* → *Annexe 1*

Glossaire grammatical

▷ Index par unité

A

Index par unité

Index

▷ Index par unité

▷ Corrigés du test diagnostic

Unité 1	B	Unité 42	C / A
Unité 2	A	Unité 43	B / B
Unité 1 et 2	B⁻/ C	Unité 44	C / B
Unité 3	B / A	Unité 45	C / A
Unité 4	B / B	Unités 45 et 46	B
Unité 5	B / C	Unités 45 et 46	B
Unité 6	C / A / B	Unité 47	B / B / C
Unité 7	D / C	Unité 48	A / A
Unité 8	B / B	Unité 49	B / C
Unité 9	B / C / B / A	Unité 50	B / A / D / C
Unité 10	C	Unité 51	C / C
Unités 11 et 21	C / B	Unité 52	C
Unités 12 et 21	C	Unité 53	D / B
Unités 13 et 21	C	Unités 53 et 54	B
Unités 14 et 21	C	Unité 55	B
Unité 15	A	Unité 56	C / A / B
Unité 16	C / A	Unité 57	B / C
Unité 17	B	Unité 58	C / C
Unité 18	B	Unité 59	C
Unité 19	B	Unité 60	B / C / B
Unité 20	B	Unité 61	C
Unité 21	C	Unités 61 et 62	C
Unité 22	A	Unité 63	B
Unité 23	B	Unité 64	B
Unité 24	C	Unité 65	C
Unité 25	A	Unité 66	C
Unité 26	A / A	Unité 67	A
Unité 27	B / B	Unité 68	D
Unité 28	C	Unité 69	C
Unité 29	A / B	Unité 70	C / D
Unité 30	D	Unités 70 et 71	C
Unité 31	C	Unités 70 et 72	A / D
Unité 32	B / C	Unité 73	B / C
Unité 33	A	Unité 74	C
Unité 34	B	Unité 75	A
Unité 35	B	Unité 76	C / A
Unité 36	A	Unité 77	C / C
Unité 37	A	Unité 78	C
Unités 37 et 38	B	Unité 79	D
Unité 38	B / C / B	Unité 80	B
Unité 39	C	Unité 81	C
Unité 40	C	Unité 82	B / B
Unité 41	B / B		

Achevé d'imprimer en Italie par L.E.G.O. S.p.A. - Dépôt légal : Janvier 2015 - Collection n° 06 - Édition n° 01 - 15/5964/0